ARZNEIMITTEL- UND APOTHEKENRECHT der Deutschen Demokratischen Republik

Gesetzessammlung mit Kommentar

10. Lieferung

Herausgegeben von

OPhR Prof. Dr. sc. nat. JOACHIM RICHTER
OPhR Prof. Dr. sc. phil. Dr. rer. nat. HANS-JOACHIM SEIDLEIN
OPhR Dr. rer. nat. MANFRED BÖHM
Diplom-Jurist HANS GEORG KEUNE
Diplom-Jurist OPhR Dr. Dr. EGBERT GUEINZIUS

AKADEMIE-VERLAG · BERLIN 1984

Erschienen im Akademie-Verlag, DDR - 1086 Berlin, Leipziger Straße 3—4

Lizenznummer: 202 · 100/464/83
Printed in the German Democratic Republic
Gesamtherstellung: VEB Druckhaus „Maxim Gorki", 7400 Altenburg
LSV 2097, 2887
Bestellnummer: 763 141 6 (3069/10)
03500

Benutzerhinweis zum Arzneimittel- und Apothekenrecht der DDR
— Gesetzessammlung mit Kommentar —
10. Lieferung

Die 10. Lieferung ist nach Entfernen der nachstehend aufgeführten Seiten wie folgt einzuordnen:

Zu entfernen:	**Einzuordnende Teile der 10. Lieferung**	
S. 1—2 (1. Lieferung)		
Gliederung S. 1—2 (1. Lieferung)	Gliederung S. 1—2	
	Ergänzungsinhaltsverzeichnis	
	Kapitel A	S. 1
	A **04** 10	S. 1—10
	A **10** 40	S. 1—4
	A **10** 65	S. 1—3
	Ergänzungsinhaltsverzeichnis	
	Kapitel C	S. 1—3
C **02 02** 02 S. 13—14 (1. Lieferung)	C **02 02** 02	S. 13—14
	C **02 02** 40	S. 1—5
C **03 02** 05 S. 3, 4, 7, (2. Lieferung)	C **03 02** 05	S. 3, 4, 7
C **03 03** 50 S. 1—2 (3. Lieferung)	C **03 03** 50	S. 1—3
	C **05 01** 40 Lit.	S. 1—18
	C **05 01** 50 Lit.	S. 1—17
	C **05 02** 05	S. 1—2
	C **05 04** 01 50 Lit.	S. 1—20
	C **05 05** 02 Lit.	S. 1—5
	C **05 09** 05	S. 1—2
	C **05 09** 10	S. 1—2

C 06 02 30 S. 1—7 (2. Lieferung)	C 06 02 30	S. 1—11
	C 06 02 43	S. 1
	C 06 02 45	S. 1—43
	C 06 03 09	S. 1—24
C 06 03 40 S. 1—2	C 06 03 40	S. 1—2
	C 06 08 25	S. 1
	C 06 09 69 06	S. 1—2
C 06 11 01 S. 1—10 (1. Lieferung)	C 06 11 01	S. 1—11
	C 06 11 01 Kom.	S. 1—6
	C 06 13 09 01	S. 1
	C 08 09	S. 1—3
	C 08 90	S. 1—2
	C 09 34	S. 1—8
	C 09 42	S. 1—2
	C 09 99	S. 1
	I 90 41	S. 1—5
	Ergänzungssachregister	S. 1—7

Gliederung

Kapitel A Grundlagen der sozialistischen Gesellschafts-, Staats- und Rechtsordnung

Kapitel B Allgemeine gesundheitsrechtliche Grundlagen

Kapitel C Arzneimittelrecht

Ergänzungsinhaltsverzeichnis Kapitel A

Ergänzungsinhaltsverzeichnis Kapitel C

Ergänzungsinhaltsverzeichnis Kapitel I

Statut des Ministeriums für Gesundheitswesen

Beschluß des Ministerrates

vom 25. September 1975
(GBl. I Nr. 40 S. 673)

§ 1

(1) Das Ministerium für Gesundheitswesen (nachfolgend Ministerium genannt) ist das Organ des Ministerrates zur Leitung und Planung des Gesundheitswesens und ihm übertragener Aufgaben der sozialen Betreuung der Bürger. Es verwirklicht seine Aufgaben in Durchführung der Beschlüsse der Partei der Arbeiterklasse auf der Grundlage der Verfassung der Deutschen Demokratischen Republik, der Gesetze und anderen Rechtsvorschriften.

(2) Die Aufgaben des Ministeriums umfassen vor allem

— die konsequente Verwirklichung der in den Jahres- und Fünfjahrplänen sowie in langfristigen Plänen festgelegten gesundheitspolitischen Aufgaben zur planmäßigen und proportionalen Entwicklung der medizinischen Betreuung, übertragener Aufgaben der sozialen Betreuung, der medizinischen Forschung, der Hygiene einschließlich des Infektionsschutzes;
— die Sicherung einer den wachsenden Bedürfnissen der Bürger und den neuesten wissenschaftlichen Erkenntnissen der Medizin entsprechenden medizinischen Betreuung in der Einheit von Prophylaxe, Diagnostik, Therapie und Metaphylaxe;
— die weitere Vertiefung der sozialistischen ökonomischen Integration und die Entwicklung der internationalen Zusammenarbeit auf dem Gebiet des Gesundheitswesens;
— die Ermittlung des volkswirtschaftlich begründeten Bedarfs an Arzneimitteln, Medizintechnik und anderen für die medizinische und soziale Betreuung wichtigen Erzeugnissen. Es arbeitet dabei eng mit anderen zentralen und örtlichen Staatsorganen sowie wirtschaftsleitenden Organen zusammen und unterstützt die entsprechenden Industrieministerien bei der Wahrnehmung ihrer Verantwortung für eine bedarfsdeckende Produktion.

(3) Das Ministerium hat bei der Erfüllung seiner Aufgaben die effektivste Nutzung des Arbeitszeitfonds, der vorhandenen Grundmittel sowie der zur Verfügung stehenden Investitionen und die weitere Erschließung vorhandener Reserven zu sichern. Auf dieser Grundlage ist das Prinzip der sozialistischen Sparsamkeit im Umgang mit materiellen und finanziellen Fonds umfassend zu verwirklichen. Es erarbeitet bzw. bestätigt Richtwerte, Normen und Normative für den rationellen Einsatz der personellen, materiellen und finanziellen Fonds.

(4) Das Ministerium verwirklicht seine Aufgaben in enger Zusammenarbeit mit anderen zentralen Staatsorganen und den Organen, denen Einrichtungen der medizinischen und sozialen Betreuung unterstehen, den gesellschaftlichen Organisationen, insbesondere den Gewerkschaften, dem Deutschen Roten Kreuz der DDR und der Volkssolidarität.
(5) Das Ministerium hat seine Aufgaben unter umfassender Einbeziehung der Werktätigen in die Leitung und Planung zu lösen. Es hat die breite Entfaltung der Initiative der Mitarbeiter des Verantwortungsbereiches zur Erfüllung der Pläne vor allem durch die vielfältigen Formen der sozialistischen Masseninitiative zu gewährleisten.

§ 2

(1) Das Ministerium wird vom Minister nach dem Prinzip der Einzelleitung und kollektiven Beratung der Grundfragen geleitet. Der Minister trägt für die gesamte Tätigkeit des Ministeriums die persönliche Verantwortung gegenüber der Volkskammer und dem Ministerrat der Deutschen Demokratischen Republik.
(2) Der Minister trifft die zur Leitung und Planung des Verantwortungsbereiches notwendigen Entscheidungen im Rahmen der ihm übertragenen Rechte und Pflichten entsprechend den gesamtgesellschaftlichen Erfordernissen und sichert die Koordinierung mit den anderen zentralen und den örtlichen Staatsorganen. Er gewährleistet die konsequente Verwirklichung des sozialistischen Rechts und die Einhaltung der sozialistischen Gesetzlichkeit.
(3) Der Minister gewährleistet die Durchführung der sich aus Gesetzen und anderen Rechtsvorschriften sowie Entscheidungen der dazu befugten Organe zur sozialistischen Landesverteidigung einschließlich der Zivilverteidigung ergebenden Aufgaben für seinen Verantwortungsbereich.
(4) Der Minister erläßt im Rahmen seiner Zuständigkeit Anordnungen und Durchführungsbestimmungen. Er regelt einzelne Aufgaben innerhalb seines Verantwortungsbereiches durch Verfügungen und Anweisungen.

§ 3

(1) Der Minister ist dafür verantwortlich, daß der Reproduktionsprozeß im Gesundheits- und Sozialwesen auf der Grundlage der staatlichen Aufgaben und Planauflagen geplant wird. Er hat die exakte Organisation und Kontrolle der Plandurchführung zu sichern. Er gewährleistet die Anleitung der Abteilungen Gesundheits- und Sozialwesen der Räte der Bezirke und der dem Ministerium unterstellten Organe, Betriebe und Einrichtungen bei der Vorbereitung und Durchführung der Investitionen sowie der Werterhaltung und sichert die zentrale Begutachtung für ausgewählte Investitionsvorhaben. Er gewährleistet die territoriale Koordinierung der Aufgaben aller Gesundheitseinrichtungen, unabhängig von der Unterstellung und Eigentumsform.

(2) Der Minister gewährleistet, daß im Zusammenwirken mit der Staatlichen Plankommission, den anderen zentralen Staatsorganen und den Räten der Bezirke wissenschaftliche Prognosen und langfristige Pläne gemäß den Rechtsvorschriften sowie Fünfjahr- und Jahrespläne des Verantwortungsbereiches ausgearbeitet werden. Er gewährleistet die Einheit von materieller und finanzieller Planung.
(3) Der Minister gewährleistet eine den gesundheitspolitischen Zielsetzungen entsprechende rationelle Materialverwendung und Bestandshaltung und sichert den effektiven Einsatz von hochleistungsfähigen Geräten und Gerätesystemen sowie von Ausrüstungen, die die Qualität der medizinischen Betreuung entscheidend beeinflussen.
(4) Der Minister ist verantwortlich für die Erarbeitung von verbindlichen Anforderungen an Erzeugnisse, die für die materiell-technische Sicherstellung der gesundheitlichen Betreuung von Bedeutung sind.

§ 4

(1) Der Minister unterstützt die örtlichen Staatsorgane bei der Wahrnehmung ihrer Aufgaben auf dem Gebiet des Gesundheits- und Sozialwesens. Er ist für die Anleitung, Unterstützung und Kontrolle der Leiter der Abteilungen Gesundheits- und Sozialwesen der Räte der Bezirke (Bezirksärzte) verantwortlich.
(2) Der Minister sichert regelmäßige Inspektionen im Verantwortungsbereich. Sie richten sich insbesondere auf die

- ständige Qualifizierung der Leitungs- und Planungstätigkeit,
- Erhöhung der Qualität der medizinischen und sozialen Betreuung,
- Einhaltung und Durchsetzung der Rechtsvorschriften und der Prinzipien der Ordnung und Sicherheit auf allen Gebieten des Verantwortungsbereiches.

(3) Der Minister gewährleistet durch eine regelmäßige Kontroll- und Inspektionstätigkeit die Einhaltung und Durchsetzung der Rechtsvorschriften auf dem Gebiet der Hygiene der Arbeits- und Lebensbedingungen in allen gesellschaftlichen Bereichen. Er hat das Recht, zur Verhütung, Beseitigung und Minderung von Gefahren für Leben und Gesundheit, die in der Arbeitsumwelt und in der kommunalen Umwelt auftreten können, von den Leitern anderer zentraler Organe Informationen und die Festlegung erforderlicher Maßnahmen für ihren Verantwortungsbereich zu fordern. Als Vorsitzender der Zentralen Kommission des Ministerrates zur Verhütung und Bekämpfung epidemischer Krankheiten leitet der Minister die Maßnahmen zur Verhütung und Bekämpfung übertragbarer Krankheiten und ihrer Folgeerscheinungen.

§ 5

(1) Der Minister bestimmt die Aufgaben zur Erweiterung und Vervollkommnung der medizinischen Betreuung der Bürger und sichert ihre Realisierung. Er ist verantwortlich

für die planmäßige proportionale Entwicklung der medizinischen Betreuungskapazitäten und Leistungsbereiche, unabhängig von ihrer staatlichen Zuordnung.
(2) Der Minister legt für alle Gesundheitseinrichtungen die Grundsätze der medizinischen Betreuung fest.
(3) Der Minister übergibt den Räten der Bezirke verbindliche Vorgaben für die Sicherung und Entwicklung der medizinischen Grundbetreuung und der spezialisierten medizinischen Betreuung. Er bestätigt das Leistungsprofil und den Betreuungsbereich der bezirksgeleiteten Gesundheitseinrichtungen. Der Minister legt in Abstimmung mit den Räten der Bezirke und den Leitern zentraler Staatsorgane, denen Einrichtungen für die medizinische Betreuung unterstellt sind, den Standort, das Leistungsprofil und den Betreuungsbereich der Einrichtungen für die hochspezialisierte medizinische Betreuung fest.

§ 6

(1) Der Minister veranlaßt auf der Grundlage von Analysen der medizinischen Betreuung der Bevölkerung, der Hygiene der Arbeits- und Lebensbedingungen der Bürger und des Krankenstandes der Werktätigen zielgerichtete Maßnahmen zur Förderung der Gesundheit der Bürger und zur Verhütung von Krankheiten. Er stützt sich dabei auf die forgeschrittensten Erkenntnisse der Medizin und gewährleistet die kontinuierliche Durchsetzung des wissenschaftlich-technischen Fortschritts im Gesundheitswesen.
(2) Der Minister sichert die Ausarbeitung von Normativen zur Verbesserung der Hygiene der Arbeits- und Lebensbedingungen einschließlich des Schutzes vor übertragbaren Krankheiten und bestätigt Richtwerte und andere Regelungen auf den Gebieten der Arbeitshygiene und Arbeitsmedizin, der Kommunalhygiene, der Hygiene im Verkehr mit Lebensmitteln und Bedarfsgegenständen sowie der Ernährungshygiene.
(3) Der Minister legt die Grundsätze zur planmäßigen Entwicklung des Kur- und Bäderwesens und für den wirkungsvollen Einsatz der spezifischen Behandlungsmöglichkeiten fest.
(4) Der Minister bestimmt die Aufgaben der Gesundheitserziehung und -propaganda und arbeitet eng mit dem Nationalen Komitee für Gesundheitserziehung der DDR, dem Staatssekretariat für Körperkultur und Sport und anderen zentralen Staatsorganen und gesellschaftlichen Organisationen zusammen.

§ 7

(1) Der Minister bestätigt Zielsetzungen zur umfassenden Betreuung der Bürger im höheren Lebensalter und zur Förderung ihrer aktiven Teilnahme am gesellschaftlichen Leben. Er sichert die Koordinierung der entsprechenden staatlichen und gesellschaftlichen Aktivitäten dazu und legt Grundsätze für die soziale und pflegerische Betreuung in den Wohngebieten sowie für die Bürger in Feierabend- und Pflegeheimen und für Leistungen an hilfsbedürftige Bürger in nichtstaatlichen Einrichtungen fest.

(2) Der Minister ist verantwortlich für die Weiterentwicklung materieller sozialer Leistungen für bestimmte Bevölkerungsgruppen und bestimmt die Grundsatzaufgaben für die medizinische, soziale und gesellschaftliche Betreuung der Kämpfer gegen den Faschismus und der Verfolgten des Faschismus (VdN).
(3) Der Minister ist verantwortlich für die einheitliche Durchsetzung von Maßnahmen zur Rehabilitation der physisch und psychisch geschädigten Bürger. Er koordiniert die Vorbereitung und Durchführung dieser Aufgaben mit anderen zentralen Staatsorganen und gesellschaftlichen Organisationen.
(4) Der Minister legt die Grundsätze für die Entwicklung auf dem Gebiet der Kinderkrippen und Dauerheime für Säuglinge und Kleinkinder fest und bestimmt entsprechend den gesellschaftlichen Anforderungen den Inhalt ihrer Arbeit.

§ 8

(1) Der Minister ist verantwortlich für die internationale Zusammenarbeit auf dem Gebiet des Gesundheitswesens. Dabei hat er die internationale Arbeitsteilung mit der UdSSR und den anderen sozialistischen Ländern mit einem hohen Nutzeffekt für die planmäßige Verbesserung der medizinischen und sozialen Betreuung der Bürger zu entwickeln, die Verpflichtungen, die sich aus der sozialistischen ökonomischen Integration ergeben, zu realisieren und eine konstruktive Mitarbeit in den zwei- und mehrseitigen Organen der Mitgliedsländer des RGW zu sichern. Er entwickelt Direktbeziehungen mit den Partnerorganen in der UdSSR und anderen sozialistischen Ländern.
(2) Der Minister gewährleistet die Erfüllung der Verpflichtungen, die sich aus der Mitgliedschaft der DDR in der WHO ergeben. Er fördert die aktive Mitarbeit in internationalen medizinisch-wissenschaftlichen Organisationen und Gesellschaften.
(3) Der Minister ist auf dem Gebiet des Gesundheitswesens und der sozialen Betreuung in seinem Zuständigkeitsbereich verantwortlich für die Vorbereitung des Abschlusses von völkerrechtlichen Verträgen, für die Vorbereitung des Anschlusses der Deutschen Demokratischen Republik an multilaterale völkerrechtliche Verträge, für den Abschluß von Ressortabkommen sowie für die auf dieser Grundlage vereinbarten Kooperations- und Arbeitspläne. Er sichert die Erfüllung der aus diesen völkerrechtlichen Verträgen erwachsenden Verpflichtungen der Deutschen Demokratischen Republik.
(4) Der Minister trifft die Entscheidung über die Delegierung von medizinischen Wissenschaftlern, Ärzten und anderen Fachkräften des Gesundheitswesens und aus Einrichtungen der sozialen Betreuung in andere Staaten und gewährleistet die entsprechende Ausbildung der Kader. Er entscheidet auf dieser Grundlage über die Tätigkeit der medizinischen Fachkräfte aus anderen Staaten zu Ausbildungs- und Studienzwecken sowie zur praktischen Arbeit in der Deutschen Demokratischen Republik nach Abstimmung mit dem Minister für Hoch- und Fachschulwesen.
(5) Der Minister unterstützt die Koordinierung internationaler Hilfe und die Solidaritätsaktionen der Deutschen Demokratischen Republik auf medizinischem und sozialem Gebiet.

§ 9

(1) Der Minister ist im Rahmen der Gesamtentwicklung von Wissenschaft und Technik für die Entwicklung der medizinischen Wissenschaft und die einheitliche Leitung und Planung der medizinischen Forschung verantwortlich. Er wirkt dabei eng mit dem Minister für Hoch- und Fachschulwesen und dem Präsidenten der Akademie der Wissenschaften der DDR zusammen. Der Minister gewährleistet die notwendige Verflechtung mit den Forschungsvorhaben anderer gesellschaftlicher Bereiche und leitet und koordiniert die internationale Zusammenarbeit auf dem Gebiet der medizinischen Forschung, insbesondere mit der UdSSR und den anderen sozialistischen Staaten.

(2) Der Minister ist im Zusammenwirken mit anderen Staatsorganen und mit der Akademie der Wissenschaften der DDR verantwortlich für

- die gesundheitspolitische Zielstellung sowie die Hauptrichtungen und Aufgaben der medizinischen Forschung;
- einheitliche Leitungs- und Organisationsprinzipien (einschließlich Planung, Finanzierung und Abrechnung), für komplexe medizinische Forschungsvorhaben sowie die Anleitung solcher Forschungsvorhaben und ihrer Leiter;
- einheitliche Verfahrensweisen bei der Verteidigung von Forschungsaufgaben bzw. -ergebnissen sowie für die Leitung und Planung der Überführung von Ergebnissen der medizinischen Forschung in die Praxis des sozialistischen Gesundheitsschutzes;
- einheitliche Prinzipien der prognostisch-analytischen Arbeit zur Entwicklung der medizinischen Forschung und Wissenschaft sowie der rationellen und effektiven Gestaltung der Forschungsprozesse auf dem Gebiet der Medizin;
- die planmäßige und proportionale Entwicklung des medizinischen Forschungspotentials und seine Konzentration und Profilierung in zweckmäßigen Organisationsformen.

(3) Der Minister sichert im Zusammenwirken mit anderen Staatsorganen auf der Grundlage der Rechtsvorschriften die planmäßige Entwicklung und Durchführung von Aufgaben der Standardisierung und des Meßwesens im Gesundheits- und Sozialwesen.

(4) Der Minister sichert die planmäßige Entwicklung des Informationssystems Wissenschaft und Technik in der Medizin sowie die fachliche und methodische Anleitung und Koordinierung der Tätigkeit von Informationseinrichtungen unabhängig von ihrer staatlichen Unterstellung.

(5) Der Minister fördert die Entwicklung und Tätigkeit der medizinisch-wissenschaftlichen Gesellschaften sowie das wissenschaftliche Leben im Gesundheitswesen und in der medizinischen Wissenschaft. Er nimmt seine Aufgaben zur Anleitung und Unterstützung der medizinisch-wissenschaftlichen Gesellschaften sowie gegenüber den Redaktionen und Verlagen für medizinische Literatur entsprechend den Rechtsvorschriften wahr und stützt sich dabei auf den Koordinierungsrat der medizinisch-wissenschaftlichen Gesellschaften der Deutschen Demokratischen Republik und das Generalsekretariat der medizinisch-wissenschaftlichen Gesellschaften beim Ministerium für Gesundheitswesen.

(6) Der Minister stützt sich bei der Wahrnehmung seiner Verantwortung für die einheitliche Leitung und Planung der medizinischen Forschung und Wissenschaft sowie die Förderung des wissenschaftlichen Lebens auf den Rat für Planung und Koordinierung der medizinischen Wissenschaft. Er berücksichtigt die ihm vom Präsidenten der Akademie der Wissenschaften der DDR zur Verfügung gestellten Einschätzungen und Vorschläge der Klasse Medizin der Akademie.

§ 10

(1) Der Minister leitet im Zusammenwirken mit den anderen zuständigen Ministerien den Versorgungsprozeß mit Arzneimitteln, medizintechnischen und anderen Erzeugnissen und wirkt an der Preisgestaltung für diese Erzeugnisse im Rahmen seiner Verantwortung mit.
(2) Der Minister ist verantwortlich für die Regelung und Überwachung des Verkehrs mit Arzneimitteln, Gesundheitspflegemitteln und Wirkstoffkosmetika, Seren, Impfstoffen, Desinfektionsmitteln, gesundheitsrelevanten Plasten sowie medizintechnischen Erzeugnissen und den Verkehr mit Lebensmitteln. Er trifft Entscheidungen über die Zulassung von Fremdstoffen für Lebensmittel, von Lebensmitteln aus ernährungsphysiologischer Sicht, von diätetischen und neuartigen Lebensmitteln und von neuen Produktionstechnologien für Lebensmittel sowie von Mitteln zur Bekämpfung von Gesundheitsschädlingen.
(3) Der Minister ist verantwortlich für die Führung des Registers für Arzneimittel und für medizintechnische Erzeugnisse sowie für die Regelung und Überwachung des Verkehrs mit Suchtmitteln.

§ 11

(1) Der Minister ist in Verwirklichung der einheitlichen sozialistischen Bildungspolitik und in Übereinstimmung mit dem wissenschaftlich-technischen Fortschritt sowie den Erfordernissen der gesundheitlichen und sozialen Betreuung der Bevölkerung verantwortlich für

— die Berufsausbildung im Bereich des Gesundheits- und Sozialwesens,
— die einheitliche Entwicklung der medizinischen Fachschulausbildung,
— die Erarbeitung der Anforderungscharakteristiken in der Ausbildung für Medizin, Stomatologie und Pharmazie an den Hochschuleinrichtungen.

(2) Der Minister ist für die Ausarbeitung einheitlicher Grundsätze auf dem Gebiet der Kaderarbeit verantwortlich. Er leitet die ihm unterstellten Einrichtungen an und sichert in Zusammenarbeit mit den Räten der Bezirke die einheitliche Durchsetzung der Prinzipien der sozialistischen Kaderarbeit im Gesundheits- und Sozialwesen. Er sichert die Vorbereitung, den Einsatz und die ständige Arbeit mit den leitenden Kadern entsprechend den festgelegten Nomenklaturen, fördert und kontrolliert insbesondere die politisch-

fachliche Entwicklung der Frauen und Jugendlichen und den Einsatz von Frauen in leitende Funktionen.
(3) Der Minister vereinbart gemeinsam mit dem Zentralvorstand der Gewerkschaft Gesundheitswesen Maßnahmen zur Frauenförderung und gemeinsam mit dem Zentralrat der FDJ Maßnahmen zur Ausbildung und Erziehung der Jugendlichen, zur Auswahl von Jugendobjekten sowie zur Durchführung der „Messe der Meister von morgen“ und sichert die Anleitung und Kontrolle der dem Ministerium unterstellten Organe, Betriebe und Einrichtungen bei der Erarbeitung und Erfüllung der Jugendförderungspläne.

§ 12

(1) Der Minister ist für die Haushalts-, Valuta- und Finanzwirtschaft des Ministeriums und der unterstellten Organe, Betriebe und Einrichtungen und für die Einhaltung der Finanzdisziplin verantwortlich. Er sichert die ordnungsgemäße Ausarbeitung, Durchführung und Kontrolle der Haushaltspläne, die Kontrolle der Bildung und Verwendung der finanziellen Fonds und bestätigt die Quartalskassenpläne.
(2) Der Minister ist verantwortlich für die Anleitung, Durchführung und Kontrolle der Kosten- und Preisarbeit im Gesundheits- und Sozialwesen.
(3) Der Minister sichert die Grundsatzarbeit auf dem Gebiet Arbeit und Löhne in seinem Verantwortungsbereich und organisiert die einheitliche Anleitung, Durchsetzung und Kontrolle auf dem Gebiet des sozialistischen Arbeitsrechts. Er ist verantwortlich für die Erarbeitung von Vorgaben für die Planung der Arbeitskräfte und gewährleistet die Mitwirkung bei der Ausarbeitung und Durchführung der staatlichen Lohn-, Tarif- und Prämienpolitik.
(4) Der Minister schafft Voraussetzungen für die volle Entfaltung der Initiative und Schöpferkraft aller Mitarbeiter, gibt für die Durchführung des von der Gewerkschaft organisierten sozialistischen Wettbewerbs, für die Neuerer- und Rationalisatorenbewegung sowie die Ausarbeitung der Betriebskollektivverträge die grundsätzliche inhaltliche Orientierung.
(5) Der Minister gewährleistet in seinem Verantwortungsbereich den Aufbau eines rationell organisierten einheitlichen Informationssystems für Planung, Rechnungsführung und Statistik. Er sichert die Projektkoordinierung auf dem Gebiet EDV und bestimmt den Einsatz von EDV-Anlagen.

§ 13

(1) Der Minister ist verantwortlich für die planmäßige Durchsetzung der Erfordernisse der wissenschaftlichen Arbeitsorganisation im Verantwortungsbereich. Er sichert die Festlegung abrechenbarer Aufgabenstellungen auf dem Gebiet der wissenschaftlichen Arbeitsorganisation und der Schwerpunkte für das Arbeitsstudium, für die Arbeitsgestaltung und für die Arbeitsnormung sowie für die Rationalisierung der Verwaltungsarbeit.

(2) Der Minister ist verantwortlich, daß im Gesundheits- und Sozialwesen die Arbeits- und Lebensbedingungen planmäßig, insbesondere im Zusammenhang mit Maßnahmen der sozialistischen Rationalisierung, verbessert werden. Bei der Ausarbeitung und Durchsetzung der Grundrichtung der sozialistischen Rationalisierung arbeitet er mit den örtlichen Staatsorganen und dem Zentralvorstand der Gewerkschaft Gesundheitswesen zusammen. Er hat die Aufgaben zur Verbesserung der Arbeits- und Lebensbedingungen, zur Erhöhung der Ordnung und Sicherheit, der Disziplin und Sauberkeit in die Rechenschaftslegungen der Leiter der unterstellten Organe, Betriebe und Einrichtungen einzubeziehen.
(3) Der Minister nimmt in seinem Verantwortungsbereich Einfluß auf die Gestaltung der Arbeitsplätze und der Arbeitsbedingungen, sichert die Einhaltung der Erfordernisse des Gesundheits- und Arbeitsschutzes, setzt Maßnahmen zur Erleichterung körperlich schwerer und gesundheitlich schädigender Arbeiten durch, kontrolliert die Versorgung der Mitarbeiter, insbesondere der Schichtarbeiter, und die unterstellten Organe, Betriebe und Einrichtungen bei Maßnahmen zur Erleichterung des Lebens der berufstätigen Frauen und Mütter.

§ 14

(1) Der Minister bestimmt die Aufgaben der ihm unterstellten Organe, Betriebe und Einrichtungen und bestätigt deren Statuten, Struktur und Stellenpläne. Er ist verantwortlich für die rationelle Gestaltung der Leitung und Organisation in seinem Verantwortungsbereich und für die ständige Vervollkommnung der Arbeit auf diesem Gebiet unter Anwendung der Erkenntnisse der Leitungswissenschaft.
(2) Der Minister ist verantwortlich für die Anleitung und Kontrolle der Leiter und fordert regelmäßig von ihnen Rechenschaft. Er ist gegenüber den Leitern und Mitarbeitern im Ministerium weisungsberechtigt. Er allein ist berechtigt, den Leitern der unterstellten Organe, Betriebe und Einrichtungen Weisungen zu erteilen. Der Minister hat das Recht, deren Weisungen aufzuheben, wenn dies zur besseren Erfüllung der Aufgaben des Verantwortungsbereiches oder zur Durchsetzung der sozialistischen Gesetzlichkeit erforderlich ist.
(3) Der Minister ist für eine der führenden Rolle der Arbeiterklasse entsprechende Auswahl, Entwicklung, Erziehung, Qualifizierung und Weiterbildung sowie den Einsatz der Kader im Ministerium und der Leitungskader der dem Ministerium unterstellten Organe, Betriebe und Einrichtungen entsprechend den Nomenklaturen sowie für die Bildung der Kaderreserve verantwortlich. Er nimmt entsprechend der Kadernomenklatur die Berufung und Abberufung leitender Kader vor. Er ist Disziplinarvorgesetzter der genannten Leiter und Mitarbeiter.
(4) Das beratende Organ des Ministers ist das Kollegium. Es unterstützt den Minister durch Beratung insbesondere von Grundfragen der Entwicklung des Gesundheitswesens und der übertragenen Aufgaben der sozialen Betreuung, der langfristigen Planung, der Fünfjahr- und Jahrespläne, der medizinischen Forschung, des sozialistischen Wett-

bewerbs und der Rationalisatorenbewegung sowie der weiteren Verbesserung der Arbeits- und Lebensbedingungen der Werktätigen im Verantwortungsbereich. Aufgaben und Arbeitsweise des Kollegiums werden durch Verfügung des Ministers bestimmt.
(5) Der ständige Stellvertreter des Ministers ist der Staatssekretär. Er hat im Falle der Verhinderung des Ministers die Befugnisse und Pflichten des Ministers wahrzunehmen.

§ 15

(1) Das Ministerium ist zur Lösung seiner Aufgaben in Hauptabteilungen einschließlich der Staatlichen Hygieneinspektion, Abteilungen und Sektoren sowie in eine Hauptverwaltung Pharmazie und Medizintechnik gegliedert. Die Grobstruktur und der Stellenplan des Ministeriums werden vom Ministerrat bestätigt.
(2) Der Minister legt die Verantwortung seiner Stellvertreter, die Aufgaben der Struktureinheiten und die Art und Weise ihres Zusammenwirkens sowie die Verantwortung der Leiter und Mitarbeiter in der Arbeitsordnung des Ministeriums sowie in Funktionsplänen fest.

§ 16

(1) Das Ministerium ist juristische Person und Haushaltsorganisation. Es hat seinen Sitz in Berlin, der Hauptstadt der Deutschen Demokratischen Republik.
(2) Das Ministerium wird im Rechtsverkehr durch den Minister vertreten. Der Staatssekretär, die Stellvertreter des Ministers und die Leiter der Hauptabteilungen, Abteilungen sowie der Leiter der Hauptverwaltung Pharmazie und Medizintechnik und der Leiter der Staatlichen Hygieneinspektion sind berechtigt, das Ministerium im Rahmen ihres Aufgabenbereiches zu vertreten.
(3) Mitarbeiter des Ministeriums oder andere Personen können im Rahmen der ihnen vom Minister schriftlich erteilten Vollmacht das Ministerium vertreten.

§ 17

(1) Dieses Statut tritt mit seiner Veröffentlichung in Kraft.
(2) Gleichzeitig tritt die Verordnung vom 19. Februar 1969 über das Statut des Ministeriums für Gesundheitswesen (GBl. II Nr. 27 S. 171) außer Kraft.

Verordnung über den Havarieschutz

vom 13. August 1981
(GBl. I Nr. 27 S. 329)

Im Interesse der einheitlichen Vorbereitung und Durchführung wirkungsvoller Maßnahmen zur Vorbeugung und Bekämpfung von Havarien wird folgendes verordnet:

§ 1 Geltungsbereich

Diese Verordnung regelt die Verantwortung und die Aufgaben der staatlichen und wirtschaftsleitenden Organe (nachfolgend den Betrieben übergeordnete Organe genannt) sowie der Betriebe im Sinne des § 17 des Arbeitsgesetzbuches der Deutschen Demokratischen Republik vom 16. Juni 1977 (GBl. I Nr. 18 S. 185) für den Schutz vor Havarien (nachfolgend Havarieschutz genannt). Für Kombinatsbetriebe nehmen die Kombinate die Aufgaben des übergeordneten Organs wahr.

§ 2 Havarieschutz

(1) Der Havarieschutz ist Bestandteil der Leitungstätigkeit der Leiter der den Betrieben übergeordneten Organe und der Leiter der Betriebe. Er beinhaltet die Gesamtheit der Forderungen, Maßnahmen, Mittel und Methoden, die dazu dienen, Havarien vorzubeugen, deren Auswirkungen zu vermeiden oder zu vermindern bzw. zu bekämpfen. Die Hauptanstrengungen sind auf den vorbeugenden Havarieschutz zu richten.
(2) Im Havarieschutz sind

a) Gefahrenquellen, die Havarien begünstigen oder zu Havarien führen können, vorausschauend aufzudecken und unverzüglich zu beseitigen,
b) eingetretene Havarien und deren unmittelbare Auswirkungen wirkungsvoll zu bekämpfen, die Ursachen aufzuklären und Maßnahmen zu treffen, die eine Wiederholung ausschließen,
c) Ordnung und Sicherheit unter Havariebedingungen aufrechtzuerhalten.

§ 3 Havarie

(1) Havarie im Sinne dieser Verordnung ist ein technischer Schaden, der im Verantwortungsbereich des Betriebes liegt, in der Regel plötzlich eintritt, den normalen Betriebsablauf oder -zustand erheblich beeinträchtigt und zur Zerstörung von technischen Anlagen führt. Havarien können Gefährdungen für Leben und Gesundheit von Menschen und für materielle Werte nach sich ziehen.
(2) Schwere Havarien im Sinne dieser Verordnung sind Havarien, die in ihrem Ergebnis zu folgenschweren Auswirkungen innerhalb und/oder außerhalb eines Betriebes führen, unmittelbare Gefahren für eine größere Anzahl von Menschen herbeiführen und deren Bekämpfung den koordinierten Einsatz von Kräften und materiellen Mitteln mehrerer Verantwortungsbereiche erfordert.
(3) Havarien sind keine Katastrophen im Sinne der Verordnung vom 15. Mai 1981 über den Katastrophenschutz (GBl. I Nr. 20 S. 257).

§ 4 Verantwortung

(1) Die Leiter der Betriebe sind für den Havarieschutz sowie die Milderung bzw. Beseitigung der Auswirkungen von Havarien in ihren Verantwortungsbereichen verantwortlich. Das gilt entsprechend der Rechtsträgerschaft auch für Havarien an Energie-, Nachrichten-, Verkehrs-, Fortleitungs-, wasserwirtschaftlichen und ähnlichen Anlagen und Einrichtungen sowie auf land- und forstwirtschaftlich genutzten Flächen außerhalb des Betriebsgeländes.
(2) Die Leiter der den Betrieben übergeordneten Organe haben die Leiter der Betriebe bei der Erfüllung der Aufgaben zum Havarieschutz anzuleiten und zu kontrollieren. Die Minister und die Leiter der anderen zentralen Staatsorgane haben zur einheitlichen Regelung — soweit erforderlich — zweigspezifische Bestimmungen zu erlassen.
(3) Die Leiter der den Betrieben übergeordneten Organe sind verpflichtet, die Leiter der Betriebe bei der Überwindung der Auswirkungen von Havarien zu unterstützen und in ihren Verantwortungsbereichen Maßnahmen zur Vermeidung gleicher oder ähnlicher Havarien einzuleiten.

Aufgaben der Leiter der Betriebe im Havarieschutz

§ 5

1) Auf der Grundlage der geltenden Rechtsvorschriften und anderer Festlegungen sind alle Maßnahmen zur Vorbeugung von Havarien zu treffen und die Werktätigen durch fachspezifische Ausbildung zur Sicherung eines störungsfreien Betriebsablaufes zu befähigen sowie durch jährlich zu planende und periodisch durchzuführende Antihavarietrainings auf die Bekämpfung möglicher Havarien vorzubereiten.
(2) Gefahrenstellen, die zu Havarien führen können, sind zu ermitteln, ihre möglichen Auswirkungen unter Einbeziehung von Experten zu analysieren und Maßnahmen zur Beseitigung bzw. Verminderung der Gefährdungen zu treffen. Die Analysen sind bei sich verändernden Bedingungen zu präzisieren. Über die Gefahrenstellen und möglichen Auswirkungen sind die zuständigen Dienststellen der Deutschen Volkspolizei und des Ministeriums für Staatssicherheit zu informieren.
(3) Auf der Grundlage der Einschätzung möglicher Gefahren und ihrer Auswirkungen sind Einsatzdokumente zur Bekämpfung möglicher Havarien, unter Beachtung der Festlegungen über die Wahrung von Staats- und Dienstgeheimnissen, vorzubereiten und bei Erfordernis zu präzisieren. In diese Einsatzdokumente sind die spezifischen Aufgaben und Maßnahmen der Betriebe zur personellen und materiell-technischen Sicherstellung des Einsatzes, einschließlich der Bestimmung der Rang- und Reihenfolge der Handlungen zur Havariebekämpfung, sowie die erforderlichen Maßnahmen der Zusammenarbeit mit den Fachorganen der Räte der Kreise und den zuständigen Dienststellen der Deutschen Volkspolizei aufzunehmen. Die Maßnahmen der Zusammenarbeit sind besonders zu richten auf

a) die Abstimmung und Koordinierung betrieblicher Maßnahmen zur Bekämpfung möglicher Havarien und zur Beseitigung ihrer Auswirkungen mit den Handlungen der Organe, die die Bekämpfungsmaßnahmen unterstützen;
b) die Melde- und Informationstätigkeit der Betriebe bei Eintritt einer Havarie bzw. bei Feststellung von Gefahren, die zu Havarien führen können;
c) die unverzügliche Einleitung der Warnung der Bevölkerung in gefährdeten Territorien;
d) die Einrichtung von Führungsstellen und die Herstellung von Nachrichtenverbindungen;
e) die Gewährleistung der öffentlichen Ordnung und Sicherheit.

(4) In Betrieben, in denen die Möglichkeit schwerer Havarien besteht, sind

a) die sich aus den Analysen und Präzisierungen der Gefährdungen ergebenden möglichen Auswirkungen auf angrenzende Territorien sowie die begründete Anforderung der für die Bekämpfung einer schweren Havarie zusätzlich bereitzustellenden Kräfte und Mittel den Vorsitzenden der Räte der Kreise und den

Leitern der zuständigen Dienststellen der Deutschen Volkspolizei der gefährdeten Territorien unverzüglich mitzuteilen;

b) die Einsatzdokumente mit den Vorsitzenden der Räte der Kreise und den Leitern der zuständigen Dienststellen der Deutschen Volkspolizei der gefährdeten Territorien abzustimmen und danach vom Leiter des Betriebes zu bestätigen.

§ 6

(1) Die Bekämpfung von Havarien und ihrer Auswirkungen erfolgt in den Betrieben unter Verantwortung der Leiter der Betriebe.
(2) Die Bekämpfung von Havarien ist in erster Linie mit Kräften und Mitteln der Betriebe durchzuführen. Erforderliche zusätzliche Kräfte und Mittel sind von den Leitern der Betriebe beim übergeordneten Organ anzufordern.
(3) Ist die Bekämpfung der Havarie mit den Kräften und Mitteln der Betriebe und der übergeordneten Organe allein nicht möglich und erfordert die von der Havarie ausgehende Gefahr für Menschen und Anlagen den unverzüglichen Einsatz von Kräften und Mitteln des Territoriums, sind diese beim Vorsitzenden des zuständigen Rates des Kreises durch die Leiter der Betriebe entsprechend den Einsatzdokumenten anzufordern.

§ 7

(1) Die Bekämpfung schwerer Havarien haben die Leiter der Betriebe persönlich zu leiten. Sie führen die Bekämpfung mit Hilfe des Stabes der Zivilverteidigung des Betriebes. In Betrieben, in denen ein Beauftragter der Zivilverteidigung eingesetzt ist, sind durch die Leiter der Betriebe geeignete Mitarbeiter zur Unterstützung des Beauftragten der Zivilverteidigung für die Periode der Bekämpfung zu bestimmen.
(2) In Abhängigkeit von Umfang, Art und Charakter einer schweren Havarie kann die Leitung der Bekämpfungsmaßnahmen von einem den Betrieben übergeordneten Organ oder einer Regierungskommission übernommen werden.
(3) Die Bekämpfung schwerer Havarien hat in Abstimmung und enger Zusammenarbeit mit dem Vorsitzenden des zuständigen Rates des Kreises zu erfolgen. Die Abstimmung bzw. Zusammenarbeit ist auch durchzuführen, wenn ein den Betrieben übergeordnetes Organ bzw. ein anderes Organ die Leitung der Bekämpfung übernimmt oder übertragen erhält.

§ 8 Aufgaben der Vorsitzenden der Räte der Kreise

(1) Die Bekämpfung der Auswirkungen schwerer Havarien auf Territorien des betreffenden und angrenzender Kreise erfolgt unter Verantwortung der Vorsitzenden der Räte der Kreise als Leiter der Zivilverteidigung. Die dazu erforderliche Planung und Koordinierung wirksamer Bekämpfungsmaßnahmen erfolgt auf der Grundlage der von den Betrieben an die Vorsitzenden der Räte der Kreise übergebenen Einschätzungen der möglichen Gefährdungen für das Territorium.
(2) In enger Zusammenarbeit mit den Leitern der Betriebe, von denen bei Eintritt schwerer Havarien Gefährdungen für das Territorium ausgehen können, sind von den Vorsitzenden der Räte der Kreise konkrete Festlegungen für den Schutz der Bevölkerung und der materiellen Werte im gefährdeten Territorium zu treffen.
(3) Die Vorsitzenden der Räte der Kreise sind bei Eintritt schwerer Havarien für die Bereitstellung und Heranführung der in gegenseitiger Abstimmung im Einsatzdokument der Betriebe gemäß § 6 Abs. 3 festgelegten Kräfte und Mittel des Territoriums verantwortlich.

§ 9 Untersuchung

(1) Die Leiter der Betriebe haben Havarien, die sich in ihren Verantwortungsbereichen ereignen, zu untersuchen. Die Untersuchung umfaßt die Feststellung der Ursachen sowie aller begünstigenden Bedingungen, die Aufdeckung und Verfolgung von Pflichtverletzungen sowie die Veranlassung vorbeugender Maßnahmen.
(2) Bei der Untersuchung der Havarie durch Untersuchungsorgane oder staatliche Kontrollorgane haben die Leiter der Betriebe diese durch Bereitstellung erforderlicher Kräfte und Mittel zur Feststellung der Ursachen sowie aller begünstigenden Bedingungen und bei der Aufdeckung, Verfolgung und Beseitigung von Rechtsverletzungen zu unterstützen. Dabei festgestellte Ursachen und begünstigende Bedingungen sind durch die Leiter der Betriebe unverzüglich zu beseitigen.
(3) Die im Ergebnis der Untersuchungen veranlaßten vorbeugenden Maßnahmen zur Vermeidung gleicher bzw. ähnlicher Ereignisse sind von den gemäß § 4 Verantwortlichen konsequent durchzusetzen.

§ 10 Meldungen

Die Leiter der Betriebe sind dafür verantwortlich, daß

a) in ihren Verantwortungsbereichen eingetretene Havarien bzw. Gefahren für angrenzende Territorien unverzüglich an
   - die zuständigen Dienststellen der Deutschen Volkspolizei
   - die Räte der Kreise
   - das übergeordnete Organ
   - die zuständigen Kontrollorgane

   gemeldet werden. Bestehende Meldepflichten gegenüber anderen Organen bleiben davon unberührt;
b) die Staatliche Versicherung der Deutschen Demokratischen Republik vom Eintritt einer Havarie unverzüglich benachrichtigt wird.

§ 11 Erstattung von Aufwendungen

1) Die Betriebe, in denen Havarien aufgetreten sind, haben die Aufwendungen, die den örtlichen Räten und anderen Beteiligten im Zusammenhang mit der Bekämpfung von Havarien entstanden sind, zu erstatten.
(2) Die Erstattung der Aufwendungen erfolgt zu Lasten der Selbstkosten der Betriebe, soweit nicht die Staatliche Versicherung der Deutschen Demokratischen Republik nach den geltenden Rechtsvorschriften bzw. vertraglichen Vereinbarungen einzutreten hat.

§ 12 Schlußbestimmungen

(1) Diese Verordnung tritt am 1. Oktober 1981 in Kraft.
(2) Gleichzeitig tritt der Beschluß des Ministerrates vom 14. April 1969 über die „Grundsätze der Organisation der Leitung bei der Bekämpfung von schweren Havarien"[1]) außer Kraft.

---

[1]) Der Beschluß wurde den Beteiligten seinerzeit direkt zugestellt.

Anordnung über die Aus- und Weiterbildung der Bürger im Grundwissen der Zivilverteidigung

vom 3. August 1981
(GBl. I Nr. 26 S. 325)

Auf Grund des § 15 des Verteidigungsgesetzes vom 13. Oktober 1978 (GBl. I Nr. 35 S. 377) wird zur Durchführung des § 6 dieses Gesetzes im Einvernehmen mit den zuständigen Ministern und den Leitern der anderen zentralen Staatsorgane sowie in Übereinstimmung mit dem Bundesvorstand des Freien Deutschen Gewerkschaftsbundes und zentralen Leitungen anderer gesellschaftlicher Organisationen folgendes angeordnet:

§ 1 Geltungsbereich

Diese Anordnung gilt für die zentralen und örtlichen Staatsorgane, für Kombinate, wirtschaftsleitende Organe, Betriebe, Einrichtungen und Genossenschaften (nachfolgend Betriebe genannt) sowie für die gesellschaftlichen Organisationen und für die Bürger.

§ 2 Grundsätze, Ziele und Aufgaben

(1) Zur Vorbereitung der Bevölkerung auf den Schutz vor den Folgen möglicher militärischer Aggressionshandlungen und von Katastrophen sowie zur Wahrnehmung ihres im Verteidigungsgesetz festgelegten Rechtes und der Pflicht, an der Vorbereitung und Durchführung von Maßnahmen der Zivilverteidigung mitzuwirken, ist den Bürgern der DDR das Grundwissen der Zivilverteidigung zu vermitteln.
(2) Die Durchführung der Ausbildung im Grundwissen der Zivilverteidigung erfolgt auf der Grundlage des vom Leiter der Zivilverteidigung der DDR herausgegebenen Programms.
(3) Die Minister und die Leiter der anderen zentralen Staatsorgane sind berechtigt, das Programm des Leiters der Zivilverteidigung der DDR um spezielle Themen zu erweitern bzw. Inhalte zu spezifizieren, wenn es die Besonderheit ihres Verantwortungsbereiches erfordert.
(4) Die Ausbildung der Schüler an den allgemeinbildenden Schulen und der Lehrlinge an den Berufsschulen erfolgt nach den Festlegungen des Ministers für Volksbildung bzw. des Staatssekretärs für Berufsbildung.

§ 3 Verantwortung

(1) Die Minister (ausgenommen die der bewaffneten Organe) und die Leiter der anderen zentralen Staatsorgane, die Vorsitzenden der örtlichen Räte und die Leiter der Betriebe

sind in ihren Verantwortungsbereichen für die Vorbereitung und Durchführung der Ausbildungsmaßnahmen verantwortlich.
(2) Die Leitungen der gesellschaftlichen Organisationen sichern die Ausbildung der Beschäftigten in ihren Bereichen.

§ 4 Durchführung der Ausbildung

(1) Die Ausbildung der Werktätigen im Grundwissen der Zivilverteidigung erfolgt in der Regel außerhalb der Arbeitszeit bzw. im Rahmen der Erwachsenenbildung. Ausnahmen sind im § 5 geregelt.
(2) Zur Festigung der erworbenen Kenntnisse und Fertigkeiten

a) ist die Ausbildung der im Arbeitsprozeß stehenden Werktätigen in fünfjährigen Ausbildungszyklen periodisch zu wiederholen. Dafür sind jährlich 3—4 Stunden vorzusehen;

b) sind Bürger in Übungen der Zivilverteidigung einzubeziehen.

(3) Die Ausbildung ist in der Regel von den unmittelbaren Leitern der Kollektive (Meister, Abteilungsleiter, Klassenleiter u. a.) oder anderen geeigneten Ausbildern durchzuführen. Die Stärke der auszubildenden Kollektive soll 30 Teilnehmer nicht übersteigen.
(4) Die Ausbilder sind vor allem im Rahmen ihrer beruflichen Aus- und Weiterbildung zur Vermittlung des Grundwissens der Zivilverteidigung zu befähigen.
(5) Die Ausbilder haben die zur Durchführung der Maßnahmen der Zivilverteidigung notwendigen Kenntnisse und Fertigkeiten zu vermitteln. Die Ausbildung ist anschaulich und praxisverbunden zu gestalten.
(6) Die Ausbilder haben die aktive Mitwirkung der Teilnehmer zu gewährleisten sowie ihre Anfragen, Vorschläge und die Ergebnisse der Ausbildung auszuwerten.
(7) Das DRK der DDR unterstützt im Zusammenwirken mit dem Betriebsgesundheitswesen die Ausbildung der Werktätigen im Grundwissen der Zivilverteidigung durch die Unterweisung in der Selbst- und gegenseitigen Hilfe.
(8) Die Bevölkerung in den Wohngebieten ist durch Aufklärungsmaßnahmen, vorwiegend im Rahmen der politischen Massenarbeit, auf die Durchführung der wichtigsten Schutzmaßnahmen vorzubereiten.

§ 5 Belehrungen über Sirenensignale

(1) Die Berufstätigen, Schüler, Lehrlinge und Studenten sind jährlich über die Sirenensignale zur Warnung und Alarmierung zu belehren.
(2) Die Belehrungen sind jeweils im I. Quartal des Jahres durchzuführen. Sie dürfen 30 Minuten nicht überschreiten.

(3) Die Belehrungen sind zu richten auf

a) das schnelle, disziplinierte und richtige Verhalten und Handeln bei gefahrdrohenden Situationen;
b) das Beherrschen der mit den Signalen verbundenen konkreten arbeitsplatzbezogenen Verhaltensregeln und Handlungen im betrieblichen Produktionsprozeß.

(4) Die Durchführung der Belehrung und die Teilnahme sind nachweispflichtig. Für die Nachweisführung kann das Arbeitsschutzkontrollbuch bzw. Klassenbuch genutzt werden.

§ 6 Schlußbestimmung

Diese Anordnung tritt am 1. Dezember 1981 in Kraft.

Als Grenzwerte gelten:

1. für die Aktivitätskonzentration,
   - bei festen Abfällen mit natürlichen Radionukliden das 10^4fache
   - bei festen, nicht leicht zerstäubbaren Abfällen mit künstlichen Radionukliden das 10^3fache
   - bei festen, leicht zerstäubbaren Abfällen mit künstlichen Radionukliden und bei flüssigen Abfällen
     mit Radionukliden einer Halbwertszeit von mehr als 60 Tagen das Zehnfache
     mit Radionukliden einer Halbwertszeit von weniger als 60 Tagen das 10^2fache

   der in der Anlage 2 Tabelle 1 Spalte 7 und Tabelle 3 Spalte 6 genannten Werte in Mikrocurie pro Gramm bzw. in Mikrocurie pro Kubikzentimeter[17])
2. für die Oberflächenkontamination,
   das Zehnfache der in der Anlage 3 Tabelle 1 Ziff. 2 genannten Werte
3. für das Dosisleistungsäquivalent,
   0,1 mrem/h im Abstand von 0,1 m von der Oberfläche[17]).

§ 23 Zentrale Erfassung radioaktiver Abfälle

Außer Kraft gesetzt durch die AO über die zentrale Erfassung und Endlagerung radioaktiver Abfälle vom 11. Mai 1981 (GBl. I Nr. 16 S. 224); abgedruckt unter C **02 02** 40.

§ 24 Ableitung von Abwässern

(1) Alle Abwässer aus Anlagen, von denen radioaktive Stoffe freigesetzt werden können, und aus Arbeitsräumen der Klassen I und II sind in Rückhaltebehältern zu sammeln. Kühlwässer sind davon ausgenommen, wenn gewährleistet ist, daß sie keine radioaktiven Stoffe enthalten.

(2) Bei Einleitung kontaminierter Abwässer in die kommunale Kanalisation darf die Aktivitätskonzentration die im § 22 Abs. 3 Ziff. 1 genannten Werte im letzten Sichtschacht der Institution nicht überschreiten.

(3) Die unmittelbare Einleitung kontaminierter Abwässer in Gewässer bedarf der Genehmigung der zuständigen Wasserwirtschaftsdirektion und der Zustimmung der *Staatlichen Zentrale für Strahlenschutz*[3]). Die Aktivitätskonzentration der Abwässer darf die in der Anlage 2 Tabelle 1 Spalte 7 und Tabelle 3 Spalte 6 genannten Werte nicht überschreiten. Die *Staatliche Zentrale für Strahlenschutz*[3]) und die zuständige Wasserwirtschaftsdirektion können jedoch im gegenseitigen Einvernehmen Ausnahmen zulassen oder Beschränkungen auferlegen.

(4) Die in den Absätzen 2 und 3 genannten Aktivitätskonzentrationen dürfen kurzzeitig um höchstens das Zehnfache überschritten werden, wenn die Aktivitätskonzentrationen im Tagesmittel eingehalten werden.

(5) Eine Verdünnung des kontaminierten Abwassers mit Trink- oder Brauchwasser zur Unterschreitung der in den Absätzen 2 und 3 angegebenen Grenzwerte der Aktivitätskonzentration ist untersagt.

(6) Die Ableitung von Abwässern aus Rückhaltebehältern und betrieblichen Kanalisationssystemen ist aktenkundig zu machen.

Dabei müssen

1. die Zeit und gegebenenfalls der Ort der Einleitung und
2. die Menge, die Aktivitätskonzentration und die Radionuklidzusammensetzung des eingeleiteten Abwassers angegeben werden.

(7) Kontrollen zur Ableitung der Abwässer führen die zuständigen Organe der Gewässeraufsicht des Amtes für Wasserwirtschaft und die *Staatliche Zentrale für Strahlenschutz*[3]) aus. Beide Organe können im gegenseitigen Einvernehmen Auflagen erteilen.

§ 25 Abgabe radioaktiver Stoffe in die Atmosphäre[12])

Zu § 17 der Verordnung:

§ 26 Benachrichtigung der verantwortlichen Mitarbeiter

(1) Beim Eintreten eines außergewöhnlichen Ereignisses ist jeder Angehörige der Institution verpflichtet, unverzüglich einen der für den Strahlenschutz Verantwortlichen gemäß § 12 der Verordnung und den Strahlenschutzbeauftragten zu benachrichtigen.

(2) In jeder Institution, in der unter Einwirkung ionisierender Strahlung gearbeitet wird, muß ein die Besonderheit des Strahlenschutzes berücksichtigender Alarmplan vorliegen. Dieser Alarmplan ist Bestandteil der speziellen Arbeitsordnung gemäß § 13 der Verordnung.

§ 27 Benachrichtigung des verantwortlichen Arztes

(1) Bei außergewöhnlichen Ereignissen, die mit einer Strahlenschädigung von Personen verbunden sein können, ist der verantwortliche Arzt unverzüglich zu benachrichtigen.

(2) Bei einer Strahlenschädigung oder bei Verdacht auf Strahlenschädigung eines Mitarbeiters ist entsprechend den Rechtsvorschriften über die Melde- und Entschädigungspflicht bei Berufskrankheiten Meldung zu erstatten.

Anordnung über die zentrale Erfassung und Endlagerung radioaktiver Abfälle

vom 11. Mai 1981
(GBl. I Nr. 16 S. 224)

Auf Grund der §§ 16 und 29 der Strahlenschutzverordnung vom 26. November 1969 (GBl. II Nr. 99 S. 627) wird zur sicheren und volkswirtschaftlich effektiven Erfassung und Endlagerung radioaktiver Abfälle im Einvernehmen mit den Leitern der zuständigen zentralen Staatsorgane und in Übereinstimmung mit dem Bundesvorstand des Freien Deutschen Gewerkschaftsbundes folgendes angeordnet:

§ 1 Geltungsbereich

(1) Diese Anordnung gilt für

- Staatsorgane und wirtschaftsleitende Organe,
- Kombinate, Kombinatsbetriebe, Betriebe und Einrichtungen (nachfolgend Betriebe genannt),

die Kernanlagen betreiben, mit radioaktiven Stoffen umgehen oder Strahleneinrichtungen betreiben, die umschlossene Strahlenquellen enthalten.
(2) Diese Anordnung gilt für feste und flüssige radioaktive Abfälle, bei denen ein Abklingen innerhalb von 200 Tagen unter die in Rechtsvorschriften festgelegten Grenzwerte[1]) nicht möglich ist.
(3) Diese Anordnung gilt nicht für die Lagerung von Materialien und Abfallstoffen mit natürlichen Radionukliden auf Halden und Absetzanlagen[2]).

§ 2 Grundsätze

(1) Radioaktive Abfälle gemäß § 1 Abs. 2 sind zentral zu erfassen und endzulagern.
(2) Gegenstand der zentralen Erfassung ist die Übergabe radioaktiver Abfälle durch die Staatsorgane, wirtschaftsleitenden Organe und Betriebe, in denen die Abfälle entstehen, in Verbindung mit der Übernahme dieser Abfälle durch den Betrieb, der mit der zentralen Erfassung und Endlagerung radioaktiver Abfälle beauftragt ist[3]).
(3) Gegenstand der zentralen Endlagerung ist die Unterbringung der zentral zu erfassenden radioaktiven Abfälle an einem Ort zum ständigen Verbleib unter Bedingungen, die für eine Isolation der Radionuklide von der Umwelt bis zur Unterschreitung der festgelegten Grenzwerte geeignet sind.

(4) Bei der Planung, Vorbereitung und Durchführung von Investitionen und Prozessen zum Betreiben von Kernanlagen oder Strahleneinrichtungen, die umschlossene Strahlenquellen enthalten, sowie zum Umgang mit radioaktiven Stoffen sind von den Staatsorganen, wirtschaftsleitenden Organen und Betrieben die erforderlichen Maßnahmen zur Sammlung, Bearbeitung, Zwischenlagerung sowie Übergabe der zentral zu erfassenden radioaktiven Abfälle zu berücksichtigen.
(5) Radioaktive oder radioaktiv kontaminierte Stoffe und Sachgüter dürfen nur dann als radioaktive Abfälle zur zentralen Erfassung und Endlagerung übergeben werden, wenn für diese Stoffe und Sachgüter oder Bestandteile davon keine weitere Nutzungsmöglichkeit besteht, in ihnen keine verwertbaren Sekundärrohstoffe enthalten sind oder eine Rückgewinnung der Sekundärrohstoffe nur mit volkswirtschaftlich nicht vertretbar hohem Aufwand erfolgen kann.
(6) Das Aufkommen radioaktiver Abfälle ist so gering wie möglich zu halten. Durch Bearbeitung[4]) sind die radioaktiven Abfälle in eine zur zentralen Erfassung zugelassene Form zu überführen.
(7) Radioaktive Abfälle, die der zentralen Erfassung und Endlagerung unterliegen, sind getrennt von allen anderen Abfällen zu sammeln und bis zur Übergabe zur zentralen Erfassung im Kontrollbereich zwischenzulagern.

§ 3 Verantwortung

(1) Für die Sammlung, Bearbeitung, Zwischenlagerung und Übergabe radioaktiver Abfälle zur zentralen Erfassung tragen die Staatsorgane, wirtschaftsleitenden Organe und Betriebe die Verantwortung, in denen radioaktive Abfälle entstehen.
(2) Für die Übernahme der radioaktiven Abfälle zur Endlagerung trägt der Betrieb die Verantwortung, der die Endlagerung der radioaktiven Abfälle durchführt.
(3) Die Staatsorgane, wirtschaftsleitenden Organe und Betriebe haben für die Sammlung, Bearbeitung, Zwischenlagerung, zentrale Erfassung und Endlagerung radioaktiver Abfälle solche Kontroll- und Sicherungsmaßnahmen durchzuführen, die gewährleisten, daß ein unbefugter Zugriff ausgeschlossen ist.

§ 4 Nachweisführung

(1) Die Staatsorgane, wirtschaftsleitenden Organe und Betriebe, in denen radioaktive Abfälle entstehen, haben einen lückenlosen Nachweis über die Sammlung, Bearbeitung, Zwischenlagerung sowie Übergabe der radioaktiven Abfälle zur zentralen Erfassung zu führen. Sie haben die betriebliche Kontrolle über Aufkommen und Verbleib der radioaktiven Abfälle zu sichern.
(2) Der Betrieb, der die zentrale Erfassung und Endlagerung radioaktiver Abfälle durchführt, hat einen lückenlosen Nachweis über die Menge, Art und Herkunft der endgelagerten radioaktiven Abfälle zu führen. Er hat die betriebliche Kontrolle über die übernommenen und endgelagerten radioaktiven Abfälle zu sichern.

§ 5 Strahlenschutzgenehmigung

(1) Mit dem Antrag auf Erteilung einer Strahlenschutzgenehmigung sind außer den bisher geforderten Unterlagen[5]) noch folgende Angaben oder Nachweise für zentral zu erfassende radioaktive Abfälle vorzulegen:

1. Angaben über das voraussichtliche Aufkommen radioaktiver Abfälle (Menge, Aktivitätskonzentration, Radionuklidzusammensetzung, chemische und physikalische Eigenschaften);
2. Beschreibung der Einrichtungen und Anlagen für die Sammlung, Bearbeitung, Zwischenlagerung und Übergabe der radioaktiven Abfälle;
3. Angaben zur Nachweisführung über die radioaktiven Abfälle sowie zu den betrieblichen Kontroll- und Sicherungsmaßnahmen gemäß § 3 Abs. 3 und § 4;
4. Nachweis, daß die radioaktiven oder radioaktiv kontaminierten Stoffe und Sachgüter oder Bestandteile davon, die als radioaktive Abfälle übergeben werden sollen, nicht weitergenutzt werden können, in ihnen keine verwertbaren Sekundärrohstoffe enthalten sind oder eine Rückgewinnung der Sekundärrohstoffe nur mit volkswirtschaftlich nicht vertretbar hohem Aufwand erfolgen kann;
5. Nachweis, daß die radioaktiven Abfälle den Anforderungen an Form und Eigenschaften sowie den Übergabe- und Übernahmebedingungen entsprechen;
6. Nachweis vertraglicher Vereinbarungen mit dem für die zentrale Erfassung und Endlagerung verantwortlichen Betrieb.

(2) Bei beabsichtigten Veränderungen, insbesondere bei Änderung des Aufkommens, der Art und der Eigenschaften radioaktiver Abfälle, ist von den Staatsorganen, wirtschaftsleitenden Organen und Betrieben eine Änderung der Strahlenschutzgenehmigung beim Staatlichen Amt für Atomsicherheit und Strahlenschutz zu beantragen.

§ 6 Leistungsbedingungen[6])

(1) Die Anforderungen an Form und Eigenschaften sowie die Übergabe- und Übernahmebedingungen zentral zu erfassender radioaktiver Abfälle richten sich nach der vom Minister für Kohle und Energie im Einvernehmen mit dem Präsidenten des Staatlichen Amtes für Atomsicherheit und Strahlenschutz zu erlassenden Anordnung.
(2) Die zentrale Erfassung und Endlagerung radioaktiver Abfälle ist kostenpflichtig. Die Kosten sind von den Staatsorganen, wirtschaftsleitenden Organen und Betrieben zu tragen, in denen diese radioaktiven Abfälle entstehen. Die Berechnung der Kosten erfolgt auf der Grundlage des jeweils gültigen Preiskarteiblattes.

§ 7 Ausnahmen

(1) Können aus zwingenden technischen oder ökonomischen Gründen Festlegungen dieser Anordnung im Einzelfall nicht eingehalten werden, so ist zu den beabsichtigten Abweichungen eine befristete Ausnahmeregelung beim Präsidenten des Staatlichen Amtes für Atom-

sicherheit und Strahlenschutz von den Leitern der Staatsorgane, wirtschaftsleitenden Organe oder Betriebe schriftlich zu beantragen. Der Antrag muß folgende Angaben enthalten:

1. detaillierte Angaben über die Abweichungen von den Festlegungen dieser Anordnung mit Begründung,
2. Angabe und Begründung der Geltungsdauer der Ausnahmeregelung,
3. Angabe, wie durch andere Maßnahmen und Mittel der Strahlenschutz und die Sicherheit bei der Sammlung, Bearbeitung, Zwischenlagerung und der Übergabe radioaktiver Abfälle zur zentralen Erfassung gewährleistet werden.

(2) Sofern diese Ausnahmeregelungen den Aufgabenbereich anderer zentraler Staatsorgane berühren, sind sie im Einvernehmen mit den Leitern der beteiligten zentralen Staatsorgane zu treffen.

§ 8 Übergangsbestimmungen

(1) Vom Staatlichen Amt für Atomsicherheit und Strahlenschutz werden bis zur vollständigen Übernahme der Erfassungsfunktion durch den Betrieb, der die zentrale Erfassung und Endlagerung durchführt, noch solche radioaktiven Abfälle erfaßt, die nicht den Anforderungen an Form und Eigenschaften sowie den Übergabe- und Übernahmebedingungen zentral zu erfassender radioaktiver Abfälle entsprechen. Näheres dazu wird in den jeweiligen Strahlenschutzgenehmigungen festgelegt.
(2) Staatsorgane, wirtschaftsleitende Organe und Betriebe, die im Besitz einer Strahlenschutzgenehmigung sind oder einen Antrag auf Erteilung einer Strahlenschutzgenehmigung gestellt haben, sind verpflichtet, umgehend, jedoch spätestens bis 2 Jahre nach dem Inkrafttreten dieser Anordnung, die Angaben und Nachweise gemäß § 5 Abs. 1 für die Ergänzung der Strahlenschutzgenehmigung beim Staatlichen Amt für Atomsicherheit und Strahlenschutz vorzulegen.

§ 9 Schlußbestimmungen

(1) Diese Anordnung tritt am 1. Juli 1981 in Kraft.
(2) Gleichzeitig treten außer Kraft:
— der § 23 der Ersten Durchführungsbestimmung vom 26. November 1969 zur Strahlenschutzverordnung (GBl. II Nr. 99 S. 635),
— die Richtlinie für die zentrale Erfassung radioaktiver Abfälle vom 28. März 1974 (Mitteilung des Staatlichen Amtes für Atomsicherheit und Strahlenschutz 1975 Nr. 5).

---

[1]) Z. Z. gilt § 22 Abs. 3 der Ersten Durchführungsbestimmung vom 26. November 1969 zur Strahlenschutzverordnung (GBl. II Nr. 99 S. 635).

[2]) Z. Z. gilt die Anordnung vom 17. November 1980 zur Gewährleistung des Strahlenschutzes bei Halden und industriellen Absetzanlagen und bei der Verwendung darin abgelagerter Materialien (GBl. I Nr. 34 S. 347).

[3]) VE Kombinat Kernkraftwerke „Bruno Leuschner", Betrieb Endlager für radioaktive Abfälle, 3241 Morsleben.

[4]) Z. Z. gilt die Definition gemäß TGL 25296/02:
„Behandlung des radioaktiven Abfalls zwecks Konzentrierung der Radionuklide in eine für die Abfalllagerung günstige Form und Wiedergewinnung der inaktiven Trägersubstanz, d. h. alle Prozeßstufen, die mit der Bearbeitung radioaktiver Abfälle wie Verringerung ihres Volumens, Verfestigung zur Fixierung der Radionuklide vor ihrer Konfektionierung und Endlagerung verbunden sind."

[5]) Z. Z. gelten die Erste Durchführungsbestimmung vom 26. November 1969 zur Strahlenschutzverordnung (GBl. II Nr. 99 S. 635) und die Anlage zur Kernanlagen-Genehmigungsanordnung vom 21. Juni 1979 (GBl. I Nr. 21 S. 198).

[6]) S. a. Anordnung vom 4. September 1981 über die Allgemeinen Leistungsbedingungen für die zentrale Erfassung und Endlagerung radioaktiver Abfälle (GBl. SDr. Nr. 1073).

(3) Der Leiter der Einrichtung kann mit der Verwaltung und Nachweisführung einen geeigneten Mitarbeiter (nachstehend Beauftragter genannt) beauftragen. Er wird dadurch jedoch nicht seiner Verantwortung für eine ordnungsgemäße Verwaltnng und Nachweisführung der Edelmetalle enthoben. Er hat insbesondere dafür Sorge zu tragen, daß die Voraussetzungen für eine sichere Aufbewahrung der Edelmetalle (z. B. durch unverrückbare montierte Kassetten, Tresore u. ä.) geschaffen werden.
(4) Die Bestände an Edelmetallen sind halbjährlich durch eine Inventur körperlich aufzunehmen. Dabei sind gleichzeitig die ordnungsgemäßige Lagerung und die Einhaltung der Sicherheitsvorschriften für den Umgang mit Edelmetallen durch den Leiter der Einrichtung zu überprüfen. Die durchgeführte Inventur und die Überprüfung sind im Edelmetallbestandsbuch zu vermerken.
(5) Die Räte der Kreise, Abteilung Gesundheits- und Sozialwesen, sind zu stichprobenartigen Kontrollen der Edelmetallverwaltung und -nachweisführung verpflichtet. Das Ergebnis der Kontrollen ist protokollarisch nachzuweisen. Die Verwaltungen der Sozialversicherung sind berechtigt, die ordnungsgemäße Verwendung der bereitgestellten Edelmetalle zu kontrollieren.

(1) Für die Nachweisführung der Edelmetalle hinsichtlich Zugang, Abgang, Verbrauch und Bestand sind folgende Grundsätze zu beachten:

a) Die gemäß Ziff. 5 Abs. 2 geforderten Nachweise sind durch die dazu Verpflichteten bzw. damit Beauftragten ständig und gewissenhaft zu führen.
b) Edelmetalle, die von Patienten zur Verfügung gestellt werden, sind im Edelmetallbestandsbuch in den dafür vorgesehenen Spalten aufzuführen.
c) Bei Ausgabe von Edelmetallen an Zahntechniker sind im Edelmetallausgabebuch die Nummer der Edelmetallabrechnung, der Name des Patienten, der des Zahnarztes sowie die Art der prothetischen Arbeit und die Menge des ausgegebenen Edelmetalls einzutragen und vom jeweiligen Zahntechniker zu quittieren.
d) Nach Fertigstellung der prothetischen Arbeit rechnet der Zahntechniker mit dem Beauftragten den Verbrauch des Edelmetalls unter Nachweis des Verlustsatzes auf der Edelmetallabrechnung ab und gibt Rest und Feilung des Edelmetalls zurück. Danach sind die entsprechenden Daten in das Edelmetallbestandsbuch einzutragen. Auf der Edelmetallabrechnung sind der Verbrauch, Preis und das Restmetall des patienteneigenen Edelmetalls zu vermerken.

(2)[5]) Über den Empfang von patienteneigenem Edelmetall ist dem Patienten von der Einrichtung eine Quittung auszustellen. Reste von patienteneigenem Edelmetall sind dem Patienten zurückzugeben. Der Empfang des zurückgegebenen Edelmetalls ist durch den Patienten schriftlich auf der Edelmetallabrechnung zu bestätigen. Ein Ankauf von Edelmetallresten sowie von ausgegliederten prothetischen Arbeiten aus Edelmetall durch die Einrichtung ist nicht statthaft. Ausgegliederte prothetische Arbeiten in Goldlegierungen sind in jedem Fall dem Patienten zurückzugeben. Über die Rückgabe ist eine Austragung in die Karteikarte des Patienten vorzunehmen, die von diesem gegenzuzeichnen ist. Nach dem 1. Juli 1974 verarbeitete Silber-Palladium-Legierungen sind nach notwendiger Ausgliederung der prothetischen Arbeit von den Einrichtungen dem VEB Münze der DDR zum Ankauf anzubieten.

(3) Die ordnungsgemäße Durchführung der Verwaltung der Edelmetalle und die gewissenhafte Führung der einzelnen Nachweise gemäß Ziff. 5 Abs. 2 durch den Beauftragten und den das Edelmetall verarbeitenden Zahntechniker ist einmal im Quartal durch den Leiter der Einrichtung zu überprüfen. Über das Ergebnis ist ein Protokoll anzufertigen bzw. ein entsprechender Vermerk in die Edelmetallnachweise aufzunehmen.

7. Verlust und Rückgewinnung[6])

(1) Für nachstehende Arbeiten gelten folgende Verlustsätze:

a) Gebogene Klammern	0%
b) direkte Inlays	bis 5%
c) indirekte Inlays	bis 15%
d) Bandhülsenkronen und Brücken mit Plast verarbeitet	bis 15%
dito mit Keramik verarbeitet	bis 20%
e) Gußkronen, Facettenkronen, Teleskopkronen	bis 20%
Facettenkronen mit Keramikverblendung	bis 25%
f) gegossene Klammern, Schienen und Platten sowie alle im Modellguß gefertigten Arbeiten	bis 30%

Der Verlust ist nach folgender Gleichung zu berechnen:

$$\text{Verlust in } \% = \frac{\text{Verlust (g)} \times 100}{\text{Fertigmasse} + \text{Verlust}}$$

Unter Verlust ist der Schwund beim Schmelzprozeß plus Feilung und unter Fertigmasse die Feinstausarbeitung u. a. vor dem Lötabdruck zu verstehen.

Die genannten Verlustsätze gelten auch bei der Anfertigung von prothetischen Arbeiten durch Studenten der Zahntechnik und der Stomatologie.

(2)[5]) Die Einrichtungen müssen ihr Bestreben darauf richten, die in Abs. 1 genannten Verlustsätze zu unterschreiten, um zur Senkung des Verbrauchs von edelmetallhaltigen Legierungen beizutragen. Die edelmetallhaltigen Abfälle und Rückstände sind an die Münze zur Rückgewinnung einzusenden. Hierunter fallen Feilung, Gekrätze, Schleif- und Polierstaub, Einbettmassen sowie durch Ausgliederung vereinnahmte Sipallegierungen (Ziff. 6 Abs. 2) und nicht mehr einsetzbare Sident- und Silber-Zinn-Legierungen.

2. Herausnehmbarer Zahnersatz

(1) Herausnehmbarer Zahnersatz ist aus Nicht-Edelmetallegierungen mit hohem Schmelzpunkt anzufertigen.
(2) In Ausnahmefällen dürfen Goldlegierungen in Anwendung kommen bei Klammern, sofern diese an mit Goldkronen oder Goldinlays versorgten Zähnen im Frontzahnbereich benötigt werden.

3. Chirurgisch-prothetische Behandlung

Bei prä- und postoperativer prothetischer Behandlung sowie bei der Behandlung von Unfällen ist entsprechend dieser Indikation zu verfahren.

4. Ausbildung der Studenten

Die Indikation gilt auch für die Anfertigung von Zahnersatz in der Ausbildung der Studenten. Jeder Student darf jedoch während der gesamten Ausbildung vier Inlays in Goplat anfertigen, auch wenn die Indikation überschritten werden muß.

---

[1]) Hierunter fällt die Gesamtmenge des in der unverletzten Originalverpackung ausgewiesenen Dentalgoldes.

[2]) Edelmetallbestandsbuch Bestell-Nr. 2018 VV Freiberg.

[3]) Edelmetallausgabebuch Bestell-Nr. 2023 VV Freiberg.

[4]) Edelmetallabrechnung Bestell-Nr. 2017 VV Freiberg.

[5]) Geändert durch Anweisung über Rückgewinnung von Sipal und Detargam vom 22. 6. 1981 (VuM MfGe Nr. 6 S. 87); abgedruckt unter C 03 02 07.

[6]) In Absatz 3 ist zu streichen „bzw. zum Umtausch"; s. Fußnote 5.

Auflage des Institutes für Arzneimittelwesen der DDR

vom 22. Oktober 1981[1])
— Auszug —

Betr.: Chargenkennzeichnung für Verbandmittel

...

1. Für Verbandmittel wird mit Wirkung vom 01. 01. 1982 eine jährliche Chargenkennzeichnung festgelegt (s. Anlage 1). Auf der inneren und äußeren Umhüllung ist aufzudrucken 01 01 .. (.. $\triangleq$ Jahr der Herstellung).
2. Verbandmittel, die durch Zusätze von Wirk- bzw. Hilfsstoffen für spezielle Einsatzgebiete vorgesehen sind, werden mit einer Chargenkennzeichnung gemäß der 1. DB zum Arzneimittelgesetz, § 14, versehen (s. Anlage 2).
3. Verbandmittel, die sterilisiert in den Verkehr gebracht werden, sind mit dem Sterilisationsdatum zu versehen (s. Anlage 3).

Verpackungsmaterial mit der bisher festgelegten Chargenkennzeichnung kann ohne Ausnahmegenehmigung bis zum 31. 12. 1982 verwendet werden.
Die bisher festgelegte Regelung der Chargenkennzeichnung für Verbandmittel wird mit dieser Auflage gegenstandslos[2]).

Anlage 1

Verbandmittel mit jährlicher Chargenkennzeichnung

1. Watten

   Augenwatte, Gehirnwatte[3]), Spitalwatte, Verbandwatte.

2. Verbandzellstoff

   Verbandzellstoff, Verbandzellstoffbinden, Verbandzellstoffzuschnitte, Zellwa-Blättchen.

3. Binden

   Cottonamid, Dederonbinden, Elastoflexbinden, Flavabinden, Gazebinden, Idealbinden, Glattschnittmullbinden, Nabelbinden, Stülpverbände, Syspurmollbinden, Trikotschlauchbinden, Viscamid, Webkantmullbinden, Wirkbinden.

4. Verbandmull

   Verbandmull.

5. Kompressen, Tamponaden, Tupfer

Augenkompressen, umstricktes Faservlies, Kompressenstoff, Mullkompressen, Mulltupfer, Nabelkompressen, Stieltupfer, Syspurmollkompressen, Wattetampons, Zellstoffmullkompressen.

6. Damenhygiene

Alba-Zell, Exzellent, Imuna, Mini-Spezial, Mini-Zell, Neo-primus, Neo-tip, Nova-Zell, Rosa-extra, Rosa-Ideal, Rosa-Spezial, Wöchnerinnenvorlagen.

7. Verschiedenes

Bauchtücher, Bettunterlagen, Mundschutz, Narkosetücher, Strickhandschuhe, Tracheostoma-Schutzlätzchen, Verbandtüllzuschnitte, Zahnwatterollen, Zwirnhandschuhe.

Anlage 2

Verbandmittel mit Zusätzen von Wirk- bzw. Hilfsstoffen

Chargenkennzeichnung gemäß der DB zum AMG, § 14.

Gichtwatte[3]),
Gipsbinden (Streugipsbinden und fixierte Gipsbinden),
Gipslonguetten (Streugipslonguetten und Longuetten mit fixiertem Gips),
Ohropax,
Pflaster (Rollen- und Wundpflaster, spezielle Pflaster: Hühneraugenpflaster, Capsicumpflaster, Zug- und Furunkelpflaster, Druckschutzringe, elastische Pflasterbinden, Gothatest).
Tamponadestreifen mit Jodoform,
Stoma-Beutel,
Varicosanbinden,
Verbandkästen und Sanitätstaschen.

Anlage 3

Verbandmittel, die sterilisiert in den Verkehr gebracht werden

Chargenkennzeichnung durch Angabe des Sterilisationsdatums.

Brandwunden-Verbandtücher,
Mullkompressen, steril,
Mulltupfer, steril,
Operations-Abdeckfolien,
Paste-Tamponadestreifen P,

Rektalschilde,
Salben-Tamponadestreifen S,
Syspurderm,
Syspurmollkompressen, steril,
Tamponadestreifen, steril,
Verbandmull, steril,
Verbandpäckchen,
Wärmeschutzfolien,
Wattetampons, steril,
Wattetampons mit Netzschlauchumhüllung, steril.

---

[1]) Die Auflage wurde den in Betracht kommenden Herstellerbetrieben erteilt; Handelsorgane und Bezirksapotheker wurden informiert.

[2]) Vereinbarung über Chargenkennzeichnung von Verbandstoffen vom 21. Januar 1966.

[3]) Zwischenzeitlich im Register gelöscht.

Good Clinical Practice (GCP) — Gute Klinische Praxis

Aus gegebener Veranlassung bewilligte der US-Kongress 1975 der FDA zur Verbesserung der Qualität biomedizinischer Prüfungen das „Bioresearch Monitoring Program — BMP".
Dazu gehören die unter C **05 01** 50 Lit. abgedruckten sog. GLP-Regeln und die nachstehend genannten Bestimmungen für klinische Prüfungen (GCP-Regeln).
Es sind dies unter Titel 21 des Code of Federal Regulations:

§§ 50.1—50.66	Protection of the Rights and Safety of Human Subjects[4])
§§ 52.1—52.219	Obligations of Sponsors and Monitors of Clinical Investigations (Entwurf)
§§ 54.1—54.219	Obligations of Clinical Investigators (Entwurf)
§§ 56.1—56.219	Institutional Review Boards[4])

Im Prinzip sind Maßnahmen ähnlicher Art, ausgehend von den in der DDR gegebenen Bedingungen, auch in der 12. DB zum Arzneimittelgesetz der DDR vorgesehen. Da der von den USA eingeführte Begriff der „Good Clinical Practice" jedoch internationale Bedeutung erlangte, soll in stark gekürzter Form auf diese Vorschriften eingegangen werden.
Zum Verständnis der FDA-Regelungen seien einige wichtige **Definitionen** vorangestellt:

(a) "Act" means the Federal Food, Drug, and Cosmetic Act, as amended (secs. 201—902, 52 Stat. 1040 et seq., as amended (21 U. S. C. 321—392)).
(b) "Application for research or, marketing permit" includes:

(1) A color additive petition, described in Part 71.
(2) Data and information regarding a substance submitted as part of the procedures for establishing that a substance is generally recognized as safe for a use which results or may reasonably be expected to result, directly or indirectly, in its becoming a component or otherwise affecting the characteristics of any food, described in § 170.35.
(3) A food additive petition, described in Part 171.
(4) Data and information regarding a food additive submitted as part of the procedures regarding food additives permitted to be used on an interim basis pending additional study, described in § 180.1.
(5) Data and information regarding a substance submitted as part of the procedures for establishing a tolerance for unavoidable contaminants in food and food-packaging materials, described in section 406 of the act.

(6) A "Notice of Claimed Investigational Exemption for a New Drug" described in Part 312.
(7) A new drug application, described in Part 314.
(8) Data and information regarding the bioavailability or bioequivalence of drugs for human use submitted as part of the procedures for issuing, amending, or repealing a bioequivalence requirement, described in Part 320.
(9) Data and information regarding an over-the-counter drug for human use submitted as part of the procedures for classifying such drugs as generally recognized as safe and effective and not misbranded, described in Part 330.
(10) Data and information regarding an antibiotic drug submitted as part of the procedures for issuing, amending, or repealing regulations for such drugs, described in Part 430.
(11) An application for a biological product license, described in Part 601.
(12) Data and information regarding a biological product submitted as part of the procedures for determining that licensed biological products are safe and effective and not misbranded, as described in Part 601.
(13) An "Application for an Investigational Device Exemption", described in Parts 812 and 813.
(14) Data and information regarding a medical device for human use submitted as part of the procedures for classifying such devices, described in Part 860.
(15) Data and information regarding a medical device for human use submitted as part of the procedures for establishing, amending, or repealing a standard for such device, described in Part 861.
(16) An application for premarket approval of a medical device for human use, described in section 515 of the act.
(17) A product development protocol for a medical device for human use, described in section 515 of the act.
(18) Data and information regarding an electronic product submitted as part of the procedures for establishing, amending, or repealing a standard for such products, described in section 358 of the Public Health Service Act.
(19) Data and information regarding an electronic product submitted as part of the procedures for obtaining a variance from any electronic product performance standard, as described in § 1010.4.
(20) Data and information regarding an electronic product submitted as part of the procedures for granting, amending, or extending an exemption from a radiation safety performance standard, as described in § 1010.5.
(21) Data and information regarding an electronic product submitted as part of the procedures for obtaining an exemption from notification of a radiation safety defect or failure of compliance with a radiation safety performance standard, described in Subpart D of Part 1003.
(c) "Clinical investigation" means any experiment that involves a test article and one or more human subjects, and that either must meet the requirements for prior submission to

the Food and Drug Administration under section 505(i), 507(d), or 520(g) of the act, or need not meet the requirements for prior submission to the Food and Drug Administration under these sections of the act, but the results of which are intended to be later submitted to, or held for inspection by, the Food and Drug Administration as part of an application for a research or marketing permit. The term does not include experiments that must meet the provisions of Part 58, regarding nonclinical laboratory studies. The terms "research", "clinical research", "clinical study", "study", and "clinical investigation" are deemed to be synonymous for purposes of this part.
(d) "Emergency use" means the use of a test article on a human subject in a life-threatening situation in which no standard acceptable treatment is available, and in which there is not sufficient time to obtain IRB approval.
(e) "Human subject" means an individual who is or becomes a participant in research, either as a recipient of the test article or as a control. A subject may be either a healthy individual or a patient.
(f) "Institution" means any public or private entity or agency (including Federal, State, and other agencies). The term "facility" as used in section 520(g) of the act is deemed to be synonymous with the term "institution" for purposes of this part.
(g) "Institutional Review Board (IRB)" means any board, committee, or other group formally designated by an institution to review, to approve the initiation of, and to conduct periodic review of, biomedical research involving human subjects. The primary purpose of such review is to assure the protection of the rights and welfare of the human subjects. The term has the same meaning as the phrase "institutional review committee" as used in section 520(g) of the act.
(h) "Investigator" means an individual who actually conducts a clinical investigation (i. e., under whose immediate direction the test article is administered or dispensed to, or used involving, a subject) or, in the event of an investigation conducted by a team of individuals, is the responsible leader of that team.
(i) "Minimal risk" means that the risks of harm anticipated in the proposed research are not greater, considering probability and magnitude, than those ordinarily encountered in daily life or during the performance of routine physical or psychological examinations or tests.
(j) "Sponsor" means a person or other entity that initiates a clinical investigation, but that does not actually conduct the investigation, i. e., the test article is administered or dispensed to, or used involving, a subject under the immediate direction of another individual. A person other than an individual (e. g., a corporation or agency) that uses one or more of its own employees to conduct an investigation that it has initiated is considered to be a sponsor (not a sponsor-investigator), and the employees are considered to be investigators.
(k) "Sponsor-investigator" means an individual who both initiates and actually conducts, alone or with others, a clinical investigation, i. e., under whose immediate direction the test article is administered or dispensed to, or used involving, a subject. The term does

not include any person other than an individual, e. g., it does not include a corporation or agency. The obligations of a sponsor-investigator under this part include both those of a sponsor and those of an investigator.
(l) "Test article" means any drug for human use, biological product for human use, medical device for human use, human food additive, color additive, electronic product, or any other article subject to regulation under the act or under sections 351 or 354—360F of the Public Health Service Act.

Die zu dem §§ 50-Komplex gehörende „Informed Consent-Verordnung"[1][2][3][4]) ist ab 27. 7. 1981 verbindlich und schreibt vor, daß Personen nur bei Vorliegen einer Einverständniserklärung in klinische Prüfungen einbezogen werden dürfen.

Part 50 — Protection of Human Subjects

...

Subpart B — Informed Consent of Human Subjects

§ 50.20 General requirements for informed consent

Except as provided in § 50.23, no investigator may involve a human being as a subject in research covered by these regulations unless the investigator has obtained the legally effective informed consent of the subject or the subject's legally authorized representative. An investigator shall seek such consent only under circumstances that provide the prospective subject or the representative sufficient opportunity to consider whether or not to participate and that minimize the possibility of coercion or undue influence. The information that is given to the subject or the representative shall be in language understandable to the subject or the representative. No informed consent, whether oral or written, may include any exculpatory language through which the subject or the representative is made to waive or appear to waive any of the subject's legal rights, or releases or appears to release the investigator, the sponsor, the institution, or its agents from liability for negligence.

§ 50.21 Effective date

...

§ 50.23 Exception from general requirements

(a) The obtaining of informed consent shall be deemed feasible unless, before use of the test article (except as provided in paragraph (b) of this section), both the investigator and a physician who is not otherwise participating in the clinical investigation certify in writing all of the following:

(1) The human subject is confronted by a life-threatening situation necessitating the use of the test article.

(2) Informed consent cannot be obtained from the subject because of an inability to communicate with, or obtain legally effective consent from, the subject.
(3) Time is not sufficient to obtain consent from the subject's legal representative.
(4) There is available no alternative method of approved or generally recognized therapy that provides an equal or greater likelihood of saving the life of the subject.
(b) If immediate use of the test article is, in the investigator's opinion, required to preserve the life of the subject, and time is not sufficient to obtain the independent determination required in paragraph (a) of this section in advance of using the test article, the determinations of the clinical investigator shall be made and, within 5 working days after the use of the article, be reviewed and evaluated in writing by a physician who is not participating in the clinical investigation.
(c) The documentation required in paragraph (a) or (b) of this section shall be submitted to the IRB within 5 working days after the use of the test article.

§ 50.25 Elements of informed consent

(a) Basic elements of informed consent. In seeking informed consent, the following information shall be provided to each subjects:

(1) A statement that the study involves research, an explanation of the purposes of the research and the expected duration of the subject's participation, a description of the procedures to be followed, and identification of any procedures which are experimental.
(2) A description of any reasonably foreseeable risks or discomforts to the subject.
(3) A description of any benefits to the subject or to others which may reasonably be expected from the research.
(4) A disclosure of appropriate alternative procedures or courses of treatment, if any, that might be advantageous to the subject.
(5) A statement describing the extent, if any, to which confidentiality of records identifying the subject will be maintained and that notes the possibility that the Food and Drug Administration may inspect the records.
(6) For research involving more than minimal risk, an explanation as to whether any compensation and an explanation as to whether any medical treatments are available if injury occurs and, if so, what they consist of, or where further information may be obtained.
(7) An explanation of whom to contact for answers to pertinent questions about the research and research subjects' rights, and whom to contact in the event of a research-related injury to the subject.
(8) A statement that participation is voluntary, that refusal to participate will involve no penalty or loss of benefits to which the subject is otherwise entitled, and that the subject may discontinue participation at any time without penalty or loss of benefits to which the subject is otherwise entitled.

(b) Additional elements of informed consent. When appropriate, one or more of the following elements of information shall also be provided to each subject:

(1) A statement that the particular treatment or procedure may involve risks to the subject (or to the embryo or fetus, if the subject is or may become pregnant) which are currently unforeseeable.
(2) Anticipated circumstances under which the subject's participation may be terminated by the investigator without regard to the subject's consent.
(3) Any additional costs to the subject that may result from participation in the research.
(4) The consequences of a subject's decision to withdraw from the research and procedures for orderly termination of participation by the subject.
(5) A statement that significant new findings developed during the course of the research which may relate to the subject's willingness to continue participation will be provided to the subject.
(6) The approximate number of subjects involved in the study.
(c) The informed consent requirements in these regulations are not intended to preempt any applicable Federal, State, or local laws which require additional information to be disclosed for informed consent to be legally effective.
(d) Nothing in these regulations is intended to limit the authority of a physician to provide emergency medical care to the extent the physician is permitted to do so under applicable Federal, State, or local law.

§ 50.27 Documentation of informed consent

(a) Except as provided in § 56.109 (c), informed consent shall be documented by the use of a written consent form approved by the IRB and signed by the subject or the subject's legally authorized representative. A copy shall be given to the person signing the form.
(b) Except as provides in § 56.109 (c), the consent form may be either of the following:

(1) A written consent document that embodies the elements of informed consent required by § 50.25. This form may be read to the subject or the subject's legally authorized representative, but, in any event, the investigator shall give either the subject or the representative adequate opportunity to read it before it is signed.
(2) A "short form" written consent document stating that the elements of informed consent required by § 50.25 have been presented orally to the subject or the subject's legally authorized representative. When this method is used, there shall be a witness to the oral presentation. Also, the IRB shall approve a written summary of what is to be said to the subject or the representative. Only the short form itself is to be signed by the subject or the representative. However, the witness shall sign both the short form and a copy of the summary, and the person actually obtaining the consent shall sign a copy of the summary. A copy of the summary shall be given to the subject or the representative in addition to a copy of the short form.

...

Part 310 — New Drugs

...

Part 312 — New Drugs for Investigational Use

...

Part 314 — New Drug Application

...

Die zu dem §§ 52-Komplex gehörenden "Obligations of Sponsors and Monitors of Clinical Investigations"[1][2][3]) (Verpflichtungen für Auftraggeber und Überwacher von klinischen Prüfungen) sind z. Z. noch nicht verbindlich; Überwachungsmaßnahmen ähnlicher Art sind auch in der 12. DB zum AMG der DDR vorgesehen, jedoch im Interesse hoher Flexibilität noch nicht in den Einzelheiten festgeschrieben.

Part 52 — Obligations of Sponsors and Monitors of Clinical Investigations

Subpart A — General Provisions

§ 52.1 Scope

This part contains the general obligations and commitments of, and standards of conduct for, persons who sponsor and/or monitor clinical investigations regulated by the Food and Drug Administration under sections 505 (i), 507 (d), 512 (j), and 520 (g) of the act, as well as clinical investigations that support applications for research or marketing permits for products regulated by the Food and Drug Administration, including food and color additives, cosmetics, human and animal drugs, animal food additives, medical devices, biological products for human use, and electronic products.

...

§ 52.5 Contract research organizations

(a) A sponsor may transfer responsibility for any or all of the obligations set forth in this part or in related parts of this chapter regarding clinical investigations (e. g., Parts 312, 511, and 812 of this chapter) to a contract research organization. Any such transfer shall be in writing and shall describe each of the obligations being assumed by the contract research organization; any obligations not specifically described shall be deemed not to have been transferred. The name and address of the contract research organization shall be submitted to the Food and Drug Administration as part of the application for research or marketing permit.

(b) A contract research organization that assumes any obligation of a sponsor under this section shall comply with the specific regulations of this chapter, relating to such obligation. The Food and Drug Administration may, at any time, institute appropriate regulatory action applicable to a sponsor, including disqualification, against a contract research organization for failure to comply with such regulations as though the organization were the sponsor, i. e., all references to "sponsor" in this part shall include a contract research organization to the extent it assumes the obligations of the sponsor.

§ 52.15 Exemptions

(a) The following types of clinical investigations are exempt from the requirements of §§ 52.28 and 52.29 because the Commissioner has determined that such requirements are neither feasible nor essential for the protection of the public health:

(1) A clinical investigation involving a test article with little or no marketing potential that is not commercially available but is being made available to the medical profession for the treatment of an otherwise untreatable disease, is a potential life-saving antidote, antitoxin, or other related substance in emergency situations, or is of value for clinical research purposes only.
(2) A clinical investigation of a drug which is not intended either to meet the requirements for an adequate and well-controlled study as set forth in §§ 314.111 and 514.111 of this chapter, or is not intended to meet the requirement for providing a waiver of an adequate and wellcontrolled study as set forth in §§ 314.11 and 514.111 of this chapter, or is not intended to demonstrate the bioavailability or bioequivalence of a drug.
(3) A clinical investigation involving an animal food additive to determine solely whether it has a technical effect on animal feed unless such investigation involves a food-producing animal.
(4) A clinical investigation that involves only a sponsor-investigator.
(b) The following types of clinical investigations are exempt from the all requirements of this part:
(1) A clinical investigation involving a diagnostic device (including an in vitro diagnostic device) that is not invasive, does not introduce energy into the subject, and is not used in the diagnosis of the subject without the simultaneous use of a similar, approved diagnostic device.
(2) A clinical investigation involving a custom device that is either ordered or modified by a physician or dentist (or other specially qualified person so designated) to meet the special needs of a specific patient.
(3) A clinical investigation involving a device intended for veterinary use.
(c) Any sponsor subject to the requirements under this part may petition the Commissioner for a waiver of such requirements. Such a petition shall be submitted in accordance with § 10.30 of this chapter and shall set forth the basis for the petitioner's belief that compliance with the requirements is not necessary to achieve the objectives of this part. The Commissioner may, at his discretion, grant a petition for a waiver of certain requirements if he finds that compliance with requirements is not necessary to achieve the objectives of this part.

Subpart B — Organization and Personnel

§ 52.25 Assurance of institutional review committee approval

If a clinical investigation is subject to an institutional review requirement under either § 312.1 or § 812.60 of this chapter or any other applicable regulation in this chapter, the sponsor shall assure that the proposed clinical investigation (including the protocol or investigational plan, a report of prior investigations if a medical device, and the materials to be used in obtaining the consent of human subjects) has been submitted to and approved by the institutional review committee before any human subjects are allowed to participate in, or requested formally, to participate in, the investigation.

§ 52.28 Selection of and directions to a monitor

(a) The sponsor shall designate one or more appropriately trained and qualified individuals to monitor the progress of a clinical investigation.
(b) The sponsor shall establish written procedures for the monitoring of a clinical investigation, including communicating information between the sponsor and the investigator, and shall assure that the monitor or monitors carry out their duties in accordance with such procedures and § 52.29.

§ 52.29 Obligations of a monitor[5])

(a) *Preinvestigation visits.* The monitor shall personally visit each investigator prior to the investigator's participation in each new clinical investigation, unless such a visit has been made within a 12-month period to the new investigation. Whether the monitor actually visits the site of the investigation, he shall assure that the investigator understands the investigational status of the test article, understands the nature of the protocol or investigational plan and controls, and understands and accepts his obligations in conducting the clinical investigation as set forth in Parts 54, 312, 511, 812, and other applicable regulations in this chapter. The monitor shall assure that the investigator and his staff have sufficient time and access to an adequate number of subjects to conduct the clinical investigation and to fulfill his obligations as an investigator. As part of this appraisal the monitor shall ascertain the magnitude of other studies being conducted concurrently by the investigator and determine that the investigator will be able to devote an appropriate portion of his own time to the proposed clinical investigation.

(b) *Periodic visits.* (1) The monitor shall maintain personal contact with each investigator by visiting the investigator at the site of the investigation during the investigation and additionally, if desired, by conducting meeting with the investigator or group of investigators, to assure that the following obligations of the investigator are being fulfilled:

(i) Continued acceptability of the facilities.
(ii) Adherence to the protocol or investigational plan and applicable Food and Drug Administration regulations regarding obligations of the investigator.
(iii) Maintenance of adequate records of subject identification, clinical observations, laboratory tests, and drug receipt and disposition.
(iv) Reports submitted by the investigator in support of the safety and/or effectiveness of the test article are timely, adequate, and accurate.

(2) These periodic visits shall include a review of the source documents relevant and necessary to making the determinations described in paragraph (b) (1) of this section (e. g., subject records and case reports) for accuracy and completeness of information, illegible entries, missing data including omission of specific individual data elements and any concomitant drugs and intercurrent illness, and missing subject visits or examinations. To do this, a comparison of a representative number of case reports with the investigator's individual subject office records is necessary. In addition, the monitor shall document those subjects lost to the study and the reasons for such dropouts. Where associates of the investigator prepare the case reports, the monitor shall assure that the investigator himself not only reviews the case reports but also determines the accuracy of these reports and their compatibility with source documents.

(3) The frequency of the periodic visits shall be sufficient to assure that the obligations of the investigator are being fulfilled. If the time interval between visits will be greater than 12 months, the monitor shall state in the records the reasons for the longer interval.

(c) *Records of visits.* The monitor shall prepare and maintain records of each preinvestigation visit and each periodic visit conducted under this section. These records shall include the following:

(1) The date(s) of the visit.
(2) The name of the monitor.
(3) The name and address of the investigator visited.
(4) A summary of the factual findings sufficient to describe the basis for the monitor's evaluation of the investigator's ability to fulfill or actual fulfillment of his obligations and the evaluation of the acceptability of his facilities.
(5) A statement as to any actions taken by the monitor and/or the investigator to correct any deficiencies noted during the visit.

(d) The monitor shall be available for consultation at the request of the investigator. The monitor shall act as the liaison and communication link between the sponsor and the investigator.

Subpart C — Facilities

§ 52.47 Ascertaining the adequacy of facilities

(a) The sponsor shall ascertain the adequacy of any proposed facility to be utilized by each investigator during the proposed clinical investigation prior to commencement of the investigation.

(b) The adequacy of the clinical laboratory facility shall be determined by licensure under the Clinical Laboratories Improvement Act (42 U.S.C. 263a), or by accreditation by another body recognized by the Center for Disease Control, for all the procedures or categories of procedures to be conducted during the clinical investigation. In those cases where the clinical laboratory facility is either not so licensed or accredited, or is licensed or accredited but not for all the procedures or categories of procedures to be conducted during the clinical investigation, the sponsor shall determine the laboratory's capability to do the required tests by use of a proficiency testing program.
(c) The adequacy of a facility other than a clinical laboratory to be utilized by an investigator shall be determined by a proficiency testing program.
(d) Upon request of the Food and Drug Administration, the sponsor's plan for proficiency testing of any facility and the acceptance level shall either be made available for inspection or shall be submitted to the Food and Drug Administration.

Subparts D–E — [Reserved]

Subpart F — Test Articles

§ 52.108 Records of receipt and disposition of test articles

The sponsor shall maintain appropriate accounting procedures for all usage of the test article, including maintaining adequate and accurate records showing the shipment, receipt, or other disposition of all supplies of all test articles shipped to him by others and shipped by him to investigators. Such records shall include:
(a) The dates, the quantity, and the serial, batch, lot, or other identification number of the units received;
(b) The name of the investigator who received each unit of the test article; and
(c) Identification of each unit otherwise disposed of (including identification of the person who disposed of it, the person, if any, who received it, and the purpose or reason for its disposal).

§ 52.114 Disposition of unused test articles

The sponsor shall assure the return of all unused or reusable supplies of the test article from an individual investigator upon request of the sponsor or whenever the investigator discontinues or completes his participation in the clinical investigation or the investigation is terminated. The sponsor may authorize in writing alternate disposition of unused or reusable supplies of the test article provided such alternate disposition does not expose, directly or indirectly through food-producing animals, humans to experimental risks from the article. Records shall be maintained of any alternate disposition of a test article in accordance with § 52.108.

§ 52.118 Promotion and sale of test articles

The sponsor shall not represent that an unmarketed test article is safe or effective for the purposes for which it is under investigation or otherwise promote or commercialize the test article. This requirement is not intended to restrict the full exchange of scientific information concerning the article, including dissemination of scientific findings in scientific or lay communication media; its intent is to restrict promotional claims of safety or effectiveness while the article is under unvestigation to establish its safety or effectiveness and to preclude commercial use or testmarketing of the article before authorization by the Food and Drug Administration.

Subpart G — Protocol for and Conduct of a Clinical Investigation

§ 52.126 Continuing evaluation of safety and effectiveness data

The sponsor shall promptly review all new data received from an investigator regarding the safety or effectiveness of the test article. The sponsor shall periodically evaluate all data received from all investigators in a clinical investigation regarding the safety or effectiveness of the test article.

Subparts H—I — [Reserved]

Subpart J — Records and Reports

§ 52.195 Records retention

A sponsor shall retain the records required by this part, including the records prepared by a monitor under § 52.29 (c), and by any other regulation in this chapter regarding clinical investigations (e. g., Parts 312, 511, and 812), for whichever of the following periods is shortest:

(a) A period of 2 years following the date on which the test article is approved by the Food and Drug Administration for marketing for the purposes that were the subject of the clinical investigation;
(b) A period of 5 years following the date on which the results of the clinical investigation are submitted to the Food and Drug Administration in support of or as part of an application for a research or marketing permit for the test article for the purposes that were the subject of the clinical investigation; or
(c) In other situations (e. g., where the clinical investigation does not result in the submission of data from the investigation in support of or as part of an application for a research or marketing permit), a period of 2 years following the date on which the entire clinical investigation (not merely) the investigator's portion of an investigation involving more than one investigator) is completed, terminated, or discontinued.

Subpart K — Disqualification of a Sponsor, Sponsor-Investigator, or Contract Research Organization

§ 52.200 Purpose

The purposes of disqualification of a sponsor (including a sponsor-investigator or a contract research organization who assumed the obligations of a sponsor under § 52.5) who has violated the requirements of this part may be one or both of the following:

(a) To preclude a sponsor from initiating or monitoring clinical investigations subject to requirements for prior submission to the Food and Drug Administration under sections 505 (i), 507 (d), 512 (j), or 520 (g) of the act until such time as it becomes likely that the sponsor will abide by the requirements of this part or that such violations will not recur.
(b) To exclude the consideration of any clinical investigations in support of applications for a research or marketing permit from the Food and Drug Administration for which investigations have been initiated by a sponsor until such time as it becomes likely that the sponsor will abide by such requirements, or that such violations will not recur, or that it can be adequately demonstrated that such violations did not occur during or affect the validity or acceptability of a particular investigation or investigations. The determination that a clinical investigation may not be considered in support of an application for a research or marketing permit does not, however, relieve the applicant for such a permit of any obligation under any other applicable regulation to submit the results of the investigation to the Food and Drug Administration.

§ 52.202 Grounds for disqualification

The Commissioner may disqualify a sponsor upon finding that the sponsor violated any of the regulations set forth in this part (or other regulations governing the conduct of persons who sponsor and/or monitor clinical investigations in this chapter), that such violation adversely affected the validity of the clinical investigation, and/or the rights of the human subjects, and/or the safety of the subjects, and that other lesser regulatory actions (e. g., warnings or rejection of individual studies) have not been or will probably not be adequate to achieve compliance with such regulations.

§ 53.204 Notice of and opportunity for a hearing on proposed disqualification

(a) Whenever the Commissioner has information indicating that grounds exist under § 52.202 which in his opinion may justify disqualification of a sponsor, he may issue to the sponsor a written notice proposing that the sponsor be disqualified.
(b) A hearing on the disqualification of a sponsor shall be conducted in accordance with the requirements for a regulatory hearing set forth in Part 16 of this chapter.
(c) Upon receipt of a notice of proposed disqualification, the sponsor shall notify the investigator of each ongoing investigation being conducted for the sponsor concerning the proposed disqualification.

§ 52.206 Final order on disqualification

(a) If the Commissioner, after the regulatory hearing or after the time for requesting a hearing expires without a request being made, upon an evaluation of the administrative record of the disqualification proceeding, makes the findings required in § 52.202, he shall issue a final order disqualifying the sponsor. Such order shall include a statement of the basis for that determination and shall prescribe any actions (set forth in § 52.210 (b)) to be taken with regard to ongoing clinical investigations of the sponsor. Upon issuing a final order, the Commissioner shall notify the sponsor of the action and provide a copy of the order.
(b) If the Commissioner, after a regulatory hearing or after the time for requesting a hearing expires without a request being made, upon, an evaluation of the administrative record of the disqualification proceeding, does not make the findings required in § 52.202, he shall issue a final order terminating the disqualification proceeding. Such order shall include a statement of the basis for that determination. Upon issuing a final order, the Commissioner shall notify the sponsor and provide a copy of the order.

§ 52.210 Actions upon disqualification

(a) No clinical investigation subject to requirements for prior submission to the Food and Drug Administration will be authorized by the Food and Drug Administration if such investigation is to be initiated, in whole or part, by a disqualified sponsor.
(b) The Commissioner, after considering the nature of each such ongoing clinical investigation subject to requirements for prior submission to the Food and Drug Administration that has been initiated by the sponsor, the number of subjects involved, the risks to them from suspension of the investigation, and the need for involvement of an acceptable sponsor, may direct, in the final order disqualifying a sponsor under § 52.206 (a), that one or more of the following actions be taken with regard to each such investigation:
(1) The investigation may be terminated in its entirety until the sponsor is reinstated under § 52.219 or another sponsor accepts responsibility for the investigation.
(2) No new subject shall be allowed to participate, or be requested to participate, in the investigation until the sponsor is reinstated under § 52.219 or another sponsor accepts responsibility for the investigation.
(3) Any human subject who has previously been allowed to participate in the investigation and who remains under the supervision of an investigator, but who is no longer receiving the test article or having it used involving him (i. e., one having followup monitoring by the investigator or one acting as a control) should continue to be monitored by the investigator but shall not again receive the test article, or have it used involving him, until the sponsor is reinstated under § 52.219 or another sponsor accepts responsibility for the investigation.
(4) Any human subject who has been allowed to participate in the clinical investigation and who, but for suspension of the clinical investigation would continue to receive the test article or have it used involving him, shall not receive it or have it used until either:

(i) Another sponsor accepts responsibility for the investigation or
(ii) The investigator responsible for the subject determines in writing that it is contrary to the health of the subject to defer further use of the test article until another sponsor can assume responsibility for the investigation. In such a case, the Commissioner may impose any further conditions that he deems appropriate to protect the rights and safety of the subjects.

(c) Once a sponsor has been disqualified, each application for research or marketing permit, whether approved or not, containing or relying upon data from a clinical investigation initiated by the disqualified sponsor may be examined to determine whether the clinical investigation was or would be essential to a regulatory decision regarding this application. If it is determined that such investigation was or would be essential, the Food and Drug Administration shall also determine whether the clinical investigation is acceptable, notwithstanding the disqualification of the sponsor. Any such clinical investigation whether conducted before or after disqualification may be presumed to be unacceptable, and the person relying on the study may be required to establish that the investigation was not affected by the circumstances that led to the disqualification, e. g., by submitting validating information. If the investigation is determined to be unacceptable, the data from the investigation will be eliminated from consideration in support of the application, and such elimination may serve as grounds for justifying the termination or withdrawal of approvial of the application.
(d) No clinical investigation begun by a sponsor after the date of the sponsor's disqualification will be considered in support of any application for a research or marketing permit, unless the sponsor has been reinstated under § 52.219. The determination that a clinical investigation may not be considered in support of an application for a research or marketing permit does not, however, relieve the applicant for such a permit of any obligation under any other applicable regulation to submit the results of the investigation to the Food and Drug Administration.

§ 52.213 Public disclosure of information regarding disqualification

...

§ 52.215 Alternative or additional actions to disqualification

...

§ 52.219 Reinstatement of a disqualified sponsor

...

Die zu dem §§ 56-Komplex gehörende „Institutional Review Boards-Verordnung[1][2][3][4]" ist seit dem 27. Juli 1981 verbindlich und regelt die Tätigkeit der Ethik-Kommissionen. Im folgenden werden einige Auszüge wiedergegeben:

Part 56 — Institutional Review Boards

Subpart A — General Provisions

§ 56.101 Scope

...

§ 56.102 Definitions

...

§ 56.103 Circumstances in which IRB review is required

(a) Except as provided in §§ 56.104 and 56.105, any clinical investigation which must meet the requirements for prior submission (as required in Parts 312, 812, and 813) to the Food and Drug Administration shall not be initiated unless that investigation has been reviewed and approved by, and remains subject to continuing review by, an IRB meeting the requirements of this part ...
(b) Except as provided in §§ 56.104 and 56.105, the Food and Drug Administration may decide not to consider in support of an application for a research or marketing permit any data or information that has been derived from a clinical investigation that has not been approved by, and that was not subject to initial and continuing review by, an IRB meeting the requirements may not be considered in support of an application for a research or marketing permit does not, however, relieve the applicant for such a permit of any obligation under any other applicable regulations to submit the results of the investigation to the Food and Drug Administration.
(c) Compliance with these regulations will in no way render inapplicable pertinent Federal, State, or local laws or regulations.

§ 56.104 Exemptions from IRB requirement

The following categories of clinical investigations are exempt from the requirements of this part for IRB review:
...
(c) Emergency use of a test article, provided that such emergency use is reported to the IRB within 5 working days. Any subsequent use of the test article at the institution is subject to IRB review.
...

§ 56.105 Waiver of IRB requirement

...

Subpart B — Organization and Personnel
§ 56.107 IRB membership

(a) Each IRB shall have at least five members, with varying backgrounds to promote complete and adequate review of research activities commonly conducted by the institution. The IRB shall be sufficiently qualified through the experience and expertise of its members, and the diversity of the members' backgrounds including consideration of the racial and cultural backgrounds of members and sensitivity to such issues as community attitudes, to promote respect for its advice and counsel in safeguarding the rights and welfare of human subjects. In addition to possessing the professional competence necessary to review specific research activities, the IRB shall be able to ascertain the acceptability of proposed research in terms of institutional commitments and regulations, applicable

law, and standards of professional conduct and practice. The IRB shall therefore include persons knowledgeable in these areas. If an IRB regularly reviews research that involves a vulnerable category of subjects, including but not limited to subjects covered by other parts of this chapter, the IRB should include one or more individuals who are primarily concerned with the welfare of these subjects.
(b) No IRB may consist entirely of men, or entirely of women, or entirely of members of one profession.
(c) Each IRB shall include at least one member whose primary concerns are in nonscientific areas; for example: lawyers, ethicists, members of the clergy.
(d) Each IRB shall include at least one member who is not otherwise affiliated with the institution and who is not part of the immediate family of a person who is affiliated with the institution.
(e) No IRB may have a member participate in the IRB's initial or continuing review of any project in which the member has a conflicting interest, except to provide information requested by the IRB.
(f) An IRB may, in its discretion, invite individuals with competence in special areas to assist in the review of complex issues which require expertise beyond or in addition to that available on the IRB. These individuals may not vote with the IRB.

Subpart C — IRB Functions and Operations

§ 56.108 IRB functions and operations

In order to fulfill the requirements of these regulations, each IRB shall: (a) Follow written procedures (1) for conducting its initial and continuing review of research and for reporting its findings and actions to the investigator and the institution, (2) for determining which projects require review more often than annually and which projects need verification from sources other than the investigators that no material changes have occurred since previous IRB review, (3) for insuring prompt reporting to the IRB of changes in a research activity, (4) for insuring that changes in approved research, during the period for which IRB approval has already been given, may not be initiated without IRB review and approval except where necessary to eliminate apparent immediate hazards to the human subjects; and (5) for insuring prompt reporting to the IRB of unanticipated problems involving risks to subjects or others.
(b) Except when an expedited review procedure is used (see § 56.110), review proposed research at convened meetings at which a majority of the members of the IRB are present, including at least one member whose primary concerns are in nonscientific areas. In order for the research to be approved, it shall receive the approval of a majority of those members present at the meeting.
(c) Be responsible for reporting to the appropriate institutional officials and the Food and Drug Administration any serious or continuing noncompliance by investigators with the requirements and determinations of the IRB.

§ 56.109 IRB review of research

(a) An IRB shall review and have authority to approve, require modifications in (to secure approval), or disapprove all research activities covered by these regulations.
(b) An IRB shall require that information given to subjects as part of informed consent is in accordance with § 50.25. The IRB may require that information, in addition to that specifically mentioned in § 50.25, be given to the subjects when in the IRB's judgment the information would meaningfully add to the protection of the rights and welfare of subjects.
(c) An IRB shall require documentation of informed consent in accordance with § 50.27, except that the IRB may, for some or all subjects, waive the requirement that the subject of the subject's legally authorized representative sign a written consent form if it finds that the research presents no more than minimal risk of harm to subjects and involves no procedures for which written consent is normally required outside the research context. In cases where the documentation requirement is waived, the IRB may require the investigator to provide subjects with a written statement regarding the research.
(d) An IRB shall notify investigators and the institution in writing of its decision to approve or disapprove the proposed research activity, or of modifications required to secure IRB approval of the research activity. If the IRB decides to disapprove a research activity, it shall include in its written notification a statement of the reasons for its decision and give the investigator an opportunity to respond in person or in writing.
(e) An IRB shall conduct continuing review of research covered by these regulations at intervals appropriate to the degree of risk, but not less than once per year, and shall have authority to observe or have a third party observe the consent process and the research.

§ 56.110 Expedited review procedures for certain kinds of research involving no more than minimal risk, and for minor changes in approved research

(a) The Food and Drug Administration has established, and published in the Federal Register, a list of categories of research that may be reviewed by the IRB through an expedited review procedure. The list will be amended, as appropriate, through periodic republication in the Federal Register[6]).
...

§ 56.111 Criteria for IRB approval of research

(a) In order to approve research covered by these regulations the IRB shall determine that all of the following requirements are satisfied:

(1) Risks to subjects are minimized: (i) by using procedures which are consistent with sound research design and which do not unnecessarily expose subjects to risk, and (ii) whenever appropriate, by using procedures already being performed on the subjects for diagnostic or treatment purposes.
(2) Risks to subjects are reasonable in relation to anticipated benefits, if any, to subjects,

and the importance of the knowledge that may be expected to result. In evaluating risks and benefits, the IRB should consider only those risks and benefits that may result from the research (as distinguished from risks and benefits of therapies that subjects would receive even if not participating in the research). The IRB should not consider possible long-range effects of applying knowledge gained in the research (for example, the possible effects of the research on public policy) as among those research risks that fall within the purview of its responsibility.

(3) Selection of subjects is equitable. In making this assessment, the IRB should take into account the purposes of the research and the setting in which the research will be conducted.

(4) Informed consent will be sought from each prospective subject or the subject's legally authorized representative, in accordance with and to the extent required by Part 50.

(5) Informed consent will be appropriately documented, in accordance with and to the extent required by § 50.27.

(6) Where appropriate, the research plan makes adequate provision for monitoring the data collected to ensure the safety of subjects.

(7) Where appropriate, there are adequate provisions to protect the privacy of subjects and to maintain the confidentiality of data.

(b) Where some or all of the subjects are likely to be vulnerable to coercion or undue influence, such as persons with acute or severe physical or mental illness, or persons who are economically or educationally disadvantaged, appropriate additional safeguards have been included in the study to protect the rights and welfare of these subjects.

§ 56.112 Review by Institution

...

§ 56.113 Suspension or termination of IRB approval of research

...

§ 56.114 Cooperative research

...

Subpart D — Records and Reports

§ 56.115 IRB records

...

Subpart E — Administrative Actions for Noncompliance

...

[1]) Aus: Federal Register, vol. 42, No. 187 — Tuesday, September 27, 1977, pp. 49621.

[2]) Die Food and Drug Administration hat Richtlinien für die klinische Prüfung von Arzneimitteln herausgegeben, die bei der „Superintendent of Documents, U. S. Government Printing Office, Washington D. C. 20402“ erhältlich sind.
FDA 77-3040 General Considerations for the Clinical Evaluation of Drugs
FDA 77-3041 General Considerations for the Clinical Evaluation of Drugs in Infants and Children

FDA 77-3042 Guidelines for the Clinical Evaluation of Antidepressant Drugs
FDA 77-3043 Guidelines for the Clinical Evaluation of Antianxiety Drugs
FDA 77-3044 Guidelines for the Clinical Evaluation of Radiopharmaceutical Drugs
FDA 77-3045 Guidelines for the Clinical Evaluation of Anticonvulsant Drugs (Adults and Children)
FDA 77-3046 Guidelines for the Clinical Evaluation of Anti-Infective Drugs (Systemic) (Adult and Children)
FDA 78-3047 Guidelines for the Clinical Evaluation of Anti-Anginal Drugs
FDA 78-3048 Guidelines for the Clinical Evaluation of Anti-Arrhythmic Drugs
FDA 78-3049 Guidelines for the Clinical Evaluation of Antidiarrheal Drugs
FDA 78-3050 Guidelines for the Clinical Evaluation of Gastric Secretory Depressant (GSD) Drugs
FDA 78-3051 Guidelines for the Clinical Evaluation of Hypnotic Drugs
FDA 78-3052 Guidelines for the Clinical Evaluation of General Anesthetics
FDA 78-3053 Guidelines for the Clinical Evaluation of Local Anesthetics
FDA 78-3054 Guidelines for the Clinical Evaluation of Anti-Inflammatory Drugs (Adults and Children)
FDA 78-3055 Guidelines for the Clinical Evaluation of Psychoactive Drugs in Infants and Children.

[3]) „Gute klinische Praxis" umfaßt mehr, als die auszugsweise wiedergegebenen Bestimmungen reflektieren; ihr voller Umfang aus FDA-Sicht ist nur im Kontext aller diesbezüglichen Verordnungen zu erkennen.

[4]) Vollständiger Text u. a. Pharm. Ind. **43**, Nr. 9 (1981), 830.

[5]) 1977/1979 inspizierte die FDA 266 Prüfer und stellte fest, daß nur 20% der Studien mängelfrei waren. In Einzelfällen wurden Fälschungen und Schreibtischprüfungen registriert, zumeist aber Mängel hinsichtlich der Einverständniserklärung der Probanden, ungeeignete Verwaltung der Prüfmuster, Abweichungen vom Prüfplan und unzureichende Dokumentation (Pharm. Ind. **42**, Nr. 6 (1980), 602).

[6]) The agency concludes that research activities with human subjects involving no more than minimal risk and involving one or more of the following categories (carried out through standard methods), may be reviewed by an IRB through the expedited review procedure authorized in § 56.110.

(1) Collection of hair and nail clippings in a non-disfiguring manner, of deciduous teeth; and of permanent teeth if patient care indicates a need for extraction.

(2) Collection of excreta and external secretions including weat and uncannulated saliva; of placenta at delivery; and of amniotic fluid at the time of rupture of the membrane before or during labor.

(3) Recording of data from subjects who are 18 years of age or older using noninvasive procedures routinely employed in clinical practice. This category includes the use of physical sensors that are applied either to the surface of the body or at a distance and do not involve input of matter or significant amounts of energy into the subject or an invasion of the subject's privacy. It also includes such procedures as weighting, electrocardiography, electroencephalography, thermography, detection of naturally occurring radioactivity, diagnostic echography, and electroretinography. This category does not include exposure to electromagnetic radiation outside the visible range (for example, x-rays or microwaves).

(4) Collection of blood samples by venipuncture, an amounts not exceeding 450 milliliters in an eight-week period and no more often than two times per week, from subjects who are 18 years of age or older and who are in good health and not pregnant.

(5) Collection of both supra- and subgingival dental plaque and calculus, provided the procedure is not more invasive than routine prophylactic scaling of the teeth, and the process is accomplished in accordance with accepted prophylactic techniques.

(6) Voice recordings made for research purposes such as investigations of speech defects.

(7) Moderate exercise by healty volunteers.

(8) The study of existing data, documents, records, pathological specimens, or diagnostic specimens.

(9) Research on drugs or devices for which an investigational new drug exemption or an investigational device exemption is not required.

This list will be amended as appropriate and a current list will be published periodically to the Federal Register. (19. 1. 1981).

Gute Laboratoriumspraxis für nichtklinische Versuche[1])[3])

Die von der Food and Drug Administration (FDA) am 22. 12. 1978 im Federal Register Vol. 43, Nr. 247 S. 59986—60025 unter dem Titel „Nonclinical Laboratory Studies. Good Laboratory Practice Regulations" (GLP) veröffentlichte Verordnung hat weit über die USA hinaus Beachtung gefunden und war Vorbild für eine Reihe ähnlicher Vorschriften in anderen Staaten[5]). Dieser grundsätzlichen Bedeutung wegen wurde eine deutsche Übersetzung in die Sammlung arzneimittelrechtlicher Vorschriften aufgenommen.

Übersicht

Abschnitt 58 — Gute Laboratoriumspraxis für nichtklinische Versuche

Unterabschnitt A — Allgemeine Vorschriften

§ 58.1 Geltungsbereich

Dieser Abschnitt schreibt die Gute Laboratoriumspraxis bei der Durchführung von nichtklinischen Versuchen vor, die Zulassungsanträge für Produkte unterstützen oder dafür vorgesehen sind, die von der Food and Drug Administration (FDA) reglementiert werden:
Lebensmittel- und Farbstoffzusätze, Futtermittelzusätze, Arzneimittel für Mensch und Tier, humanmedizinische Gegenstände, biologische sowie elektronische Produkte. Die Einhaltung dieser Vorschriften soll die Qualität und Integrität der Daten gewährleisten, die zum Nachweis der Unbedenklichkeit gemäß §§ 406, 408, 409, 502, 503, 505, 506, 507, 510, 512—516, 518—520, 706 und 801 des „Federal Food, Drug and Cosmetic Act“ sowie §§ 351 und 354—360 F des „Public Health Act“ eingereicht werden.

§ 58.3 Definitionen

Die in diesem Abschnitt verwendeten Begriffe haben folgende Bedeutung:

a) „Gesetz“ (“Act”) bezieht sich hier auf das amerikanische Arzneimittelgesetz (“Federal Food, Drug and Cosmetic Act”) in der letzten Fassung.

b) „Prüfpräparat/-gegenstand" ("Test article") sind alle Lebensmittelzusätze, Farbstoffzusätze, Arzneimittel, biologischen Produkte, elektronischen Produkte, humanmedizinischen Gegenstände oder andere Materialien, die den Bestimmungen des Gesetzes oder den §§ 351 und 354–360 F des „Public Health Service Act" unterliegen.

c) „Referenzpräparat" ("Control article") sind alle Lebensmittelzusätze, Farbstoffzusätze, Arzneimittel, biologischen Produkte, elektronischen Produkte, humanmedizinischen Gegenstände oder andere Materialien, außer dem Prüfpräparat, die im Laufe eines nichtklinischen Versuches dem Versuchsobjekt verabreicht werden, um eine Vergleichsbasis mit dem Prüfpräparat herzustellen.

d) „Nichtklinischer Versuch" ("Nonclinical laboratory study") ist jeder in-vivo- oder in-vitro-Versuch, in dem ein Prüfpräparat prospektiv an einem Versuchsobjekt unter Laborbedingungen untersucht wird, um dessen Unbedenklichkeit festzustellen. Humanversuche, klinische Studien oder Feldversuche am Tier fallen nicht darunter. Der Begriff umfaßt auch nicht Grundlagenversuche, die dazu dienen, den potentiellen Nutzen eines Prüfpräparates oder dessen physikalische oder chemische Eigenschaften festzustellen.

e) „Zulassungsantrag" ("Application for research or marketing permit")[2])

f) „Auftraggeber" ("Sponsor") ist

1. eine Person, die durch Bereitstellung finanzieller oder anderer Mittel einen nichtklinischen Versuch in die Wege leitet und unterstützt;
2. eine Person, die einen nichtklinischen Versuch zur Unterstützung eines Zulassungsantrages bei der FDA einreicht; oder
3. eine Forschungseinrichtung, falls der Versuch von ihr sowohl in die Wege geleitet als auch tatsächlich durchgeführt wird.

g) „Forschungseinrichtung" („Testing facility") ist eine Person, die einen nichtklinischen Versuch tatsächlich durchführt, d. h. das Prüfpräparat tatsächlich an einem Versuchsobjekt untersucht. „Forschungseinrichtung" schließt jedes Unternehmen ein, das einen nichtklinischen Versuch durchführt und sich gemäß § 510 des Gesetzes registrieren lassen muß, sowie jedes in § 704 des Gesetzes beschriebene Auftragslabor, das derartige Versuche durchführt. „Forschungseinrichtung" umfaßt nur solche Betriebsteile, die bei der Durchführung nichtklinischer Versuche benutzt werden oder benutzt worden sind.

h) „Person" ist eine Einzelperson, eine Gesellschaft, ein registriertes Unternehmen, eine Vereinigung, eine wissenschaftliche Einrichtung oder ein akademisches Institut, eine Regierungsbehörde oder eine Dienststelle davon sowie jede andere juristische Person.

i) „Versuchsobjekt" ("Test system") sind alle Tiere, Pflanzen, Mikroorganismen oder Teile davon, denen das Prüf- bzw. Referenzpräparat zur Untersuchung verabreicht oder beigefügt wird. „Versuchsobjekt" umfaßt auch zugehörige Gruppen oder Bestandteile des Objektes, die nicht mit den Prüf- oder Referenzpräparaten behandelt werden.

j) „Probe" ("Specimen") sind Materialien, die von einem Versuchsobjekt zur Untersuchung oder Auswertung gewonnen werden.

k) „Rohdaten' ("Raw data") umfassen alle Laborbefundbögen, Aufzeichnungen, Aktenvermerke, Notizen oder genaue Kopien davon, die als Ergebnis der ursprünglichen Beobachtungen und Aktivitäten bei einem nichtklinischen Versuch anfallen und zur Rekonstruktion und Auswertung des Berichtes über diesen Versuch erforderlich sind. Falls genaue Abschriften von solchen Rohdaten erstellt worden sind (z. B. Niederschriften von Tonbändern, die datiert wurden und deren Richtigkeit durch Unterschrift bestätigt wurde), kann die exakte Kopie oder genaue Niederschrift die ursprüngliche Quelle als Rohdaten ersetzen. „Rohdaten" können beinhalten: Fotografien, Mikrofilm- oder Mikrofichekopien, Computerausdrucke, Magnetträger einschließlich diktierter Beobachtungen sowie automatisch aufgezeichnete Daten.

l) „Qualitätssicherungseinheit" ("Quality assurance unit") ist jede Person oder organisatorische Einheit – mit Ausnahme des Versuchsleiters –, die von der Leitung der Forschungseinrichtung mit den Aufgaben der Qualitätssicherung von nichtklinischen Versuchen betraut wird.

m) „Versuchsleiter" ("Study director") ist die Einzelperson, die für die Gesamtdurchführung eines nichtklinischen Versuches verantwortlich ist.
n) „Charge" ("Batch") ist eine bestimmte Menge oder Partie (lot) eines Prüf- oder Referenzpräparates, das gemäß § 58.105 (a) charakterisiert wurde.

§ 58.10 Anwendbarkeit auf Versuche, die mit finanzieller Unterstützung oder auf vertraglicher Grundlage durchgeführt werden

Wenn ein Auftraggeber, der einen nichtklinischen Versuch durchführt, der bei der FDA eingereicht oder von ihr überprüft werden soll, die Dienste eines beratenden Laboratoriums, eines Auftragsforschungsinstitutes oder eines Empfängers einer finanziellen Unterstützung zur Durchführung einer Untersuchung oder anderer Dienstleistungen in Anspruch nimmt, muß er das beratende Labor, das Auftragsforschungsinstitut oder den Empfänger der finanziellen Unterstützung davon in Kenntnis setzen, daß die Dienstleistung Teil eines nichtklinischen Versuches ist, der gemäß den Vorschriften dieses Abschnittes durchgeführt werden muß.

§ 58.15 Inspektionen von Forschungseinrichtungen[4])

a) Eine Forschungseinrichtung soll einem bevollmächtigten Mitarbeiter der FDA erlauben, in angemessenen Zeitabständen und auf angemessene Art und Weise die Forschungseinrichtung zu inspizieren und alle aufzubewahrenden Unterlagen und Proben der unter diesen Abschnitt fallenden Versuche zu inspizieren (im Falle von Unterlagen auch zu kopieren). Ausgeschlossen von diesem Inspektions- und Kopierrecht sind die Unterlagen der Qualitätssicherungseinheit über Befunde und Mängel oder über empfohlene bzw. getroffene Maßnahmen zur Behebung solcher Mängel.
b) Die FDA wird einen nichtklinischen Versuch zur Unterstützung eines Zulassungsantrages nicht berücksichtigen, wenn die Forschungseinrichtung eine Inspektion ablehnt. Die Feststellung, daß ein nichtklinischer Versuch zur Unterstützung eines Zulassungsantrages nicht berücksichtigt wird, enthebt den Antragsteller jedoch nicht von der aus jeglicher zutreffenden Bestimmung oder Verordnung resultierenden Pflicht, die Ergebnisse eines solchen Versuches bei der FDA einzureichen.

Unterabschnitt B — Organisation und Personal

§ 58.29 Personal

a) Jede Einzelperson, die an der Durchführung eines nichtklinischen Versuches beteiligt oder in einer Aufsichtsfunktion für diesen Versuch verantwortlich ist, soll eine Ausbildung, Schulung und Erfahrung oder eine Kombination davon aufweisen, die diese Einzelperson befähigt, die ihr übertragenen Funktionen zu erfüllen.
b) In jeder Forschungseinrichtung soll eine auf den neuesten Stand gebrachte Zusammenfassung über die Ausbildung und Erfahrung sowie eine Stellenbeschreibung für jede Einzelperson vorliegen, die an der Durchführung oder in der Aufsicht eines nichtklinischen Versuches mitwirkt.
c) Für die termingerechte und korrekte Durchführung des Versuches nach dem Versuchsplan soll ausreichend Personal zur Verfügung stehen.
d) Das Personal soll die notwendigen Hygiene- und Gesundheitsvorkehrungen einhalten, um die Prüf- und Referenzpräparate und die Versuchsobjekte nicht zu kontaminieren.
e) Das an einem nichtklinischen Versuch mitarbeitende Personal soll eine für diese Tätigkeit geeignete Kleidung tragen. Die Kleidung soll häufig genug gewechselt werden, um eine mikrobiologische, radiologische oder chemische Kontamination der Versuchsobjekte oder der Prüf- und Referenzpräparate zu vermeiden.

f) Jede Einzelperson, bei der zu irgendeinem Zeitpunkt eine Krankheit festgestellt wird, die sich auf die Qualität und Integrität des nichtklinischen Versuches nachteilig auswirken kann, soll von jedem direkten Kontakt mit den Versuchsobjekten, den Prüf- oder Referenzpräparaten sowie jeder anderen Tätigkeit oder Funktion, die den Versuch nachteilig beeinflussen kann, ausgeschlossen werden, bis der Zustand behoben ist. Das gesamte Personal soll angewiesen werden, dem direkten Vorgesetzten alle gesundheitlichen oder medizinischen Gegebenheiten zu melden, bei denen damit gerechnet werden muß, daß sie einen ungünstigen Einfluß auf einen nichtklinischen Versuch haben könnten.

§ 58.31 Leitung der Forschungseinrichtung

Die Leitung der Forschungseinrichtung soll bei jedem nichtklinischen Versuch

a) vor Beginn des Versuches einen Versuchsleiter, wie in § 58.33 beschrieben, ernennen,
b) den Versuchsleiter im Laufe eines Versuches, falls erforderlich, sofort ersetzen und darüber entsprechende Unterlagen als Rohdaten aufbewahren,
c) sicherstellen, daß eine Qualitätssicherungseinheit, wie in § 58.35 beschrieben, vorhanden ist,
d) sicherstellen, daß die Prüf- und Referenzpräparate oder Mischungen in geeigneter Weise auf Identität, Gehalt, Reinheit, Haltbarkeit und Homogenität geprüft wurden, soweit es angängig ist,
e) sicherstellen, daß das Personal, die Mittel, Einrichtungen, Geräte, Materialien und Methoden wie geplant zur Verfügung stehen,
f) sicherstellen, daß das Personal die ihm übertragenen Aufgaben genau versteht,
g) sicherstellen, daß jegliche Abweichung von dieser Verordnung, die die Qualitätssicherungseinheit berichtet, dem Versuchsleiter mitgeteilt wird, und daß Korrekturen vorgenommen und dokumentiert werden.

§ 58.33 Versuchsleiter

Für jeden nichtklinischen Versuch soll ein Wissenschaftler oder eine andere Fachkraft, die eine entsprechende Ausbildung, Schulung und Erfahrung oder eine Kombination davon aufweist, zum Versuchsleiter bestimmt werden. Der Versuchsleiter trägt die gesamte Verantwortung für die technische Durchführung des Versuches sowie für die Interpretation, Auswertung, Dokumentation und Berichterstattung der Ergebnisse und steuert allein den gesamten Versuchsablauf. Der Versuchsleiter soll sicherstellen:

a) daß der Versuchsplan samt Änderungen gemäß § 58.120 genehmigt und befolgt wird,
b) daß alle Versuchsdaten, einschließlich Beobachtungen von unerwarteten Reaktionen des Versuchsobjektes exakt aufgezeichnet und überprüft werden,
c) daß unvorhergesehene Umstände, die die Qualität und Integrität des nichtklinischen Versuches beeinträchtigen können, unmittelbar aufgezeichnet und daß Korrekturen vorgenommen und dokumentiert werden,
d) daß die Versuchsobjekte der Spezifikation im Versuchsplan entsprechen,
e) daß alle anwendbaren Bestimmungen der Guten Laboratoriumspraxis befolgt werden,
f) daß alle Rohdaten, Aufzeichnungen, Versuchspläne sowie Proben und Berichte während oder am Ende des Versuches in die Archive gebracht werden.

§ 58.35 Qualitätssicherungseinheit

a) Eine Forschungseinrichtung soll eine Qualitätssicherungseinheit haben, die aus einem oder mehreren Mitarbeitern besteht. Die Qualitätssicherungseinheit ist dafür verantwortlich, daß jeder Versuch überprüft wird, um der Leitung der Forschungseinrichtung bestätigen zu können, daß Einrichtungen, Geräte, Personal, Methoden, Praktiken, Aufzeichnungen und Kontrollen den Bestimmungen dieses Abschnittes entsprechen.

Für jeden Versuch muß die Qualitätssicherungseinheit vollständig (Anm.: organisatorisch) getrennt und unabhängig von dem an der Leitung und Durchführung dieses Versuches beteiligten Personal sein.
b) Die Qualitätssicherungseinheit muß
1. eine Kopie des Verzeichnisses aller in der Forschungseinrichtung durchgeführten nichtklinischen Versuche (= "master schedule sheet") aufbewahren, das nach Prüfpräparaten geordnet ist und folgende Angaben enthält: Versuchsobjekt, Art des Versuches, Versuchsbeginn, aktueller Stand eines jeden Versuches, Name des Auftraggebers, Name des Versuchsleiters und Stand des Berichtes;
2. Kopien aller Versuchspläne von nichtklinischen Versuchen, für die die Einheit verantwortlich ist, aufbewahren;
3. jede Phase eines nichtklinischen Versuches in regelmäßigen Abständen inspizieren und schriftliche, ordnungsgemäß unterzeichnete Unterlagen über jede Inspektion aufbewahren, die folgende Angaben enthalten: Zeitpunkt der Inspektion; inspizierter Versuch; Phase oder Teil des inspizierten Versuches; die Person, die die Inspektion durchgeführt hat; Feststellungen und Mängel; empfohlene bzw. getroffene Maßnahmen zur Behebung solcher Mängel sowie ggf. vorgesehener Zeitpunkt der erneuten Inspektion. Bei Versuchen, die länger als 6 Monate dauern, soll die Inspektion in dreimonatigen Abständen stattfinden. Versuche, die weniger als 6 Monate dauern, sollen in Intervallen inspiziert werden, die die Integrität des Versuches gewährleisten. Gravierende Mängel, die während einer Inspektion gefunden werden und wahrscheinlich die Integrität des Versuches beeinträchtigen, sind dem Versuchsleiter und der Leitung der Forschungseinrichtung sofort mitzuteilen;
4. regelmäßig der Leitung der Forschungseinrichtung und dem Versuchsleiter schriftliche Status-Berichte über jeden Versuch vorlegen, in denen alle Schwierigkeiten sowie die getroffenen Maßnahmen aufgeführt sind;
5. feststellen, daß von den genehmigten Versuchsplänen oder Arbeitsanweisungen nicht ohne gehörige Ermächtigung und entsprechende Dokumentation abgewichen wird;
6. den Bericht über den Versuch überprüfen, um sicherzustellen, daß der Bericht die Methoden und Arbeitsanweisungen genau beschreibt und daß die berichteten Ergebnisse die Rohdaten des nichtklinischen Versuches richtig wiedergeben;
7. eine dem Bericht beizufügende Erklärung anfertigen und unterschreiben, aus der ersichtlich ist, wann Inspektionen durchgeführt und Feststellungen dem Versuchsleiter und der Leitung der Forschungseinrichtung mitgeteilt wurden.
c) Die Aufgaben und die Arbeitsweise der Qualitätssicherungseinheit, die von ihr aufbewahrten Aufzeichnungen und ihr Ablagesystem müssen in Organisationspapieren festgelegt werden, die aufzubewahren sind. Diese Unterlagen sowie die Angaben über die Inspektionsdaten, den inspizierten Versuch, die inspizierte Phase oder den inspizierten Teil des Versuches, und den Namen der Person, die die Inspektion durchgeführt hat, sollen den bevollmächtigten FDA-Mitarbeitern zur Inspektion zur Verfügung gestellt werden.
d) Ein bevollmächtigter FDA-Mitarbeiter soll Zugang zu den schriftlichen Arbeitsanweisungen zur Durchführung von Inspektionen haben und darf von der Leitung der Forschungseinrichtung eine schriftliche Bestätigung verlangen, daß Inspektionen entsprechend den Bestimmungen dieses Paragraphen durchgeführt, abgewickelt, berichtet und weiterverfolgt werden.
e) Alle Aufzeichnungen, die von der Qualitätssicherungseinheit aufzubewahren sind, sollen an einer Stelle innerhalb der Forschungseinrichtung abgelegt werden.

Unterabschnitt C — Räumlichkeiten

§ 58.41 Allgemeines

Die Größe, der Aufbau und die Lage einer Forschungseinrichtung soll die ordnungsgemäße Durchführung nichtklinischer Versuche erleichtern: Sie soll so entworfen sein, daß eine hinreichende räumliche Abtrennung negative Einflüsse von irgendwelchen anderen Funktionen oder Aktivitäten auf den Versuch verhindert.

§ 58.43 Einrichtungen zur Tierhaltung

a) Eine Forschungseinrichtung soll über eine ausreichende Anzahl von Tierräumen oder -bereichen verfügen, um eine ordnungsgemäße

1. Trennung nach Spezies oder Versuchsobjekten,
2. isolierte Durchführung einzelner Versuche,
3. Quarantäne von Versuchstieren und
4. routinemäßige oder spezielle Unterbringung von Versuchstieren sicherzustellen.

b) Eine Forschungseinrichtung soll über einige zusätzliche Tierräume oder -bereiche neben den in Absatz a) dieses Paragraphen beschriebenen verfügen, um eine Isolierung von Versuchen mit Prüf- oder Referenzpräparaten, die als gesundheitsschädigend bekannt sind, einschließlich flüchtiger Substanzen, Aerosole, radioaktiver Materialien und Krankheitserreger, gewährleisten zu können.
c) Abgetrennte Bereiche sollen zur Diagnose, Behandlung und Kontrolle von Erkrankungen der Versuchstiere zur Verfügung stehen. Diese Bereiche sollen eine wirksame Isolierung der Versuchstiere, von denen bekannt ist, daß sie krank sind, oder die im Verdacht stehen, krank oder Krankheitsüberträger zu sein, von den übrigen Versuchstieren ermöglichen.
d) Falls Tiere gehalten werden, sollen Einrichtungen zur Aufnahme und Beseitigung sämtlicher tierischer Ausscheidungsprodukte und Abfälle oder zur sicheren hygienischen Aufbewahrung derartiger Ausscheidungsprodukte vor deren Abtransport von der Forschungseinrichtung vorhanden sein. Die Einrichtungen zur Beseitigung von Abfällen sollen so beschaffen sein und betrieben werden, daß Ungezieferbefall, Gerüche, gesundheitliche Risiken und Umweltverschmutzung auf ein Minimum beschränkt werden.
e) Die Einrichtungen für Versuchstiere sollen so geplant, gebaut und gelegen sein, daß Störungen, die den Versuch beeinflussen könnten, minimiert werden.

§ 58.45 Einrichtungen zur Versorgung der Versuchstiere

Ausreichende Lagerbereiche für Futter, Einstreu, Versorgungsgüter und Geräte sollen vorhanden sein. Die Lagerbereiche für Futter und Einstreu sollen von den Tierhaltungsräumen getrennt und vor Ungeziefer oder Kontamination geschützt sein. Für leicht verderbliche Materialien und Futtermittel sollen Kühlanlagen zur Verfügung stehen.

§ 58.47 Einrichtungen zum Umgang mit Prüf- und Referenzpräparaten

a) Soweit es erforderlich ist, um Verunreinigungen oder Verwechslungen zu vermeiden, sollen abgetrennte Bereiche zur Verfügung stehen für:

1. den Eingang und die Lagerung der Prüf- und Referenzpräparate;
2. die Mischung der Prüf- und Referenzpräparate mit Trägern, z. B. Futter;
3. die Lagerung der Mischungen von Prüf- und Referenzpräparaten mit Trägern.

b) Die Lagerbereiche für die Prüf- und/oder Referenzpräparate und die Mischungen der Prüf- und Referenzpräparate sollen von den Versuchsbereichen getrennt und für die Erhaltung von Identität, Gehalt, Reinheit und Haltbarkeit der Präparate und Mischungen geeignet sein.

§ 58.49 Laboratorien

a) Gesonderte Laborräumlichkeiten sollen, soweit erforderlich, für die bei nichtklinischen Versuchen anfallenden Routinearbeiten zur Verfügung stehen, ebenso wie speziell ausgestattete Bereiche zur Durchfüh-

rung von beispielsweise aseptischer Chirurgie, Intensivpflege, Sektion, Histologie, Arbeiten mit ionisierenden Strahlen und für den Umgang mit gesundheitsschädigenden Materialien.
b) Gesonderte Räumlichkeiten zur Reinigung, Sterilisation und Aufbewahrung der Geräte sowie zur Aufbewahrung von Versorgungsgütern für die Versuche sollen zur Verfügung stehen.

§ 58.51 Einrichtungen zur Aufbewahrung von Proben und Daten

Räumlichkeiten für Archive, zu denen nur befugte Personen Zutritt haben, sollen zur Aufbewahrung und Wiederfindung aller Rohdaten und Proben von abgeschlossenen Versuchen zur Verfügung stehen.

§ 58.53 Einrichtungen für Verwaltung und Personal

a) Für die Verwaltung, Aufsicht und Leitung der Forschungseinrichtung sollen Räumlichkeiten zur Verfügung stehen.
b) Gesonderte Bereiche für Umkleide- und Duschräume, Toiletten und Waschräume sollen, soweit erforderlich, zur Verfügung stehen.

Unterabschnitt D — Geräte

§ 58.61 Beschaffenheit der Geräte

Automatische, mechanische oder elektronische Geräte zur Gewinnung, Messung oder Auswertung von Daten und Geräte zur Steuerung der in der Forschungseinrichtung herrschenden Umweltbedingungen sollen eine geeignete Konstruktion und angemessene Kapazität aufweisen, um den Anforderungen des Versuchsplanes entsprechen zu können, und so aufgestellt sein, daß ihre Bedienung, Überprüfung, Reinigung und Wartung erleichtert wird.

§ 58.63 Wartung und Einstellung der Geräte

a) Die Geräte sollen ausreichend inspiziert, gereinigt und gewartet werden. Geräte zur Gewinnung, Messung oder Auswertung von Daten sollen ausreichend geprüft, eingestellt und/oder geeicht werden.
b) Schriftliche Arbeitsanweisungen gemäß § 58.81 b) 11. sollen ausreichend genau die Methoden, Materialien und Zeitpläne für die routinemäßige Inspektion, Reinigung, Wartung, Prüfung, Einstellung und/oder Eichung der Geräte festlegen sowie die bei Ausfall oder Störungen der Geräte zu ergreifenden Maßnahmen beschreiben. In den Arbeitsanweisungen soll die für die Durchführung jeder einzelnen Tätigkeit verantwortliche Person benannt sein, und Kopien der Arbeitsanweisungen sind dem Laborpersonal zur Verfügung zu stellen.
c) Jede Inspektion, Wartung, Prüfung, Einstellung und/oder Eichung soll schriftlich festgehalten werden. Diese Aufzeichnungen mit genauem Datum sollen beschreiben, ob die Wartungsmaßnahme routinemäßig erfolgte und den Arbeitsanweisungen entsprechend vorgenommen wurde. Außerplanmäßige Reparaturen an Geräten wegen Ausfall oder Störung sollen unter Angabe des Schadens, wie und wann der Schaden entdeckt wurde und der Maßnahmen zur Behebung des Schadens schriftlich festgehalten werden.

Unterabschnitt E — Arbeitsablauf der Forschungseinrichtung

§ 58.81 Arbeitsanweisungen ("Standard Operating Procedures")

a) Eine Forschungseinrichtung soll über schriftliche Arbeitsanweisungen verfügen, in denen Methoden nichtklinischer Versuche nach Ansicht der Leitung der Forschungseinrichtung hinreichend festgelegt sind, um die Qualität und Integrität der im Laufe des Versuches anfallenden Daten zu gewährleisten. Jede Abweichung

von Arbeitsanweisungen soll vom Versuchsleiter genehmigt und in den Rohdaten des Versuches festgehalten werden. Gravierende Änderungen der festgelegten Arbeitsanweisungen sollen von der Leitung der Forschungseinrichtung schriftlich genehmigt werden.
b) Arbeitsanweisungen sollen für folgende Gebiete festgelegt werden, sind jedoch nicht darauf zu beschränken:

1. Vorbereitung der Tierräume,
2. Tierhaltung,
3. Eingang, Identifizierung, Lagerung, Umgang mit, Mischen und Probenentnahmen von Prüf- und Referenzpräparaten,
4. Beobachtung des Versuchsobjektes,
5. Laboratoriumsuntersuchungen,
6. Aktivitäten bei moribund bzw. interkurrent verstorben gefundenen Versuchstieren,
7. Sektion oder postmortale Untersuchung der Versuchstiere,
8. Sammlung und Kennzeichnung der Proben,
9. Histopathologie,
10. Datendokumentation, -archivierung und -wiederfindung,
11. Wartung und Einstellung der Geräte,
12. Umsetzen, richtige Käfigzuordnung sowie Kennzeichnung der Versuchstiere.

c) In jedem Laborbereich sollen Methodenhandbücher sowie Arbeitsanweisungen für die betreffenden Arbeitsabläufe, z. B. Toxikologie, Histologie, Klinische Chemie, Haematologie, Teratologie, Sektion, unmittelbar im Arbeitsbereich zur Verfügung stehen. Veröffentlichungen können als Ergänzung der Arbeitsanweisungen verwendet werden.
d) Es soll eine chronologische Ablage der Arbeitsanweisungen und aller ihrer Änderungen (einschließlich der Änderungstermine) geführt werden.

§ 58.83 Reagenzien und Lösungen

Alle Reagenzien und Lösungen in den Laborbereichen sollen so etikettiert werden, daß Identität, Titer oder Konzentration, Lagerhinweise und Verfalldatum ersichtlich sind. Verdorbene oder verfallene Reagenzien und Lösungen sollen nicht verwendet werden.

§ 58.90 Tierhaltung

a) Es sollen Arbeitsanweisungen zur Haltung, Fütterung, Handhabung und Pflege der Tiere vorliegen.
b) Alle neu eingetroffenen Tiere von externen Lieferanten sollen bis zur Feststellung ihres Gesundheitszustandes in Quarantäne gehalten werden. Der Gesundheitszustand soll nach annehmbaren veterinärmedizinischen Praktiken bewertet werden.
c) Zu Beginn eines nichtklinischen Versuches sollen die Versuchstiere frei von allen Krankheiten oder Zuständen sein, die den Zweck oder die Durchführung des nichtklinischen Versuches beeinträchtigen könnten. Wenn Tiere im Laufe eines Versuches von derartigen Krankheiten oder Zuständen befallen werden, sollen sie isoliert werden. Falls erforderlich, können diese Tiere auf Krankheiten oder Krankheitssymptome hin behandelt werden, sofern diese Behandlung den Versuch nicht beeinträchtigt. Die Diagnose, Erlaubnis zur Behandlung, die Behandlung selbst sowie jeder einzelne Behandlungstag sollen dokumentiert und aufbewahrt werden.
d) Warmblüter (außer noch nicht entwöhnte Nagetiere), die in Versuchen verwendet werden, die Manipulationen und Beobachtungen über einen größeren Zeitraum erfordern, sowie in Versuchen, in deren Verlauf es nötig ist, die Versuchstiere aus irgendeinem Grunde (z. B. Käfigreinigung, Behandlung usw.) aus ihren

ursprünglichen Käfigen zu entnehmen und sie wieder dorthin zurückzusetzen, sollen eine geeignete Kennzeichnung erhalten (z. B. Tätowierung, Zehenschnitt, Farbmarkierung, Ohrmarke, Ohrlochung usw.). Alle Angaben, die zur Identifizierung eines jeden Versuchstieres innerhalb eines Käfigs notwendig sind, sollen an der Außenseite des Käfigs ersichtlich sein.

e) Versuchstiere verschiedener Spezies sollen, falls erforderlich, in getrennten Räumen untergebracht werden. Versuchstiere derselben Spezies, die in verschiedenen Versuchen eingesetzt werden, sollten normalerweise nicht in demselben Raum untergebracht werden, wenn das Ergebnis des einen oder des anderen Versuches dadurch beeinträchtigt werden könnte, daß eine unbeabsichtigte Einwirkung von Prüf- oder Referenzpräparaten erfolgt oder die Versuchstiere verwechselt werden. Ist eine gemeinsame Unterbringung notwendig, soll eine ausreichende räumliche Trennung und Kennzeichnung vorgenommen werden.

f) Tierkäfige, Gestelle und Zubehör sollen in angemessenen Zeitabständen gereinigt und desinfiziert werden.

g) Futter und Wasser der Versuchstiere sollen regelmäßig analysiert werden, um sicherzustellen, daß Schadstoffe, von denen bekannt ist, daß sie den Versuch beeinträchtigen können, und von denen anzunehmen ist, daß sie möglicherweise in diesem Futter oder Wasser vorkommen, die im Versuchsplan angegebenen Grenzwerte nicht überschreiten. Die Aufzeichnungen solcher Analysen sollen als Rohdaten aufbewahrt werden.

h) Einstreu in den Tierkäfigen oder -boxen soll den Zweck oder die Durchführung des Versuches nicht beeinträchtigen und so oft wie nötig gewechselt werden, um die Versuchstiere trocken und sauber zu halten.

i) Falls Schädlingsbekämpfungsmittel benutzt werden, ist dies zu dokumentieren. Reinigungs- und Schädlingsbekämpfungsmittel, die den Versuch beeinträchtigen, sollen nicht verwendet werden.

Unterabschnitt F — Prüf- und Referenzpräparate

§ 58.105 Charakterisierung der Prüf- und Referenzpräparate

a) Identität, Gehalt, Reinheit, Zusammensetzung oder andere Eigenschaften, die ein Prüf- oder Referenzpräparat hinreichend charakterisieren, sollen für jede Charge vor Beginn des Versuches bestimmt und dokumentiert werden. Methoden zur Synthese, die Herstellung oder die Herkunft der Prüf- und Referenzpräparate sollen vom Auftraggeber oder von der Forschungseinrichtung dokumentiert werden. Falls Handelspräparate als Referenzpräparate dienen, werden sie durch ihre Präparatebeschreibungen charakterisiert.

b) Die Haltbarkeit jedes Prüf- oder Referenzpräparates soll von der Forschungseinrichtung oder vom Auftraggeber vor Beginn eines nichtklinischen Versuches bestimmt werden. Wenn die Haltbarkeit des Prüf- und Referenzpräparates vor Beginn eines Versuches nicht ermittelt werden kann, sollen Arbeitsanweisungen erstellt und befolgt werden, nach denen regelmäßige Nachuntersuchungen jeder Charge vorgesehen sind.

c) Jedes Behältnis zur Lagerung eines Prüf- oder Referenzpräparates soll wie folgt etikettiert werden: Name, Chemical-Abstracts-Nummer oder Code-Nummer, Chargenbezeichnung, Verfalldatum (falls bekannt) und, soweit zutreffend, Lagerhinweise zur Erhaltung von Identität, Gehalt, Reinheit und Zusammensetzung des Prüf- oder Referenzpräparates. Die Behältnisse zur Lagerung sollen für die Dauer des Versuches ausschließlich für das jeweilige Prüfpräparat verwendet werden.

d) Bei nichtklinischen Versuchen, die länger als 4 Wochen dauern, sollen Rückstellmuster von jeder Charge der Prüf- und Referenzpräparate über den in § 58.195 angegebenen Zeitraum aufbewahrt werden.

§ 58.107 Umgang mit den Prüf- und Referenzpräparaten

Die Arbeitsweise beim Hantieren mit den Prüf- und Referenzpräparaten soll festgelegt werden, um sicherzustellen, daß

a) die Prüf- und Referenzpräparate richtig gelagert werden,

b) die Verteilung so erfolgt, daß eine Verunreinigung, Zersetzung oder Beschädigung ausgeschlossen wird,

c) während der gesamten Verteilung die richtige Kennzeichnung beibehalten wird,

d) Eingang und Verteilung jeder Charge schriftlich festgehalten wird. Diese Aufzeichnungen sollen datiert sein und die Menge jeder verteilten oder zurückgeschickten Charge enthalten.

§ 58.113 Mischungen der Präparate mit Trägerstoffen

a) Bei jedem Prüf- oder Referenzpräparat, das vor Verabreichung mit einem Trägerstoff gemischt wird, sollen Prüfungen nach geeigneten analytischen Methoden durchgeführt werden, um

1. die Homogenität der Mischung festzustellen und um die Konzentration des Prüf- oder Referenzpräparates in der Mischung in regelmäßigen Abständen zu bestimmen;
2. die Haltbarkeit der Prüf- und Referenzpräparate in der Mischung zu bestimmen. Falls die Haltbarkeit vor Beginn eines Versuches nicht bestimmt werden kann, sollen Arbeitsanweisungen erstellt und befolgt werden, nach denen regelmäßige Nachuntersuchungen der Prüf- und Referenzpräparate vorgesehen sind.

b) Bei nichtklinischen Versuchen, die länger als 4 Wochen dauern, soll von jeder Prüf- oder Referenzpräparat-Trägerstoffmischung ein Rückstellmuster entnommen und über den in § 58.195 angegebenen Zeitraum aufbewahrt werden.

c) Wenn irgendein Bestandteil der Prüf- oder Referenzpräparat-Trägerstoffmischung ein Verfalldatum hat, soll dieses Datum deutlich auf dem Behältnis angegeben werden. Haben mehrere Bestandteile ein Verfalldatum, soll das früheste Datum angegeben werden.

Unterabschnitt G — Versuchsplan und -durchführung eines nichtklinischen Versuches

§ 58.120 Versuchsplan

a) Für jeden Versuch soll ein genehmigter schriftlicher Versuchsplan mit genauer Beschreibung der Ziele und aller Methoden zur Durchführung des Versuches vorliegen. Der Versuchsplan soll folgende Informationen enthalten, ist jedoch nicht darauf zu beschränken:

1. Beschreibender Titel sowie Angabe über den Zweck des Versuches.
2. Bezeichnung der Prüf- und Referenzpräparate durch den Namen bzw. die Chemical-Abstracts-Nummer oder Code-Nummer.
3. Name des Auftraggebers sowie Name und Adresse der Forschungseinrichtung, in der der Versuch durchgeführt wird.
4. Voraussichtliche Termine für den Beginn und das Ende des Versuches.
5. Begründung für die Wahl des Versuchsobjektes.
6. Gegebenenfalls Anzahl, Körpergewichtsspanne, Geschlecht, Herkunft, Spezies, Stamm, Unterstamm und Alter des Versuchsobjektes.
7. Verfahren zur Kennzeichnung des Versuchsobjektes.
8. Beschreibung der Versuchsanordnung mit Angabe der Methoden zur Ausschaltung von Störfaktoren.
9. Beschreibung und/oder Identifizierung des im Versuch verwendeten Futters sowie der Lösungsmittel, Emulgatoren und/oder anderer Stoffe, die zur Lösung oder Suspension der Prüf- oder Referenzpräparate vor der Mischung mit dem Träger verwendet werden. Die Beschreibung soll zugelassene Grenzwerte für Schadstoffe beinhalten, von denen anzunehmen ist, daß sie möglicherweise in den Futtermitteln vorkommen und bei Überschreitung dieser Grenzwerte bekanntermaßen das Ziel oder die Durchführung des Versuches beeinträchtigen können.
10. Applikationsweg und Begründung für dessen Wahl.
11. Jede Dosierung (angegeben in mg/kg Körpergewicht oder in anderen geeigneten Einheiten) des zu verabreichenden Prüf- oder Referenzpräparates sowie die Methode und Häufigkeit der Verabreichung.
12. Methode, durch welche der Resorptionsgrad für die Prüf- oder Referenzpräparate durch das Versuchsobjekt bestimmt wird, falls dies zur Erreichung der Versuchsziele erforderlich ist.
13. Art und Häufigkeit der vorzunehmenden Untersuchungen, Analysen und Messungen.

14. Aufzubewahrende Unterlagen.
15. Zeitpunkt, an dem der Versuchsplan vom Auftraggeber genehmigt wurde, sowie Unterschrift des Versuchsleiters.
16. Beschreibung der voraussichtlich anzuwendenden statistischen Methoden.

b) Alle an einem genehmigten Versuchsplan vorgenommenen Änderungen oder Korrekturen sowie die Gründe dafür müssen festgehalten, vom Versuchsleiter unterzeichnet, mit Datum versehen und zusammen mit dem Versuchsplan aufbewahrt werden.

§ 58.130 Versuchsdurchführung

a) Der nichtklinische Versuch soll gemäß dem Versuchsplan durchgeführt werden.
b) Die Versuchsobjekte sollen dem Versuchsplan entsprechend beobachtet werden.
c) Die Proben sollen wie folgt gekennzeichnet werden: Versuchsobjekt, Versuch, Art und Datum der Entnahme. Diese Angaben sollen auf dem Probebehältnis vermerkt oder der Probe so beigegeben werden, daß Irrtümer bei Aufzeichnung und Speicherung der Daten ausgeschlossen sind.
d) Aufzeichnungen über makroskopische postmortale Befunde einer Probe sollen dem Pathologen bei der histopathologischen Untersuchung dieser Probe zur Verfügung stehen.
e) Alle Daten, die während der Durchführung eines nichtklinischen Versuches anfallen, außer jenen, die direkt einem Computer eingegeben werden, sollen direkt, unverzüglich und leserlich mit Tinte eingetragen werden. Alle Dateneintragungen sollen mit dem Datum versehen und von demjenigen, der die Eintragung vorgenommen hat, unterschrieben oder abgezeichnet werden. Jede Änderung in den Eintragungen soll so vorgenommen werden, daß die ursprüngliche Eintragung nicht unleserlich wird; die Änderung soll begründet sowie zum Zeitpunkt der Änderung datiert und unterschrieben oder abgezeichnet werden. Bei einer Datenerfassung durch Computer soll die für die direkte Dateneingabe verantwortliche Person zum Zeitpunkt der Dateneingabe miterfaßt werden. Jede Änderung der Computereingaben soll so vorgenommen werden, daß die ursprüngliche Eingabe nicht gelöscht wird. Die Änderung soll begründet und datiert werden. Die verantwortliche Person soll miterfaßt werden.

Unterabschnitt H—I — sind ausgespart

Unterabschnitt J — Unterlagen und Berichtswesen

§ 58.185 Berichte über die Ergebnisse nichtklinischer Versuche

a) Für jeden nichtklinischen Versuch soll ein Abschlußbericht ausgearbeitet werden, der folgende Angaben enthalten soll, jedoch nicht darauf zu beschränken ist:

1. Name und Adresse der versuchsdurchführenden Forschungseinrichtung sowie Zeitpunkt von Versuchsbeginn und -ende.
2. Ziele und Methoden, die im genehmigten Versuchsplan angegeben sind, einschließlich aller Änderungen des ursprünglichen Versuchsplanes.
3. Statistische Methoden, die zur Auswertung der Daten angewendet wurden.
4. Bezeichnung der Prüf- und Referenzpräparate durch den Namen, die Chemical-Abstracts-Nummer oder die Code-Nummer, Gehalt, Reinheit sowie Zusammensetzung oder andere geeignete Angaben.
5. Haltbarkeit der Prüf- und Referenzpräparate unter den Verabreichungsbedingungen.
6. Beschreibung der angewandten Methoden.
7. Beschreibung des eingesetzten Versuchsobjektes. Soweit zutreffend, soll der Bericht die Anzahl der eingesetzten Versuchstiere, das Geschlecht, die Körpergewichtsspanne, die Herkunft, die Spezies, den Stamm und Unterstamm, das Alter und das Kennzeichnungssystem angeben.

8. Dosierung, Dosierungsschema, Applikationsweise und -dauer.
9. Alle Umstände, die die Qualität oder Integrität des nichtklinischen Versuches beeinträchtigt haben könnten.
10. Name des Versuchsleiters, Namen weiterer Wissenschaftler oder Fachleute und Namen der aufsichtsführenden Mitarbeiter, die an dem Versuch beteiligt waren.
11. Beschreibung der Umwandlungen oder Berechnungen von sowie Rechenoperationen mit Daten, Zusammenfassung und Auswertung der Daten sowie Angaben der aufgrund der Auswertung gezogenen Schlußfolgerungen.
12. Die unterschriebenen und datierten Berichte jedes einzelnen Wissenschaftlers oder anderer Fachleute, die an dem Versuch beteiligt waren.
13. Angabe des Ortes, an dem alle Proben, Rohdaten und der Bericht aufzubewahren sind.
14. Die Erklärung, die gemäß § 58.35 b) 7. von der Qualitätssicherungseinheit angefertigt und unterschrieben worden ist.

b) Der Abschlußbericht soll vom Versuchsleiter unterschrieben werden.
c) Korrekturen oder Ergänzungen eines Berichtes sollen in der Form eines vom Versuchsleiter erstellten Nachtrages vorgenommen werden. Dieser Nachtrag soll die Teile des Berichtes, die ergänzt oder korrigiert werden, sowie die Begründung dafür einwandfrei angeben und von der verantwortlichen Person unterschrieben und datiert werden.

§ 58.190 Archivierung und Wiederfindung von Unterlagen und Daten

a) Alle aus einem nichtklinischen Versuch stammenden Rohdaten, Unterlagen, Versuchspläne, Proben und Abschlußberichte sollen aufbewahrt werden.
b) Archive zur ordnungsgemäßen Ablage und schnellen Wiederfindung aller Rohdaten, Unterlagen, Versuchspläne, Proben, Zwischen- und Abschlußberichte sollen vorhanden sein. Die Aufbewahrungsbedingungen sollen so festgelegt sein, daß eine Beeinträchtigung der Unterlagen oder Proben möglichst geringgehalten wird und die Anforderungen hinsichtlich der Dauer ihrer Aufbewahrungsfristen und der Art der Unterlagen und Proben erfüllt werden können. Eine Forschungseinrichtung kann auch gewerbliche Archive mit der Aufbewahrung der obengenannten Materialien beauftragen. Rohdaten und Proben können auch anderswo aufbewahrt werden, vorausgesetzt, daß im Archiv auf diese anderen Aufbewahrungsorte hingewiesen wird.
c) Eine Einzelperson soll bestimmt werden, die für die Archive verantwortlich ist.
d) Zu den Archiven sollen nur Befugte Zutritt haben.
e) Für alle Materialien, die in den Archiven aufbewahrt werden oder auf die in den Archiven hingewiesen wird, soll ein Verzeichnis nach Prüfpräparat, Datum des Versuches, Versuchsobjekt und Art des Versuches vorhanden sein.

§ 58.195 Aufbewahrungsfristen für Unterlagen

a) Die in diesem Paragraphen festgelegten Aufbewahrungsbestimmungen ersetzen nicht andere diesbezügliche Vorschriften, die für die von der FDA reglementierten Produkte gelten.
b) Abgesehen von den in Absatz c) dieses Paragraphen genannten Fällen, sollen Unterlagen, Rohdaten und Proben, die zu einem nichtklinischen Versuch gehören und gemäß diesem Abschnitt erarbeitet werden müssen, in dem/den Archiv(en) für die Dauer der folgenden jeweils kürzesten Fristen aufbewahrt werden:

1. Mindestens 2 Jahre, nachdem die FDA einen Zulassungsantrag für eine Forschungserlaubnis oder für das Inverkehrbringen genehmigt hat, zu dem die Ergebnisse des nichtklinischen Versuches eingereicht wurden. Diese Vorschrift erstreckt sich nicht auf Versuche, die als Teil einer "Notice of Claimed Investigational Exemption for a New Drug (IND)" oder einer "Application for Investigational Device Exemption (IDE)" eingereicht wurden und deren Unterlagen nach den Vorschriften von Absatz b) 2. dieses Paragraphen aufbewahrt werden sollen.

2. Mindestens 5 Jahre nach der Einreichung der Ergebnisse des nichtklinischen Versuches bei der FDA als Teil eines Zulassungsantrages für eine Forschungserlaubnis oder das Inverkehrbringen.
3. In den anderen Fällen (z. B. wenn der nichtklinische Versuch nicht als Teil eines Zulassungsantrages für eine Forschungserlaubnis oder für das Inverkehrbringen eingereicht wird) mindestens 2 Jahre nach Vollendung, Beendigung oder Abbruch des Versuches.

c) Naßpräparate, Muster der Prüf- oder Referenzpräparate und von ihren Mischungen mit Trägern sowie speziell präpariertes Material (z. B. histochemische, elektronenmikroskopische Präparate, Blutausstriche sowie teratologische Präparate und Uteri aus den Dominant-Letal-Mutagenitätstests), die relativ empfindlich sind und deren Haltbarkeit und Qualität während der Lagerung wesentlich schwanken, sollen nur so lange aufbewahrt werden, wie die Qualität des Präparates eine Auswertung zuläßt. Auf keinen Fall sollen diese Proben länger als über die in den Absätzen a) und b) dieses Paragraphen angegebenen Fristen aufbewahrt werden.

d) Das Versuchsverzeichnis ("master schedule sheet"), die Kopien der Versuchspläne und die Unterlagen über die Inspektionen der Qualitätssicherungseinheit gemäß § 58.35 c) sollen von der Qualitätssicherungseinheit in einem leicht überblickbaren Ablagesystem für die Dauer der Fristen aufbewahrt werden, die in den Absätzen a) und b) dieses Paragraphen angegeben sind.

e) Die Zusammenfassungen über Ausbildung und Erfahrung sowie die Stellenbeschreibungen gemäß § 58.29 b) können zusammen mit allen anderen Personalunterlagen der Forschungseinrichtung für die Dauer der in den Absätzen a) und b) dieses Pragraphen angegebenen Fristen aufbewahrt werden.

f) Aufzeichnungen und Berichte über die Wartung, Einstellung, Eichung und Inspektion der Geräte gemäß § 58.63 b) und c) sollen für die Dauer der im Absatz b) dieses Paragraphen angegebenen Fristen aufbewahrt werden.

g) Wenn eine Forschungseinrichtung, die nichtklinische Versuche durchführt, ihre Tätigkeit einstellt, sollen alle Rohdaten, Unterlagen und anderen in diesem Paragraphen genannten Materialien in die Archive des Auftraggebers des Versuches überführt werden. Dies soll der FDA schriftlich mitgeteilt werden.

Unterabschnitt K — Disqualifikation von Forschungseinrichtungen

§ 58.200 Zweck

a) Die Disqualifikation bezweckt,

1. die Nichtberücksichtigung von abgeschlossenen Versuchen zu ermöglichen, die von einer Forschungseinrichtung durchgeführt wurden, die die Vorschriften der Guten Laboratoriumspraxis nicht erfüllt hat, bis hinreichend bewiesen werden kann, daß die Nichterfüllung entweder nicht im Laufe des Versuches stattgefunden oder die Aussagekraft oder den Wert der Ergebnisse eines bestimmten Versuches nicht beeinträchtigt hat, und
2. die Nichtberücksichtigung der Ergebnisse aller nach dem Zeitpunkt der Disqualifikation der Forschungseinrichtung abgeschlossenen Versuche zu ermöglichen, bis die Forschungseinrichtung den Commissioner der FDA davon überzeugen kann, daß sie Versuche nach diesen Vorschriften durchführen wird.

b) Die Entscheidung, einen nichtklinischen Versuch bei einem Zulassungsantrag für eine Forschungserlaubnis oder für das Inverkehrbringen nicht zu berücksichtigen, enthebt den Antragsteller jedoch nicht von irgend einer Verpflichtung gemäß anderen in Frage kommenden Vorschriften, die Ergebnisse des Versuches der FDA vorzulegen.

§ 58.202 Gründe für die Disqualifikation

Der Commissioner der FDA kann eine Forschungseinrichtung disqualifizieren, wenn er feststellt, daß alle nachstehenden Gründe vorliegen:

a) die Forschungseinrichtung hat eine oder mehrere der Vorschriften dieses Abschnittes nicht erfüllt (oder irgendeine andere FDA-Vorschrift, die sich auf Forschungseinrichtungen bezieht);
b) die Nichterfüllung dieser Vorschriften hat die Aussagekraft der nichtklinischen Versuche beeinträchtigt; und
c) andere geringfügigere Verwaltungsakte (z. B. Verwarnung oder Ablehnung von einzelnen Versuchen) haben nicht zur Einhaltung der GLP-Vorschriften geführt oder werden vermutlich nicht ausreichen, um die Einhaltung zu gewährleisten.

§ 58.204 Ankündigung einer beabsichtigten Disqualifikation und Gelegenheit zur Anhörung

§ 58.206 Verfügung der Disqualifikation

§ 58.210 Maßnahmen nach der Disqualifikation

a) Jeder eingereichte Zulassungsantrag für eine Forschungserlaubnis oder für das Inverkehrbringen, ob genehmigt oder nicht, der einen von einer disqualifizierten Forschungseinrichtung durchgeführten nichtklinischen Versuch enthält oder sich darauf stützt, kann überprüft werden, um festzustellen, ob dieser Versuch wesentlich zur Entscheidung beigetragen hat bzw. beitragen würde. Ist dies der Fall, soll die FDA ungeachtet der Disqualifikation der Forschungseinrichtung auch darüber entscheiden, ob der Versuch akzeptabel ist. Jeder von einer Forschungseinrichtung vor oder nach der Disqualifikation durchgeführte Versuch kann als unakzeptabel angesehen werden und derjenige, der sich auf den Versuch stützt, kann aufgefordert werden, nachzuweisen, daß die Umstände, die zur Disqualifikation geführt haben, den Versuch nicht beeinflußten, beispielsweise durch Einreichung von diesbezüglich aussagekräftigen Informationen. Wenn dann entschieden wird, daß der Versuch unakzeptabel ist, werden diese Daten bei der Entscheidung über den Zulassungsantrag nicht berücksichtigt; dies kann als neue Information gelten, die den Widerruf oder die Rücknahme der Genehmigung eines Zulassungsantrages rechtfertigt.
b) Kein nichtklinischer Versuch, der von einer Forschungseinrichtung nach dem Zeitpunkt ihrer Disqualifikation begonnen wird, soll als Teil eines Zulassungsantrages für eine Forschungserlaubnis oder für das Inverkehrbringen berücksichtigt werden, es sei denn, die Forschungseinrichtung ist gemäß § 58.219 wiedereingesetzt worden. Die Entscheidung, einen nichtklinischen Versuch bei einem Zulassungsantrag für eine Forschungserlaubnis oder für das Inverkehrbringen nicht zu berücksichtigen, enthebt den Antragsteller jedoch nicht von irgendeiner Verpflichtung gemäß anderen in Frage kommenden Vorschriften, die Ergebnisse des Versuches der FDA vorzulegen.

§ 58.213 Öffentliche Bekanntgabe der Disqualifikation

a) Nach Erlaß einer Verfügung der Disqualifikation einer Forschungseinrichtung gemäß § 58.206 a) kann der Commissioner der FDA alle oder beliebige interessierte Personen darüber informieren. Diese Entscheidung bleibt dem Commissioner der FDA überlassen; er trifft sie, wenn er glaubt, daß die Bekanntgabe von allgemeinem Interesse ist oder zur Einhaltung der Vorschriften der Guten Laboratoriumspraxis dieses Abschnittes beiträgt. Die Bekanntgabe soll eine Kopie der gemäß § 58.206 a) erlassenen Verfügung enthalten und angeben, daß die Disqualifikation eine Entscheidung der FDA dahingehend darstellt, daß nichtklinische Versuche dieser Forschungseinrichtung bei einem Zulassungsantrag für eine Forschungserlaubnis oder für das Inverkehrbringen nicht berücksichtigt werden. Wenn ein Schreiben solchen Inhalts an eine andere Behörde der US-Bundesregierung gerichtet wird, wird die FDA dieser Behörde empfehlen, ebenfalls zu prüfen, ob nichtklinische Versuche von dieser Forschungseinrichtung akzeptiert werden sollten oder nicht. Wird

ein solches Schreiben einer anderen Person zugeschickt, so soll erwähnt werden, daß dies aufgrund einer Beziehung zwischen der betroffenen Forschungseinrichtung und der benachrichtigten Person geschieht und die FDA damit nicht rät oder empfiehlt, daß die benachrichtigte Person irgendwelche Maßnahmen ergreift.
b) Die Verfügung der Disqualifikation einer Forschungseinrichtung sowie die diesbezüglichen Verfahrensakten sind gemäß Abschnitt 20 der FDA-Vorschriften öffentlich zugänglich.

§ 58.215 Alternativen oder zusätzliche Maßnahmen zur Disqualifikation

a) Die Disqualifikation einer Forschungseinrichtung gemäß diesem Unterabschnitt ist unabhängig von anderen nach dem Gesetz vorgesehenen Verfahren oder Maßnahmen. Sie tritt weder an ihre Stelle, noch ist sie eine Voraussetzung dafür. Die FDA kann jederzeit gegen eine Forschungseinrichtung und/oder gegen den Auftraggeber eines bei der FDA eingereichten nichtklinischen Versuches alle entsprechenden gerichtlichen Verfahren (zivil- oder strafrechtliche) oder auch irgendein geeignetes Verwaltungsverfahren einleiten, und zwar zusätzlich zu der Disqualifikation oder an ihrer Stelle sowie vor, gleichzeitig mit oder nach der Disqualifikation. Die FDA kann die Sache auch einer anderen Aufsichts- oder rechtsetzenden Behörde der US-Bundes- oder einer Staatsregierung oder einer Gemeinde übertragen, soweit diese Behörde für derartige Maßnahmen geeignet erscheint.
b) Die FDA kann es ablehnen, einen bestimmten nichtklinischen Versuch zur Unterstützung eines Zulassungsantrages für eine Forschungserlaubnis oder für das Inverkehrbringen zu berücksichtigen, wenn sie feststellt, daß der Versuch nicht gemäß den in diesem Abschnitt festgelegten Vorschriften der Guten Laboratoriumspraxis durchgeführt wurde, ohne die Forschungseinrichtung zu disqualifizieren, die diesen Versuch durchführte, oder ohne andere Maßnahmen zu ergreifen.

§ 58.217 Suspendierung oder Kündigung einer Forschungseinrichtung durch den Auftraggeber

Die Kündigung der Forschungseinrichtung durch den Auftraggeber ist unabhängig von anderen nach diesem Unterabschnitt vorgesehenen Verfahren oder Maßnahmen, sie tritt weder an ihre Stelle noch ist sie eine Voraussetzung dafür. Wenn ein Auftraggeber eine Forschungseinrichtung von der weiteren Teilnahme an einem nichtklinischen Versuch ausschließt oder suspendiert, der Teil eines Zulassungsantrages für eine Forschungserlaubnis oder für das Inverkehrbringen ist und bereits bei einer Abteilung der FDA eingereicht wurde, ob genehmigt oder nicht, soll der Auftraggeber diese Abteilung innerhalb von 15 Werktagen schriftlich davon in Kenntnis setzen und die Gründe dafür angeben. Suspendierung oder Kündigung einer Forschungseinrichtung durch den Auftraggeber enthebt ihn jedoch nicht von irgendeiner Verpflichtung gemäß anderen in Frage kommenden Vorschriften, die Ergebnisse des Versuches der FDA vorzulegen.

§ 58.219 Wiedereinsetzung einer disqualifizierten Forschungseinrichtung

Eine disqualifizierte Forschungseinrichtung kann dann wieder als akzeptable Quelle von nichtklinischen Versuchen, die der FDA vorgelegt werden sollen, eingesetzt werden, wenn der Commissioner der FDA nach Prüfung eines von der Forschungseinrichtung eingereichten Antrages entscheidet, daß die Forschungseinrichtung in ausreichendem Maße sicherstellen kann, daß sie künftige nichtklinische Versuche gemäß den Bestimmungen der Guten Laboratoriumspraxis dieses Abschnittes durchführen wird und daß, falls irgendwelche Versuche bereits laufen, die Qualität und Integrität dieser Versuche nicht ernsthaft gefährdet wurde. Eine disqualifizierte Forschungseinrichtung, die eine Wiedereinsetzung anstrebt, soll dem Commissioner der FDA schriftlich die Gründe darlegen, die ihrer Ansicht nach für eine Wiedereinsetzung sprechen, sowie die Verbesserungen detailliert beschreiben, die vorgenommen wurden oder vorgenommen werden sollen, damit die Handlungen oder Unterlassungen, die zur Disqualifikation führten, künftig nicht wieder vorkommen. Der Commissioner der FDA kann die Wiedereinsetzung davon abhängig machen, daß bei einer Inspektion nachgewiesen wird, daß die Forschungseinrichtung die Vorschriften der Guten Laboratoriumspraxis einhält. Kommt es zur Wiedereinsetzung einer Forschungseinrichtung, soll der Commissioner der FDA die Forschungseinrichtung sowie alle Organisationen und Personen, die über die Disqualifikation der Forschungseinrichtung gemäß § 58.213 unterrichtet wurden, davon benachrichtigen. Die Verfügung der Wiedereinsetzung der Forschungseinrichtung ist gemäß Abschnitt 20 der FDA-Vorschriften öffentlich zugänglich.

---

[1]) Der Text ist eine gekürzte Fassung der in Pharm. Ind. **41** (1979), 259 abgedruckten Übersetzung von S. J. Harston und E. Pinter, denen für die Genehmigung zur Verwendung dieser Version gedankt wird.

[2]) Neben zahlreichen anderen Zulassungsanträgen sind genannt

- Notice of Claimed Investigational Exemption for a New Drug/IND (Klinische Prüfgenehmigung für Arzneimittel)
- New Drug Application/NDA (Zulassungsantrag für ein Arzneimittel).

[3]) Seit 1977 bemühen sich die 5 rechtsetzenden Aufsichtsbehörden der USA in der Interagency Regulatory Liaison Group (IRLG) um eine Harmonisierung insbesondere der GLP-Bestimmungen.
Zu den Behörden gehören die Food and Drug Administration (FDA),
die Environmental Protection Agency (EPA),
die Occupational Safety and Health Administration (OSHA),
die Consumer Product Safety Commission (CPSC),
die Food Safety and Quality Service (FSQS).
(S. a. E. Pinter; Pharm. Ind. **42**, Nr. 6 (1980), 602)

[4]) Die FDA-Inspektoren weisen zumeist Erfahrungen aus GMP-Inspektionen auf und haben eine Zusatzausbildung im National Center for Toxicological Research der FDA in Pine Bluff (NCTR) erhalten.
Die GLP-Inspektionen werden in Abständen von 2 Jahren angestrebt und betreffen 380 US-Forschungseinrichtungen und 180 ausländische Einrichtungen; Grundlage der Inspektionen ist ein ständig in Überarbeitung begriffenes Handbuch (FDA-Compliance Program Guidance Manual-Transmittal No. 79–99; Program 7348.808; 8. August 1979). Die Inspektionsberichte sind — soweit sie keine Geschäftsgeheimnisse offenbaren — auf Anforderung erhältlich (FDA, 5600 Fishers Lane, Rockville, Maryland 20857); Pharm. Ind. **42**, Nr. 6 (1980), 602.

[5]) Inzwischen hat auch der Rat der OECD „Grundsätze der Guten Laborpraxis (GLP)" verabschiedet, deren deutschsprachige Fassung in Pharm. Ind. **45** (1983), 260 abgedruckt ist.

Formblatt des Institutes für Arzneimittelwesen der DDR über einzureichende/nachzureichende Unterlagen bei Stellung eines Antrages auf Registrierung/klinische Prüfung eines Arzneimittels/Gesundheitspflegemittels

Betr.: Anlagen zum Antrag von ..... für das Erzeugnis ....

auf Registrierung ☐
auf klinische Prüfung ☐

1. **Auftrag zur Ausarbeitung d. Pharmazeutischen Gutachtens** .... ☐

2. **Wirkstoff** ☐

2.1. Muster .... ☐
2.2. Standardsubstanz/Vergleichssubstanzen .... ☐
2 3. Potentielle Verunreinigungen im Wirkstoff .... ☐
2.4. Hersteller des Wirkstoffs .... ☐
2.5. Qualitätsforderungen (Toleranzen) .... ☐
2.6. Gütevorschrift (bzw. Qualitätsbezeichnung) .... ☐
2.7. Stabilitätsgutachten .... ☐
2.8. Pharmakologisch-toxikologische Gutachten* .... ☐

3. **Galenische Hilfsstoffe** ☐

3.1. Hilfsstoffe (Art und Menge) in der Arzneifertigware .... ☐
3.2. Qualität der Hilfsstoffe .... ☐
3.3. Lieferanten der Hilfsstoffe .... ☐
3.4. Aufbewahrung der Hilfsstoffe .... ☐
3.5. Pharmakologisch-toxikologische Gutachten .... ☐

4. **Arzneifertigware** ☐

4.1. Muster .... ☐
4.2. Muster vom Verpackungsmaterial .... ☐
4.3. Beipackzettel .... ☐
4.4. Informationsmaterial .... ☐
4.5. Angaben über den Herstellungsprozeß (Prinzip) .... ☐
4.6. Qualitätsforderungen (Toleranzen) .... ☐
4.7. Gütevorschrift (bzw. Qualitätsbezeichnung) .... ☐
4.8. Lieferant der Behälter, Bestätigung der Eignung und der Unschädlichkeit der Behälter .... ☐

4.9. Pharmakologisch-toxikologische Gutachten* .... ☐
4.10. Klinisch-pharmakologische u. klinische Gutachten* .... ☐
4.11. Stabilitätsgutachten .... ☐
4.12. Bestätigung der Zulassung als Arzneimittel im Herstellerland++) .... ☐

---

*) repräsentative Gutachten aus dem Herstellerland

Wir bitten, die fehlenden Angaben bzw. Muster nachzureichen und zusätzlich folgendes zu klären bzw. zuzusenden:

Zwischenzeitlich wird die Bearbeitung des Pharmazeutischen Gutachtens zurückgestellt/begonnen.

Zeichenerklärung:

☒ = erhalten

⊟ = nicht vorhanden

⊡ = entfällt zunächst

++) Die Bestätigung ist auf die im Antrag auf Eintragung in das Arzneimittelregister der DDR (einschließlich Anlagen) enthaltenen Angaben über Zusammensetzung, Qualität, Indikation, Anwendung, Dosierung, Nebenwirkungen, Warnhinweise usw. zu beziehen.
Das Zulassungsdatum ist anzugeben.

Gegenseitige Anerkennung von Inspektionen und Grundregeln für die Herstellung von Hilfs- und Wirkstoffen für Arznei- und Gesundheitspflegemittel

Das am 8. Oktober 1970 geschlossene „Übereinkommen zur gegenseitigen Anerkennung von Inspektionen betreffend die Herstellung pharmazeutischer Produkte" sieht in Artikel 1, Abs. 2, Buchstaben b) die Einbeziehung von Ausgangsmaterialien für Arzneimittel in die Inspektionen vor. Das Übereinkommen, dem außer den in der Präambel genannten Staaten zwischenzeitlich auch die Volksrepublik Ungarn und Irland beigetreten sind, ist als Anlage 1 abgedruckt.
Als Anlage 2 wird eine Veröffentlichung wiedergegeben, die sich mit dem Problem der Herstellung von Arzneistoffen nach den GMP-Grundregeln befaßt.

Anlage 1:

Übereinkommen zur gegenseitigen Anerkennung von Inspektionen betreffend die Herstellung pharmazeutischer Produkte (und Erläuternde Bemerkungen)

Präambel

Die Republik Österreich, das Königreich Dänemark, die Republik Finnland, die Republik Island, das Fürstentum Liechtenstein, das Königreich Norwegen, die Portugiesische Republik, das Königreich Schweden, die Schweizerische Eidgenossenschaft und das Vereinigte Königreich von Großbritannien und Nordirland,
in der Erwägung, daß pharmazeutische Produkte, unabhängig davon, ob diese ausgeführt werden oder nicht, im Interesse der öffentlichen Gesundheit nach geeigneten Richtlinien hergestellt werden sollten;
in der Erwägung, daß die rasche Entwicklung neuer Arzneimittel, insbesondere synthetisch hergestellter komplexer Stoffe mit starker pharmakologischer Wirkung, eine strenge Qualitätskontrolle ihrer Herstellung erfordert;
in der Erwägung, daß eine amtliche Inspektion notwendig ist, um eine derartige Herstellungskontrolle zu gewährleisten;
in der festen Absicht, auf nationaler Ebene wirksame Systeme zur Inspektion und Prüfung pharmazeutischer Produkte zu gewährleisten;
im Hinblick auf die Arbeiten, die bereits zwischen den nordischen Ländern geleistet wurden, sowie die Erörterungen, die in anderen internationalen Organisationen, insbesondere in der Weltgesundheitsorganisation und im Europarat (Teilübereinkommen), im Gange sind;
in der Erwägung, daß das vorliegende Übereinkommen dazu beitragen würde, durch die Anerkennung der von den nationalen Gesundheitsbehörden durchgeführten Inspektionen in größerem Maße Hindernisse im internationalen Handel abzubauen,

haben folgendes vereinbart:

Abschnitt I

Austausch von Informationen

ARTIKEL 1

1. Die Vertragsstaaten tauschen gemäß den Bestimmungen dieses Übereinkommens jene Informationen aus, welche für die gegenseitige Anerkennung von Inspektionen in bezug auf die in ihren Gebieten hergestellten und für die Einfuhr in andere Vertragsstaaten bestimmten pharmazeutischen Produkte notwendig sind.
2. Im Sinne dieses Übereinkommens bedeutet „pharmazeutisches Produkt“:

a) jedes für den menschlichen Gebrauch bestimmte Arzneimittel oder ähnliche Produkt, das im herstellenden Vertragsstaat oder im einführenden Vertragsstaat unter die Kontrolle der Gesundheitsgesetzgebung fällt;
b) jedes Bestandteil, das der Hersteller zur Herstellung eines Produktes verwendet, auf das sich der vorstehende Buchstabe a bezieht.

ARTIKEL 2

1. Auf Verlangen der zuständigen Behörde eines Vertragsstaates, in den ein pharmazeutisches Produkt eingeführt werden soll, das in einem anderen Vertragsstaat hergestellt wurde, erteilt die zuständige Behörde des letztgenannten Staates, vorbehaltlich der Bestimmungen des Artikels 4, Informationen:

a) über die allgemeinen Regeln der Herstellung in einem bestimmten Unternehmen;
b) über die besonderen Regeln der Herstellung und Kontrolle eines gegebenen Produktes in einem bestimmten Unternehmen;
c) in Beantwortung ergänzender Fragen betreffend die Qualitätskontrolle von pharmazeutischen Produkten, die von der die Information verlangenden zuständigen Behörde des einführenden Vertragsstaates auf Grund seiner gesetzlichen Bestimmungen gestellt werden.

2. Die in diesem Übereinkommen vorgesehenen Informationen erstrecken sich weder auf Angaben über finanzielle und kommerzielle Belange noch, soweit sie nicht die Qualitätskontrolle der Herstellung betreffen, auf Angaben über besondere technische Kenntnisse („know-how“), über Forschung und über Personen, es sei denn, diese Angaben ständen im Zusammenhang mit der Tätigkeit der betreffenden Personen.

ARTIKEL 3

1. Grundlage der zu erteilenden Informationen sind die von der zuständigen Behörde durchgeführten Inspektionen. Diese Inspektionen sind in der Regel jene, die in Anwendung des im herstellenden Vertragsstaat errichteten obligatorischen Kontrollsystems durchgeführt werden.
2. Wenn das betreffende Produkt nicht dem im herstellenden Vertragsstaat errichteten obligatorischen Kontrollsystem unterliegt oder wenn sein obligatorisches Kontrollsystem, obwohl auf das betreffende Produkt anwendbar, sich nicht auf die besonderen Belange erstreckt, die Gegenstand der Anfrage sind, kann der Hersteller für die Ausfuhr bei der zuständigen Behörde des herstellenden Vertragsstaates die Durchführung einer Inspektion auf freiwilliger Grundlage beantragen.

ARTIKEL 4

1. Bevor Informationen über ein bestimmtes Unternehmen oder über ein von ihm hergestelltes Produkt erteilt werden, hat die zuständige Behörde des herstellenden Vertragsstaates den Hersteller davon in Kenntnis zu setzen.

2. Der Hersteller kann jederzeit seine Zustimmung zur Erteilung von Informationen über sein Unternehmen oder über irgendein von ihm hergestelltes Produkt an die zuständige Behörde eines anderen Vertragsstaates verweigern, in einem solchen Fall ist die zuständige Behörde des betreffenden Vertragsstaates von der Verweigerung zu unterrichten; diese kann:

a) wenn sich die verweigerten Informationen auf die allgemeinen Regeln der Herstellung in dem betreffenden Unternehmen beziehen, jedes Produkt des Herstellers

b) wenn sich die verweigerten Informationen auf ein bestimmtes Produkt beziehen, allein dieses als ein Produkt ansehen, über das vollständige Informationen gemäß diesem Übereinkommen nicht erteilt wurden.

ARTIKEL 5

Wenn eine zuständige Behörde bei ihren Inspektionen oder anderweitig besondere Gegebenheiten entdeckt, die ein pharmazeutisches Produkt zu einer unmittelbaren und ernsthaften Gefahr für die Öffentlichkeit werden lassen, hat sie ihre Feststellungen unverzüglich den zuständigen Behörden der anderen Vertragsstaaten mitzuteilen.

Abschnitt II

Inspektionen

ARTIKEL 6

1. Inspektionen im Sinne dieses Übereinkommens erstrecken sich auf das Personal, die Räumlichkeiten und Einrichtungen, die Ausrüstung, die hygienischen Verhältnisse sowie die Herstellungs- und Kontrollverfahren. Als wesentliche Faktoren sind dabei die Qualitätsanforderungen für die Produkte und die Herstellungskontrolle zu berücksichtigen. Die Qualitätsanforderungen für Produkte können in amtlichen Sammelwerken enthalten sein oder sind vom Hersteller selbst festzulegen. Die Herstellungskontrolle umfaßt:

a) die umgebungsbezogene Kontrolle der Eignung der Räumlichkeiten, der Ausrüstung und des Personals;

b) die Kontrolle der Herstellung hinsichtlich der Faktoren, die im Herstellungsprozeß selbst liegen und diesen nachteilig beeinflussen könnten, sowie jener Faktoren, die ihn von außen her beeinträchtigen könnten;

c) die Endkontrolle der Fertigprodukte, um sich zu überzeugen, daß diese den festgelegten Anforderungen entsprechen und gemäß den vorgeschriebenen Verfahren hergestellt und kontrolliert worden sind.

2. Die Vertragsstaaten sorgen dafür:

a) daß ihre zuständige Behörde die Befugnis hat, Belege über die Qualitätskontrolle und, falls notwendig, Muster von irgendeiner Charge eines pharmazeutischen Produktes zu verlangen;

b) daß die im Dienste ihrer zuständigen Behörden stehenden Inspektoren die ihrer Aufgabe entsprechende Qualifikation und Erfahrung besitzen.

Abschnitt III

Gegenseitige Anerkennung von Inspektionen

ARTIKEL 7

Die Vertragsstaaten betrachten und anerkennen die entsprechend den Bestimmungen dieses Übereinkommens von der zuständigen Behörde des herstellenden Vertragsstaates durchgeführten Inspektionen als ihren eigenen nationalen Inspektionen der Herstellung pharmazeutischer Produkte gleichwertig, vorausgesetzt, daß vollständige Informationen gemäß den im einführenden Vertragsstaat geltenden Anforderungen gegeben werden.

Abschnitt IV
Konsultationen

ARTIKEL 8

1. Vertreter der zuständigen Behörden treten zusammen, wann immer es notwendig ist, jedoch mindestens einmal jährlich:

a) um Empfehlungen und Vorschläge für Regeln einer sachgemäßen Herstellung vorzulegen;

b) um Erfahrungen über Mittel und Methoden zur Durchführung zweckmäßiger und wirksamer Inspektionen auszutauschen;

c) um die Zusammenarbeit zwischen den zuständigen Behörden zur Erleichterung der Durchführung des Übereinkommens zu fördern;

d) um die gegenseitige Weiterbildung der Inspektoren zu fördern;

e) um Empfehlungen über jede Frage, die mit der Durchführung dieses Übereinkommens in Zusammenhang steht, vorzulegen oder um Abänderungsvorschläge vorzubringen; diese Empfehlungen oder Abänderungsvorschläge sind der Depositarregierung dieses Übereinkommens zu übermitteln.

2. In Erfüllung dieser Aufgaben ist gegebenenfalls den laufenden Entwicklungen und Arbeiten in anderen internationalen Organisationen Rechnung zu tragen.

Abschnitt V
Allgemeine Bestimmungen

ARTIKEL 9

1. Dieses Übereinkommen bedarf der Ratifikation durch die Signatarstaaten. Die Ratifikationsurkunden werden bei der Regierung Schwedens hinterlegt, die allen anderen Signatarstaaten eine entsprechende Notifikation übermittelt.

2. Dieses Übereinkommen tritt neunzig Tage nach Hinterlegung der fünften Ratifikationsurkunde in Kraft. Für jeden anderen Signatarstaat, der seine Ratifikationsurkunde später hinterlegt, tritt dieses Übereinkommen dreißig Tage nach Hinterlegung in Kraft, jedoch nicht vor Ablauf der Zeitspanne von neunzig Tagen.

3. Allenfalls notwendige Maßnahmen zur Anpassung des Inspektionssystems eines Vertragsstaates an die Bestimmungen dieses Übereinkommens sind innerhalb von achtzehn Monaten nach Hinterlegung der Ratifikationsurkunde dieses Vertragsstaates zu treffen. Solche Maßnahmen werden der Depositarregierung bekanntgegeben, die allen anderen Vertragsstaaten eine entsprechende Notifikation übermittelt.

4. Jeder Vertragsstaat gibt Namen und Adresse seiner leitenden nationalen Behörde, welche die zuständige Behörde im Sinne des Übereinkommens sein wird, der Depositarregierung bekannt, die allen anderen Vertragsstaaten eine entsprechende Notifikation übermittelt.

ARTIKEL 10

1. Die Depositarregierung notifiziert allen anderen Vertragsstaaten jede gemäß Artikel 8 Absatz 1 Buchstabe e erhaltene Empfehlung, die sich auf die Durchführung dieses Übereinkommens bezieht.

2. Die Depositarregierung legt allen anderen Vertragsstaaten jeden gemäß Artikel 8 Absatz 1 Buchstabe e oder von irgendeinem Vertragsstaat erhaltenen Vorschlag zur Abänderung dieses Übereinkommens zur Annahme vor.

3. Wenn innerhalb von sechzig Tagen von dem Zeitpunkt an, zu dem ein Abänderungsvorschlag vorgelegt wurde, ein Vertragsstaat die Eröffnung von Verhandlungen über diesen Vorschlag verlangt, so trifft die Depositarregierung die hierfür notwendigen Vorkehrungen.
4. Vorbehaltlich ihrer Annahme durch alle Vertragsstaaten tritt eine Abänderung dieses Übereinkommens dreißig Tage nach Hinterlegung der letzten Annahmeurkunde in Kraft, außer es wäre in der Abänderung ein anderer Zeitpunkt vorgesehen. Die Annahmeurkunden werden bei der Depositarregierung hinterlegt, die allen anderen Vertragsstaaten eine entsprechende Notifikation übermittelt.

ARTIKEL 11

1. Jeder Staat, der Mitglied der Organisation der Vereinten Nationen oder einer ihrer Spezialorganisationen oder der Internationalen Atomenergie-Organisation oder Vertragsstaat des Statuts des Internationalen Gerichtshofes ist und innerstaatlich über die Voraussetzungen verfügt, die zur Anwendung dieses Inspektionssystems erforderlich sind, das dem in diesem Übereinkommen genannten vergleichbar ist, kann auf Einladung der Vertragsstaaten, die von der Depositarregierung übermittelt wird, diesem Übereinkommen beitreten.
2. Der Zeitpunkt, zu dem dieses Übereinkommen für einen beitretenden Staat in Kraft tritt, wird zwischen diesem und den Vertragsstaaten vereinbart.
3. Die Beitrittsurkunden werden bei der Depositarregierung hinterlegt, die allen anderen Vertragsstaaten eine entsprechende Notifikation übermittelt.

ARTIKEL 12

Jeder Vertragsstaat kann von diesem Übereinkommen unter der Voraussetzung zurücktreten, daß er zwölf Monate vorher an die Depositarregierung eine schriftliche Kündigung richtet, die allen anderen Vertragsstaaten eine entsprechende Notifikation übermittelt.

ARTIKEL 13

Die diesem Übereinkommen beigefügten Erläuternden Bemerkungen sind Bestandteil desselben und dienen der Auslegung und Erklärung seiner Bestimmungen.
Zu Urkund dessen haben die Unterzeichneten, die hiezu gebührend bevollmächtigt sind, das vorliegende Übereinkommen unterzeichnet.

Erläuternde Bemerkungen

Titel und Gehalt des Übereinkommens

1. Das vorliegende Übereinkommen regelt die gegenseitige Anerkennung von Inspektionen betreffend die Herstellung pharmazeutischer Produkte und die für die Erlangung dieser Anerkennung notwendigen Maßnahmen. Es befaßt sich deshalb mit der Qualitätskontrolle, unabhängig davon, ob Informationen über eine solche Kontrolle im Verlauf des Registrierungsverfahrens oder später verlangt werden. Mit dem Übereinkommen ist weder beabsichtigt, das normale Registrierungsverfahren zu behindern, noch die direkte Übermittlung von Auskünften durch den Hersteller oder seinen Vertreter an die Registrierungsbehörde zu erschweren.
2. Das Übereinkommen ist in fünf Abschnitte gegliedert. Der erste Abschnitt behandelt den Austausch von Informationen, der zweite die Inspektionen, die notwendig sind, um diese Informationen zu erteilen, und der dritte die gegenseitige Anerkennung von Inspektionen. Der vierte Abschnitt betrifft die Konsultationen, die zur Verbesserung der praktischen Anwendung und der Durchführung des Übereinkommens stattfinden sollen. Die allgemeinen Bestimmungen sind im fünften Abschnitt enthalten.

Austausch von Informationen

Artikel 1

3. Dieser Artikel legt das Grundprinzip des Übereinkommens dar, wonach die Vertragsstaaten zum Austausch derjenigen Informationen bereit sind, welche für die gegenseitige Anerkennung von Inspektionen in bezug auf die in ihren Gebieten hergestellten und für die Einfuhr in andere Vertragsstaaten bestimmten pharmazeutischen Produkte notwendig sind. Das Übereinkommen erstreckt sich zwar nicht auf die Kontrolle von Produkten, die ausschließlich für den Gebrauch im eigenen Land bestimmt sind, setzt aber ein inländisches Kontrollsystem voraus.

4. Die Definition in Absatz 2 soll die in den verschiedenen nationalen Rechtsordnungen enthaltenen, sehr unterschiedlichen Definitionen nicht in Frage stellen. Um solche Unterschiede zu überbrücken, umfaßt die Definition des Übereinkommens alle Produkte, die einer von der Gesundheitsgesetzgebung des herstellenden Vertragsstaates auferlegten Kontrolle unterworfen sind; ebenso erfaßt sie Produkte, die zwar im Herstellerland nicht unter diese Kontrolle fallen, wohl aber im einführenden Vertragsstaat.

Wegen der Unterschiede in den nationalen Rechtsordnungen der Vertragsstaaten wurden absichtlich eher weitgefaßte Bezeichnungen verwendet. „Jedes Arzneimittel oder ähnliche Produkte“ wurde verwendet, um alle Arten von Arzneimitteln zu erfassen (médicament, medicine, laegemiddel, lääkeaine, lif, legemiddel, medicamentos, läkemedel, medicinali oder gleichbedeutende Bezeichnungen), die in irgendeinem der Vertragsstaaten der Kontrolle der Gesundheitsgesetzgebung unterliegen. Die Definition umfaßt keine Tierarzneimittel.

5. Was die Bestandteile betrifft, so obliegt es dem Hersteller, sich von der Qualität der bei anderen Unternehmen bezogenen Bestandteile zu überzeugen, bevor er sie zur Herstellung eines eigenen pharmazeutischen Produktes verwendet. Die Inspektionen durch die zuständigen Behörden und die zu erteilenden Informationen sollen klarstellen, ob der Hersteller tatsächlich so vorgeht.

6. In diesem Zusammenhang ist zu erwähnen, daß die in diesem Übereinkommen verwendeten Begriffe „Hersteller“ und „Herstellung“ nicht nur Unternehmen und Herstellungsprozesse zur vollständigen Erzeugung eines Endproduktes umfassen, sondern auch einzelne Arbeitsgänge während der Herstellung eines pharmazeutischen Produktes, wie etwa Verarbeitung, Mischvorgänge, Arzneiformung, Abfüllen, Verpacken, Etikettieren usw., unabhängig davon, ob solche Arbeitsgänge von einem oder mehreren Unternehmen ausgeführt werden.

Artikel 2

7. Die Informationen sind auf Verlangen der zuständigen Behörde eines einführenden Vertragsstaates zu erteilen. Das Begehren kann sich *entweder* auf die allgemeinen Regeln der Herstellung *oder* auf die besonderen Regeln der Herstellung und der Qualitätskontrolle hinsichtlich bestimmter Produkte *oder* auf beides beziehen. Außerdem können durch die zuständige Behörde ergänzende Fragen gestellt werden. Diese ergänzenden Fragen müssen sich auf die Qualitätskontrolle der pharmazeutischen Produkte beziehen, die in das Gebiet der anfragenden Behörde eingeführt werden sollen, und sich auf die gesetzlichen Bestimmungen auf dem Gebiete des Gesundheitswesens des einführenden Vertragsstaates stützen, d. h., daß nur solche ergänzende Fragen gestellt werden können, deren Beantwortung für die ersuchende Behörde notwendig ist, damit die Bestimmungen ihrer nationalen Rechtsordnung eingehalten werden. Bei Erteilung von Informationen sind die Bestimmungen des Artikels 4, die den Hersteller schützen, anzuwenden (siehe Erläuterungen zu Artikel 4).

8. Die gemäß Artikel 2 zu erteilenden Informationen sowie Ersuchen um solche Informationen haben schriftlich zu erfolgen, wenn dies von einer der beteiligten zuständigen Behörden verlangt wird; diejenigen zuständigen Behörden der Vertragsstaaten, welche es wünschen, können Informationen auch mündlich aus-

tauschen. Zusätzlich zum amtlichen Übermittlungsweg können Informationen auch durch den Vertreter des Exporteurs im einführenden Staat an die zuständige Behörde dieses Staates übermittelt werden, falls dieser damit einverstanden ist.

9. Gemäß diesem Übereinkommen erteilte Informationen dürfen im Hinblick auf ihren vertraulichen Charakter Personen außerhalb des öffentlichen Gesundheitsdienstes eines Vertragsstaates nicht bekanntgegeben werden. Diese Bestimmung schließt die Übermittlung von Informationen an Personen außerhalb des öffentlichen Dienstes eines Vertragsstaates nicht aus, soweit diese Personen Funktionen ausüben, die auf die pharmazeutische oder Arzneimittelgesetzgebung dieses Staates Bezug haben.

10. Informationen der in Artikel 2 Absatz 2 angeführten Art sind jedoch in jedem Fall von den Bestimmungen des Übereinkommens ausgenommen. Deshalb bedeutet die Unterlassung solcher Informationen nicht, daß vollständige Informationen gemäß diesem Übereinkommen nicht erteilt worden wären. Der Ausdruck „besondere technische Kenntnisse (Know-how)" soll jeglichen technischen Vorgang im Verlaufe der Herstellung umfassen, der nicht allgemein bekannt ist. „Angaben über Personen ... im Zusammenhang mit der Tätigkeit der betreffenden Personen" beziehen sich beispielsweise auf einschlägige Ausbildung, praktische Erfahrung, Tätigkeiten und Aufgaben innerhalb des Unternehmens und darauf, ob das Personal des Unternehmens von Zeit zu Zeit ärztlich untersucht wird.

11. Es besteht unter den Vertragsstaaten darüber Einvernehmen, daß unter außergewöhnlichen Umständen, wenn der Informationsaustausch den Erfordernissen des Einfuhrlandes nicht voll entsprochen hat, die zuständigen Behörden dieses Landes und des Ausfuhrlandes praktische Mittel und Wege suchen sollen, um die Bedenken des Einfuhrlandes zu zerstreuen. Solche praktische Mittel können informelle Gespräche über noch offenstehende Fragen zwischen Behördenvertretern des Ein- und des Ausfuhrlandes unter angemessener Beteiligung von Vertretern des Herstellers einschließen, und dies an einem Ort, der in gegenseitigem Einvernehmen und unter Berücksichtigung der Art der in Frage stehenden Punkte festgelegt wird. Der anschließend vom Inspektor des Ausfuhrlandes verfaßte Bericht würde dann die in Artikel 2 des Übereinkommens verlangten Informationen bilden.

Artikel 3

12. Artikel 3 Absatz 1 stellt den Grundsatz auf, daß die zu erteilenden Informationen durch Inspektionen erlangt werden müssen. Es ist deshalb unzulässig, hinsichtlich der Herstellung eines Produktes eine Information zu erteilen, ohne daß das betreffende Unternehmen inspiziert worden ist. Ob im Falle einer Anfrage eine neue Inspektion durchzuführen ist, hängt davon ab, ob die in vorangegangenen Inspektionen ermittelten Informationen noch zutreffen und zur Beantwortung der Anfrage ausreichen. Die in diesem Absatz vorgesehenen Inspektionen sind jene, die normalerweise in Anwendung des in einem herstellenden Vertragsstaat geltenden obligatorischen Kontrollsystems durchgeführt werden.

13. Absatz 2 dieses Artikels regelt den Fall, daß das Produkt oder gewisse Bereiche seiner Herstellung nicht unter die im herstellenden Vertragsstaat geltende obligatorische Kontrolle fallen. In einem solchen Fall hat der Hersteller, der das Produkt ausführen will, das Recht, eine Inspektion auf freiwilliger Grundlage zu beantragen. Die zuständige Behörde muß einem solchen Antrag entsprechen. Freiwillige Inspektionen müssen mindestens den gleichen Anforderungen entsprechen, wie sie für obligatorische Inspektionen gelten, und von Personen durchgeführt werden, die auf diesem Gebiet fachkundig sind. Dieser Antrag kann wiederholt werden, wann immer eine neue oder Nachinspektion notwendig ist, um den Erfordernissen der anfragenden zuständigen Behörde zu entsprechen.

Artikel 4

14. Dieser Artikel gilt dem Schutz des Herstellers. Der Hersteller ist von seiner eigenen zuständigen Behörde zu unterrichten, bevor eine Information in Beantwortung einer Anfrage einer zuständigen Behörde erteilt wird. Es wird von der nationalen Rechtsordnung abhängen, wie ausführlich diese Unterrichtung sein wird.

Der Hersteller hat das Recht, zu verlangen, daß Informationen zurückgehalten und der anfragenden zuständigen Behörde nicht übermittelt werden. Die Verweigerung der Zustimmung ist der anfragenden zuständigen Behörde bekanntzugeben.

15. Absatz 2 dieses Artikels behandelt die Rechte, die der anfragenden zuständigen Behörde in solchen Fällen zukommen. Die Maßnahmen, welche diese Behörde treffen kann, werden verschieden sein, je nachdem, ob die Verweigerung eine Information über allgemeine Regeln der Herstellung des Unternehmens oder nur ein bestimmtes Produkt betrifft. Der Artikel wurde unter der Annahme abgefaßt, daß die anfragende zuständige Behörde von ihren Rechten keinen Gebrauch macht, wenn es sich um Informationen von nur geringer Bedeutung handelt. Echte Rücksichten betreffend die Gesundheit gehen jedoch stets vor.

Artikel 5

16. Es kann z. B. vorkommen, daß bei der Herstellung eines pharmazeutischen Produktes oder einer einzelnen Charge ein Fehler auftritt, der eine unmittelbare und ernsthafte Gefahr für diejenigen Personen, die das betreffende Produkt verwenden, zur Folge hat. In einem solchen Fall hat die zuständige Behörde, die dies bei ihren Inspektionen oder anderweitig entdeckt, umgehend die zuständigen Behörden der anderen Vertragsstaaten zu benachrichtigen, damit das gesundheitsgefährdende Produkt oder die Charge aus dem Handel gezogen werden kann. Es versteht sich, daß in einem solchen Fall keine vorherige Zustimmung des Herstellers erforderlich ist, doch sollte er davon verständigt werden.

Inspektionen

Artikel 6

17. Absatz 1 legt den Umfang der Inspektionen fest. Er beschreibt die wesentlichen Tatsachen, Umstände und Gegebenheiten, die bei den Inspektionen zu erfassen sind. Gleichzeitig legt der Absatz die Grundelemente einer sachgemäßen Herstellung dar.

18. Um die Vertragsstaaten in die Lage zu versetzen, die Bestimmungen des Übereinkommens und insbesondere diejenigen des Absatzes 1 dieses Artikels zu erfüllen, verpflichtet sie Absatz 2, dafür zu sorgen, daß sie über das notwendige Mindestmaß an gesetzlichen Befugnissen verfügen. In diesem Zusammenhang sind die Bestimmungen des Artikels 9 Absatz 3 maßgebend, die eine Frist festlegen, innerhalb welcher die Vertragsstaaten die erforderlichen Maßnahmen für ihre Inspektionssysteme zu treffen haben, um den Bestimmungen dieses Übereinkommens zu entsprechen.

19. Die Bestimmung in Artikel 6 Absatz 2 Buchstabe b ist von ausschlaggebender Bedeutung. Wenn die Inspektoren nicht die entsprechende Qualifikation und Erfahrung besitzen, kann der Wert der erteilten Informationen stark vermindert sein und den Anforderungen des einführenden Staates nicht mehr genügen. Nötigenfalls sollen Namenslisten von Inspektoren unter Angabe ihrer Qualifikation und beruflichen Erfahrung ausgetauscht werden. Die Bestimmungen des Artikels 8 Absatz 1 Buchstabe d hinsichtlich der gegenseitigen Weiterbildung von Inspektoren werden sicherstellen, daß die Befähigung der Inspektoren und die Qualität ihrer Inspektionen auf gemeinsamen Richtlinien beruhen. Die Berichte sind von demjenigen Inspektor zu unterzeichnen, dessen Inspektion die Grundlage für die erteilte Information bildet.

Gegenseitige Anerkennung von Inspektionen

Artikel 7

20. Vorausgesetzt, daß gemäß den im einführenden Vertragsstaat geltenden Erfordernissen vollständige Informationen erteilt werden, bewirkt die in diesem Artikel vereinbarte Anerkennung, daß die durch die zuständige Behörde des herstellenden Vertragsstaates durchgeführten Inspektionen so betrachtet werden, als

ob sie von den Inspektoren des einführenden Vertragsstaates vorgenommen worden wären. Die Bedingung der Vollständigkeit der Information erlaubt dem einführenden Vertragsstaat, eine Einfuhrbewilligung zu verweigern, wenn die erteilte Information unvollständig ist oder die in seinem Gebiet geltenden Erfordernisse nicht erfüllt. Die Entscheidung liegt in jedem Falle bei der zuständigen Behörde des einführenden Vertragsstaates.

Konsultationen

Artikel 8

21. Für die wirksame Durchführung des Übereinkommens und seine einheitliche Anwendung sind häufige Konsultationen sowie Zusammenarbeit wesentlich. Dieser Artikel sieht deshalb vor, daß Vertreter der zuständigen Behörden, wann immer nötig, jedoch mindestens einmal jährlich, zusammentreten. Die Worte „Vertreter der zuständigen Behörden" wurden gewählt, um den Leitern der zuständigen Behörden oder ihren Beamten oder Inspektoren je nach der Art der zu besprechenden Angelegenheiten die Teilnahme an den Tagungen zu ermöglichen. Diese Tagungen haben mehrere Aufgaben zu erfüllen. Hierbei muß, wann immer dies sachdienlich ist, den laufenden Entwicklungen und Arbeiten anderer internationaler Organisationen Rechnung getragen werden.

22. Eine der ersten Aufgaben wird darin bestehen, unter Berücksichtigung der von der Weltgesundheitsorganisation, vom Europarat (Teilübereinkommen) und von Organisationen der Industrie geleisteten Arbeit die Einzelheiten der allgemeinen Regeln einer sachgemäßen Herstellung, wie sie derzeit vorgeschlagen werden, zu prüfen und Empfehlungen dazu vorzulegen.

23. Abgesehen vom nordischen Raum besteht bisher keine weitergehende internationale Zusammenarbeit zwischen nationalen Inspektoren. In einigen Ländern wurden Systeme für die Kontrolle bestimmter Produkte oder bestimmter Bereiche ihrer Herstellung entwickelt. Diese Systeme sind den Inspektoren anderer Länder nicht immer bekannt. Das Übereinkommen sieht daher vor, Informationen und Erfahrungen über die besten Möglichkeiten und Methoden zur Durchführung dieser Inspektionen laufend auszutauschen, so daß jeder Vertragsstaat aus den Erfahrungen der anderen Nutzen ziehen kann.

24. Überdies kann bei solchen Tagungen eine gegenseitige Weiterbildung von Inspektoren vorgesehen werden, damit sich diese mit den verwendeten Methoden und Systemen vertraut machen oder Symposien besuchen können, bei denen gewisse Fragen methodisch behandelt werden. Auf diese Weise würden die Inspektoren im Laufe der Zeit gleichwertige Kenntnisse und Erfahrungen erwerben. Durch das so entstehende gegenseitige Vertrauen in die Inspektionsrichtlinien der Vertragsstaaten könnte die Durchführung des Übereinkommens wesentlich erleichtert werden.

25. Eine weitere Aufgabe der Tagungen besteht darin, die Zusammenarbeit zwischen den zuständigen Behörden zu fördern. Dies gilt für alle Einzelheiten der Anwendung der Bestimmungen des Übereinkommens und insbesondere für alle Fragen, die sich auf den Informationsaustausch und dessen Vereinfachung beziehen. Eine der ersten in diesem Zusammenhang zu behandelnden Fragen wird die der schriftlichen Mitteilungen sein.

26. Im Laufe der Zeit könnte es sich ergeben, daß die Teilnehmer an den Tagungen zu dem Schluß kommen, daß die eine oder andere Bestimmung des Übereinkommens abgeändert werden sollte; in einem solchen Fall wird es ihnen freistehen, diesbezügliche Vorschläge zu machen.

Allgemeine Bestimmungen

Artikel 9

27. Dieser Artikel betrifft die Ratifikation des Übereinkommens, die Hinterlegung der Ratifikationsurkunde und das Inkrafttreten des Übereinkommens.

28. Um die Anpassungen zu erleichtern, die vorgenommen werden müssen, damit die nationalen Rechtsordnungen oder die nationalen Inspektionssysteme mit diesem Übereinkommen übereinstimmen, wird eine

Frist gesetzt, innerhalb welcher diese Maßnahmen getroffen werden müssen. Diese Maßnahmen sind allen Vertragsstaaten durch die Depositarregierung zur Kenntnis zu bringen.

29. Gleicherweise sind die Vertragsstaaten verpflichtet, Namen und Adresse ihrer leitenden nationalen Behörde mitzuteilen, die als die zuständige Behörde im Sinne des Übereinkommens anzusehen ist. Diese Mitteilung hat nicht nur bei der Ratifikation des Übereinkommens oder beim Beitritt zu erfolgen, sondern auch dann, wenn ein Vertragsstaat die Verantwortlichkeiten, die durch das Übereinkommen der zuständigen Behörde übertragen sind, einer anderen nationalen Behörde zuweist.

Artikel 10

30. Empfehlungen, die von den in Artikel 8 erwähnten Tagungen ausgehen, und alle Vorschläge, das Übereinkommen abzuändern, sind über die Depositarregierung den anderen Vertragsstaaten zuzuleiten. Abänderungen des Übereinkommens bedürfen der Annahme durch alle Vertragsstaaten.

Artikel 11

31. Der Beitritt zum Übereinkommen steht den anderen Staaten, auf die in Artikel 11 verwiesen wird, offen, wenn sie innerstaatlich über die Voraussetzungen zur Anwendung eines Inspektionssystems verfügen, welches dem in diesem Übereinkommen erwähnten vergleichbar ist. Die Form des Beitrittes auf Einladung wurde auf Grund des technischen Charakters dieses Übereinkommens gewählt und soll die weitestgehende Teilnahme von Staaten auf dieser Grundlage ermöglichen. Eine Einladung zum Beitritt kann sich nicht nur an einen Staat richten, der sein Interesse an einem Beitritt geäußert hat, sondern auch an einen solchen, der nach Auffassung der Vertragsstaaten daran interessiert sein könnte. Einer solchen Einladung soll normalerweise eine Einladung an dessen zuständige Behörde vorausgehen, ihren Inspektoren eine Teilnahme an Veranstaltungen, wie sie in den Bestimmungen des Artikels 8 vorgesehen sind, zu ermöglichen, sowie eine Gegeneinladung des betreffenden Staates zur Teilnahme an ähnlichen Veranstaltungen in seinem Gebiet. Da sich die Frage einer Übergangsperiode stellen kann, ist das Inkrafttreten des Übereinkommens in bezug auf den beitretenden Staat zwischen diesem und den Vertragsstaaten einvernehmlich festzulegen.

Artikel 12

32. Dieser Artikel sieht die Möglichkeit vor, durch eine zwölf Monate im voraus abgegebene schriftliche Kündigung an die Depositarregierung vom Übereinkommen zurückzutreten.

Anlage 2

GMP — Grundregeln für die Herstellung von Arzneistoffen

Während sich für die Herstellung von Arzneifertigwaren die GMP-Regeln der WHO zunehmend durchsetzen, sind analoge Prinzipien für die Produktion von Arzneistoffen erst in Entwürfen formuliert. Nachstehend wird eine leicht gekürzte Fassung eines solchen Entwurfes abgedruckt, die auf Vorstellungen einer Arbeitsgruppe BRD/Schweiz basiert.[1][2])

2. Definitionen

2.1. Wirkstoff

Grundstoffe ... die für die Herstellung einer fertigen Darreichungsform vorgesehen sind.

2.2. Herstellung

Die Produktion eines Wirkstoffes durch Synthese, Naturstoffaufbereitung, andere Verfahren und Arbeitsgänge sowie alle mit der Fertigung verbundenen Tätigkeiten, einschließlich Bearbeitung, Mischung, Abfüllung, Verpackung und Kennzeichnung, die für die Qualität des Wirkstoffes maßgebend sind und die, aus gehend von chemisch und physikalisch definierten Schlüssel-Rohstoffen, zur Herstellung eines Wirkstoffes führen.

2.3. Rohstoffe

Rohstoffe sind Stoffe für die Synthese von Arzneimitteln (Wirkstoffen), tierisches Material, Pflanzen und Pflanzenteile.

2.4. Schlüssel-Rohstoffe

Rohstoffe, die für die Herstellung eines Wirkstoffes gemäß 2.2. verwendet werden und deren Spezifikationen für die erforderliche Qualität des Wirkstoffes maßgebend sind.

2.5. Charge

Die Menge eines Wirkstoffes, die in einem Herstellungsgang gefertigt wird. Das Wesentliche einer Charge ist ihre Homogenität.

2.6. Chargenbezeichnung

Die Kennzeichnung einer Charge eines Wirkstoffes, welche die Charge identifiziert und es ermöglicht, ihren Herstellungsablauf und alle Kontrollen zu verfolgen und nachzuprüfen.

2.7. Quarantäne

Der Zustand eines Materials, das isoliert gelagert wird, bis es zur weiteren Verwendung in Übereinstimmung mit definierten Spezifikationen freigegeben oder im Falle der Nichtübereinstimmung zurückgewiesen und die Vernichtung, Umarbeitung oder Rücksendung verfügt wird.
Quarantäne bedeutet die Isolierung des Materials in speziellen Räumen oder Zonen und/oder die Kennzeichnung solcher Materialien durch spezielle Etikettierung oder andere gleichwertige Maßnahmen.

2.8. Qualitätskontrolle

Alle Kontrollmaßnahmen, die dazu bestimmt sind, die Einheitlichkeit der Chargen von Wirkstoffen und deren Übereinstimmung mit den festgelegten Spezifikationen in bezug auf Identität, Gehalt, Reinheit und andere Eigenschaften zu gewährleisten.

3. Personal

Die für die verantwortliche Leitung der Herstellung oder Kontrolle von Wirkstoffen zuständigen Fachleute sollten die Qualifikation einer entsprechenden wissenschaftlich-technischen Ausbildung besitzen. Sie sollten außerdem über ausreichende praktische Erfahrungen in der Herstellung und/oder Kontrolle von Wirkstoffen verfügen. Um sich diese Erfahrungen anzueignen, kann eine ausbildende Einarbeitungszeit verlangt werden, während der sie ihre Tätigkeit unter fachlicher Aufsicht ausüben. Die Ausbildung und die praktische Erfahrung der Fachleute sollte diese in die Lage versetzen, unter Anwendung wissenschaftlicher Prinzipien und aufgrund des Verständnisses für die praktischen Probleme, wie sie bei der Herstellung und Kontrolle von Wirkstoffen auftreten, ein selbständiges fachliches Urteil zu fällen.

Schließlich sollten ihnen umfassende Vollmachten gegeben werden, um für sie alle Voraussetzungen zu schaffen, die sie zur wirksamen Erfüllung ihrer Aufgaben benötigen. Zusätzlich zu den oben bezeichneten Fachleuten sollte eine ausreichende Anzahl von technisch ausgebildetem Personal zur Verfügung stehen, welches die Herstellungs- oder Kontrollarbeiten gemäß den festgelegten Verfahrens- und Prüfvorschriften ausführen kann.

4. Betriebsstätten

Die Betriebsstätten sollten mit zweckentsprechenden Bereichen für die beabsichtigte Herstellung, Prüfung und Lagerung von Wirkstoffen ausgestattet sein. Diese sollten so beschaffen sein und in einem solchen Zustand gehalten werden, daß die Gefahr einer Verunreinigung des Wirkstoffes auf ein Mindestmaß beschränkt ist.

5. Technische Ausrüstung

5.1. Die zur Herstellung verwendete Ausrüstung sollte so beschaffen sein und instand gehalten werden, daß

5.1.1. sie für den vorgesehenen Verwendungszweck geeignet ist;

5.1.2. eine gründliche Reinigung, wo sie auch immer erforderlich sei, leicht möglich ist;

5.1.3. die Gefahr der Verunreinigung der Wirkstoffe und ihrer Behälter während des Herstellprozesses auf ein Mindestmaß beschränkt ist.

5.2. Für sterile Wirkstoffe sind spezielle Vorkehrungen notwendig.

6. Hygiene

Die Betriebsstätten sind entsprechend den von der zuständigen Behörde erlassenen Hygienevorschriften instand zu halten. In den Herstellungsbereichen muß eine dem technischen Ablauf angemessene Sauberkeit herrschen, zu deren Sicherung auch eine zweckentsprechende Arbeitskleidung gehört.
Für die mit der Herstellung beschäftigten Personen sollten zur Benutzung eine ausreichende Anzahl von sauberen, gut belüfteten Toilettenanlagen mit Waschgelegenheiten, Pausen- und Umkleideräume zur Verfügung stehen.

7. Rohstoffe und Primärpackmittel

Für alle Rohstoffe und Primärpackmittel muß ein Qualitätskontrollsystem bestehen.

7.1. Von allen Rohstoffen, die zur Herstellung von Wirkstoffen verwendet werden, und Primärpackmitteln sollten Spezifikationen bestehen und Aufzeichnungen über Herkunft und Eingangsdatum geführt werden.

7.2. Für alle Rohstoffe sollten Aufzeichnungen über Ergebnisse und Zeitpunkt der Untersuchung und Freigabe geführt werden.

7.3. Für alle Rohstoffe gilt:

7.3.1. sie müssen eindeutig bezeichnet sein;

7.3.2. sie müssen ordnungsgemäß gelagert werden;

7.3.3. sie müssen ordnungsgemäß bemustert und daraufhin untersucht werden, ob sie den gestellten Anforderungen genügen;

7.3.4. sie sind bis zur Freigabe unter Quarantäne zu lagern;

7.3.5. sie müssen schriftlich freigegeben werden.

7.4. Rohstoffe, die angenommen oder freigegeben werden, sollten als solche ordnungsgemäß und deutlich bezeichnet werden, soweit die Quarantäne und Freigabe nicht durch andere Maßnahmen gesichert sind.

7.5. Alle beanstandeten Rohstoffe und Primärpackmittel sollten als solche deutlich bezeichnet sein und nicht bei der Herstellung des Wirkstoffes verwendet werden.

7.6. In Sonderfällen, z. B. bei kontinuierlichen Prozessen oder Anlieferung von Rohstoffen über Versorgungsleitungen, sollten geeignete Maßnahmen getroffen werden, um eine spezifikationsgerechte Qualität des Produktes sicherzustellen.

8. Herstellungsvorgänge

Die Herstellungsvorgänge und Inprozeß-Kontrollen sollten unter der verantwortlichen Leitung von Fachleuten ausgeführt werden.

8.1. Sauberkeit

Bevor irgendein Herstellungsvorgang begonnen wird, sollte nachgeprüft werden, ob alle Apparate und technischen Ausrüstungen, die bei den Arbeiten zur Verwendung kommen, rein sind. Vor Herstellungsbeginn eines anderen Produktes in einer Mehrzweck-Betriebsanlage muß diese gereinigt werden und dann ihr Zustand auf ausreichende Reinheit geprüft werden.

8.2. Kennzeichnung von Apparaten und Behältnissen

Der Inhalt aller Apparate und Behältnisse, die bei der Herstellung und bei der Lagerung benutzt werden, ist an sichtbarer Stelle klar lesbar mit Name und/oder Codebezeichnung des darin enthaltenen Materials und der erforderlichen Chargenbezeichnung zu kennzeichnen.

8.3. Maßnahmen zur Vermeidung einer Verunreinigung

Es sollten zweckmäßige Verfahren angewandt und technische Maßnahmen getroffen werden, um Verwechslungen oder Verunreinigungen, insbesondere „cross contamination" zu verhindern.

8.4. Personal in den Herstellungsbetrieben

Personen, die unmittelbaren Kontakt mit dem Wirkstoff haben, dürfen für solche Arbeiten nicht eingesetzt werden, wenn bekannt ist, daß sie an einer ansteckenden Krankheit leiden, Träger einer solchen Krankheit sind oder offene Wunden an freien Körperstellen haben, die sich nachteilig auf die Qualität des Wirkstoffes auswirken können.

8.5. Herstellungsverfahren und schriftliche Anweisungen

Verfahren und schriftliche Anweisungen für die Herstellung von Wirkstoffen müssen unter der unmittelbaren Leitung von Fachleuten, die die notwendigen Befugnisse haben, ausgearbeitet werden. Es sollten darin mindestens die folgenden Angaben enthalten sein:
8.5.1. Name und/oder Codebezeichnung des Wirkstoffes;
8.5.2. Menge und eindeutige Bezeichnung aller Rohstoffe, die zur Verwendung kommen;
8.5.3. Angaben über Ausbeute;
8.5.4. detaillierte Anweisungen für die Herstellung des Wirkstoffes, einschließlich Angabe über Verpackung (Primärpackmittel) und Lagerung und Anweisung über zu treffende Sicherheitsvorkehrungen;
8.5.5. eine Beschreibung aller während der Herstellung notwendigen Prüfungen und Analysen für die Qualitätskontrolle einschließlich der Benennung der für diese Aufgaben zuständigen Stellen.
8.5.6. Herstellungsverfahren und schriftliche Anweisungen müssen mit Unterschrift und Datum versehen sein.

8.6. Herstellungsbericht für die Chargen

Die Herstellungsberichte müssen eine übersichtliche Darstellung über den Herstellungsablauf jeder Wirkstoff-Charge geben, aus der hervorgeht, daß sie in Übereinstimmung mit den schriftlichen Anweisungen

gemäß Abschnitt 8.5. hergestellt und kontrolliert worden ist. Diese Aufzeichnungen sollten mindestens die folgenden Angaben enthalten:

8.6.1. Name und/oder Codebezeichnung des Wirkstoffes;

8.6.2. Herstellungsdatum;

8.6.3. Chargenbezeichnung;

8.6.4. Bestätigung, daß die vorgesehenen Apparaturen gereinigt und einsatzfähig sind;

8.6.5. Bezeichnung, Menge und Identifizierung (z. B. Chargen- oder Analysennummer) der eingesetzten Rohstoffe;

8.6.6. Angaben über alle wichtigen Arbeitsgänge und über besondere Beobachtungen während der Herstellung;

8.6.7. Aufzeichnungen über In-Prozeß-Kontrollen und die erhaltenen Ergebnisse;

8.6.8. tatsächlich erhaltene Ausbeute;

8.6.9. Unterschrift des für die Herstellung verantwortlichen Fachmannes mit Datum.

8.7. Aufbewahrung der Herstellungsberichte für die Chargen

Alle Herstellungsberichte für die Chargen und damit zusammenhängende Dokumente müssen eine bestimmte Zeit lang als Belege aufbewahrt werden.

8.8. Kontinuierliche Prozesse

In allen Fällen, in denen eine chargenmäßige Erfassung der Wirkstoff-Herstellung nicht möglich ist (kontinuierliche Prozesse), sollten geeignete Maßnahmen getroffen werden, um eine spezifikationsgerechte Qualität des Wirkstoffes sicherzustellen. Ebenso sollen lückenlose Aufzeichnungen über die Herstellung geführt werden.

9. Qualitätskontrollsystem

9.1. Jedes Unternehmen, in dem Wirkstoffe hergestellt werden, sollte über ein System verfügen, das die Qualitätssicherung in allen Aspekten abdeckt. Dieses System soll die Kontrolle der Rohstoffe und Primärpackmittel, der Qualität und Stabilität der Wirkstoffe sowie die Überwachung aller qualitätssichernden Maßnahmen während der Herstellung, Verpackung und Lagerung der Wirkstoffe einschließen.

9.2. Das System sollte eine Qualitätskontrollabteilung einschließen, die unabhängig von Produktion, Einkauf und Vertrieb ist. Diese Abteilung sollte

9.2.1. angemessen mit Personal besetzt und vollständig zur Durchführung aller notwendigen Prüfungen für die Qualitätskontrolle ausgerüstet sein;

9.2.2. durch einen qualifizierten Fachmann geleitet werden, der die endgültige Verantwortung für die Probenahme, Prüfung und Freigabe oder Beanstandung der geprüften Materialien trägt;

9.2.3. über das Herstellungsverfahren informiert sowie über dessen Änderungen und Abwandlungen unverzüglich unterrichtet werden.

9.3. Die Qualitätskontrollabteilung sollte folgende Hauptaufgaben haben:

9.3.1. Ausarbeitung, Festlegung und erforderlichenfalls Anpassung der Kontrollvorschriften und Spezifikationen für Rohstoffe, Primärpackmittel und Wirkstoffe;

9.3.2. Entnahme ausreichender Muster nach Plan, zugehörige Protokollierung, richtige Etikettierung und Aufbewahrung von Rückstellmustern;

9.3.3. Untersuchung und Freigabe oder Rückweisung von Rohstoffen und Primärpackmitteln;

9.3.4. Untersuchung und Freigabe oder Rückweisung jeder Charge des Wirkstoffes;

9.3.5. Festlegung der Haltbarkeit und der Lagerbedingungen — einschließlich des Transports — von Wirkstoffen;

9.3.6. Entscheidung, ob retournierte Wirkstoffe freigegeben, nach Vorschlag des Herstellbetriebes umgearbeitet oder vernichtet werden sollen.

9.4. Über alle analytischen Kontrollen sollten Protokolle angefertigt werden. Diese sollten enthalten:
9.4.1. Name und/oder Codebezeichnung des Produktes;
9.4.2. Chargenbezeichnung;
9.4.3. Bezeichnung der Prüfungsvorschrift oder der verwendeten Pharmakopöe, nach der geprüft wurde;
9.4.4. Ergebnis der ausgeführten Prüfungen;
9.4.5. Entscheidung über Freigabe oder Rückweisung mit Datum;
9.4.6. Unterschrift(en) der Person(en), welche die Qualitätskontrollarbeiten ausgeführt hat (haben);
9.4.7. Schlußbeurteilung und Gegenzeichnung durch den verantwortlichen Fachmann.

9.5. Die Qualitätskontrollabteilung kann die in Abschnitt 9.3. beschriebenen Funktionen an andere qualifizierte Stellen delegieren. Die Musterentnahme von Wirkstoffen nach Absatz 9.3.2. kann nur in begründeten Ausnahmefällen delegiert werden.

Von der Delegation sind jedoch die in den Abschnitten 9.3.4. bis 9.3.6. genannten Entscheidungspflichten sowie die Festlegung der Kontrollvorschriften und Spezifikationen für Schlüssel-Rohstoffe und Wirkstoffe gemäß Abschnitt 9.3.1. ausgenommen.

10. Versand und Nachweis über den Verbleib

Wirkstoffe sollen nur versandt werden, wenn sie analysiert, genehmigt und vom zuständigen Fachmann der Qualitätskontrollabteilung freigegeben worden sind.
Es sollten angemessene Aufzeichnungen über den Verbleib der Wirkstoffe geführt werden, um nötigenfalls einen sofortigen Rückruf einer einzelnen Charge zu erleichtern.

11. Beanstandungen

Beanstandungen, die sich auf Wirkstoffe beziehen, sind nachzuprüfen. Erweisen sie sich als begründet, müssen geeignete Maßnahmen ergriffen werden. Protokolle über diese Maßnahmen müssen aufbewahrt werden.

12. Selbstkontrolle

Um die strikte Einhaltung aller Herstellungsverfahren und vorgeschriebenen Kontrollen zu gewährleisten, kann es für ein Unternehmen ratsam sein, einen Fachmann oder eine Gruppe von Fachleuten einzusetzen mit dem Auftrag, planmäßige Überprüfungen der Herstellungs- und Kontrollvorgänge durchzuführen.

Fragebogen zu den Grundregeln für die Herstellung von Wirkstoffen und die Sicherung ihrer Qualität

Abschnitt 1 — Angaben über den Herstellerbetrieb

1. Name und Anschrift.
2. Datum der Besichtigung.
3. Teilnehmer der Besichtigung.
4. Name des verantwortlichen Produktions- und Qualitätskontrolleiters.
5. Allgemeine Angaben zum Herstellungsprogramm.

Abschnitt 2 — Zusammenfassung der Ergebnisse der Besichtigung

6. Sie diente ...
7. Sie ergab im Vergleich zu früheren Besichtigungen ...
8. Sie ergab auf Grund der Feststellungen unter Abschnitt 3 bis Abschnitt 12 ...
9. Welche Proben wurden gezogen, sind Analysenvorschriften und/oder Analysenzertifikate beigefügt?
10. Wurden weitere Unterlagen abgegeben?
11. Unterschriften.

Abschnitt 3 — Personal

12. Wer ist der verantwortliche Fachmann für die Herstellung?
13. Besitzt er die erforderliche Qualifikation einer entsprechenden wissenschaftlichen oder technischen Ausbildung?
14. Verfügt er über ausreichende praktische Erfahrungen in der Herstellung des Wirkstoffes?
15. Hat er ausreichende Kompetenzen?
16. Steht für die Herstellung ausreichend technisch ausgebildetes Personal zur Verfügung?
17. Wer ist der verantwortliche Fachmann für die Qualitätskontrolle?
18. Besitzt er die erforderliche Qualifikation einer entsprechenden wissenschaftlichen Ausbildung?
19. Verfügt er über ausreichende praktische Erfahrungen in der Qualitätskontrolle des Wirkstoffes?
20. Hat er ausreichende Kompetenzen?
21. Steht für die Qualitätskontrolle ausreichend technisch ausgebildetes Personal zur Verfügung?

Abschnitt 4 — Betriebsstätten

22. Stehen ausreichend große und getrennte Bereiche zur Verfügung für
    - Warenannahme?
    - Lagerung von Rohstoffen?
    - Lagerung von Primärpackmitteln?
    - Herstellung (einschließlich Verpackung)?
    - Qualitätskontrolle?
    - Lagerung von hochtoxischen Roh- und Wirkstoffen?
23. Sind die Bereiche ausreichend beleuchtet, belüftet, beheizbar?
24. Sind die Bereiche für den vorgesehenen Zweck geeignet?
25. Sind sie leicht zu reinigen und — wenn nötig — zu desinfizieren?
26. Herrschen geeignete Klimabedingungen?
27. Stehen Spezialbereiche für sterile und/oder hochwirksame Stoffe zur Verfügung?
28. Ist der Zugang zu den einzelnen Bereichen ggf. eingeschränkt?

Abschnitt 5 — Technische Ausrüstung

Allgemeines

29. Liegt eine — Monoanlage
    — Vielzweckanlage vor?
30. Ist eine gründliche Reinigung leicht möglich?
31. Wird vor jedem Produktwechsel oder in geeigneten Abständen geprüft, ob alle Apparaturen sauber sind?

32. Sind ausreichende Maßnahmen zur Verhinderung von Verunreinigungen der Wirkstoffe und ihrer Behälter während des Herstellungsprozesses getroffen?
33. Ist die Gefahr der Verwechslung ausgeschlossen?

Abschnitt 6 — Hygiene

34. Sind die Betriebsstätten sauber?
35. Besteht ein schriftlich fixiertes Reinigungsprogramm, das festlegt
    - die zu reinigenden Bereiche?
    - die Art und die Häufigkeit der Reinigung?
    - die Belehrung des Personals?
36. Ist Essen und Rauchen in den Herstellungsbereichen verboten?
37. Gibt es in der Nähe der Arbeitsplätze eine ausreichende Anzahl von einwandfreien
    - Toiletten mit Waschgelegenheiten?
    - Umkleideräumen?
    - Personalräumen?
38. Wird das Personal regelmäßig ärztlich untersucht?
39. Ist Vorsorge getroffen, daß Personen, die als Infektionsträger bekannt sind, nicht in den Herstellungsbereichen eingesetzt werden?

Abschnitt 7 — Rohstoffe und Primärmittel

40. Bestehen Aufzeichnungen über alle Rohstoffe und Primärpackmittel?
41. Enthalten sie Angaben über
    - Herkunft?
    - Eingangsdatum?
    - Zeitpunkt der Freigabe?
    - die nachfolgende Verwendung?
42. Sind die Behältnisse
    - eindeutig bezeichnet?
    - in einwandfreiem Zustand?
    - ordnungsgemäß gelagert?
43. Werden alle Rohstoffe und Primärpackmittel durch das Qualitätskontrollsystem erfaßt?
44. Werden Rohstoffe bis zur Freigabe in Quarantäne gehalten?
45. Erfolgt die Freigabe der Rohstoffe schriftlich?
46. Werden die freigegebenen Rohstoffe entsprechend gekennzeichnet, oder ist durch andere Maßnahmen sichergestellt, daß sie erst nach Freigabe verwendet werden?
47. Werden beanstandete Rohstoffe und Packmittel deutlich als solche bezeichnet und als solche von der weiteren Verwendung in der Herstellung ausgeschlossen?
48. Ist sichergestellt, daß bei kontinuierlichen Prozessen oder Anlieferung von Rohstoffen über Versorgungsleitungen die vorgegebenen Spezifikationen eingehalten werden?

Abschnitt 8 — Herstellungsvorgänge

49. Werden Herstellungsverfahren und schriftliche Anweisungen von verantwortlichen Fachleuten ausgearbeitet?

50. Enthalten diese für jeden Wirkstoff folgende Angaben:

- Name und/oder Codebezeichnung?
- Beschreibung der Endbehältnisse (Primärpackmittel)?
- Art, Menge und Qualität der Rohstoffe?
- Ausbeutegrenzen?
- genaue Anweisungen für die Herstellung und Lagerung des Wirkstoffes einschließlich der ggf. erforderlichen Sicherheitsvorkehrungen?
- Beschreibung aller erforderlichen Prüfungen und Analysen einschließlich der Benennung der für diese Aufgaben zuständigen Abteilungen?

51. Wird für jede Wirkstoffcharge ein eigener Herstellungsbericht angefertigt, aus dem hervorgeht, daß die Herstellung der Charge in Übereinstimmung mit der Herstellungsvorschrift erfolgt ist?
52. Enthält der Herstellungsbericht einer Wirkstoffcharge folgende Angaben:

- Herstellungsdatum?
- Chargenbezeichnung?
- Bestätigung, daß sich die vorgesehenen Apparaturen in gereinigtem und einsatzfähigem Zustand befinden?
- Bezeichnung und Menge der eingesetzten Rohstoffe?
- Chargenbezeichnung der eingesetzten Rohstoffe?
- abgezeichnete Angaben über alle wichtigen Arbeitsgänge und über besondere Beobachtungen während der Herstellung?
- tatsächlich erhaltene Ausbeute?
- Unterschrift des für die Herstellung verantwortlichen Fachmanns mit Datum?

53. Werden Aufzeichnungen über Inprozeß-Kontrollen und die erhaltenen Ergebnisse geführt?
54. Werden die Herstellungsvorgänge und Inprozeß-Kontrollen unter Leitung und Aufsicht von verantwortlichen Fachleuten durchgeführt?
55. Sind alle Gefäße und Behältnisse deutlich sichtbar gekennzeichnet

- mit Namen oder Codebezeichnung des darin enthaltenen Stoffes?
- mit der laufenden Chargenbezeichnung?

56. Sind analoge Bezeichnungen an den Maschinen während der Benutzung angebracht?
57. Werden, wenn die vorgenannten Voraussetzungen nicht gegeben sind, ausreichende organisatorische Maßnahmen zur Vermeidung einer Verunreinigung oder Verwechslung getroffen?
58. Werden die Herstellungsberichte eine angemessene Zeit aufbewahrt?
59. Sind bei kontinuierlichen Herstellungsprozessen geeignete Maßnahmen getroffen, um eine spezifikationsgerechte Qualität des Wirkstoffes sicherzustellen?
60. Liegen ausreichende Aufzeichnungen über die kontinuierliche Wirkstoffherstellung vor?

Sterilbereich

61. Sind spezielle Vorkehrungen für die sterile Herstellung des Wirkstoffes getroffen?
62. Werden die Betriebsbedingungen im Sterilbereich überwacht?
63. Werden sie durch anerkannte Methoden in angemessenen Abständen überprüft?
64. Werden Aufzeichnungen darüber aufbewahrt?
65. Wird vor jedem Produktwechsel oder in geeigneten Abständen geprüft, ob alle Apparaturen sterilisiert und auf Sterilität geprüft worden sind?
66. Wird die Luft regelmäßig auf ihre Keimzahl geprüft?
67. Sind darüber Aufzeichnungen vorhanden?
68. Ist sichergestellt, daß keine Verwechslung zwischen sterilen und nicht-sterilisierten Produkten vorkommt?

69. Werden aseptische Arbeiten in Spezialräumen vorgenommen?
70. Ist der aseptische Bereich geschützt

- durch Methoden wie Laminar-Flow-Techniken?
- dadurch, daß saubere Sterilkleidung, Hauben, Atemmasken, Gummihandschuhe und Überschuhe getragen werden?
- durch Händedesinfektion vor dem Ankleiden und dem Betreten?

71. Werden die Geräte für die aseptische Herstellung in angemessenen Abständen nach mikrobiologischen Methoden überprüft?
72. Werden Aufzeichnungen darüber aufbewahrt?

Hochwirksame Stoffe

73. Wird die Herstellung und Abfüllung hochwirksamer Wirkstoffe in besonders getrennten Bereichen durchgeführt?
74. Sind für diese ein ausreichendes Be- und Entlüftungssystem sowie geeignete Apparaturen vorhanden?
75. Wird die Rückführung verunreinigter Luft vermieden?
76. Wird in den Herstellungsbereichen saubere Arbeitskleidung getragen?
77. Trägt das Personal bei der Handhabung gesundheitsgefährdender Stoffe

- schützende Kleidung?
- Staubmasken?
- weitere Schutzausrüstung?

78. Verbleibt die Schutzkleidung in den Arbeitsräumen?

Abschnitt 9 — Qualitätskontrollsystem

79. Besitzt das Unternehmen eine eigene Qualitätskontrollabteilung?
80. Bedient es sich einer externen Qualitätskontrolle?
81. Ist die Qualitätskontrollabteilung

- in dem ihr zugewiesenen Verantwortungsbereich autonom?
- angemessen mit Personal besetzt?
- ausreichend zur Durchführung aller Kontrollen ausgerüstet?

82. Wird sie durch einen qualifizierten Fachmann geleitet und beaufsichtigt?
83. Hat dieser die Verantwortung für die Freigabe oder Beanstandung aller geprüften Rohstoffe, Primärpackmittel und Wirkstoffe entsprechend den jeweiligen Spezifikationen?
84. Wird die Qualitätskontrollabteilung von Änderungen der Herstellungsverfahren unterrichtet?
85. Werden die folgenden Arbeiten von der Qualitätskontrollabteilung oder zulässigerweise in Delegation von anderer qualifizierter Stelle durchgeführt:

- Ausarbeitung aller Prüfungen und Analysen für Rohstoffe, Primärpackmittel und Wirkstoffe?
- Kontrolle, Freigabe bzw. Zurückweisung der Rohstoffe?
- Kontrolle, Freigabe bzw. Zurückweisung der Wirkstoffe?
- stichprobenweise Kontrolle, Freigabe bzw. Zurückweisung der Primärpackmittel?
- Beurteilung der ordnungsgemäßen Lagerbedingungen?
- Durchführung von Haltbarkeitsprüfungen?
- erforderlichenfalls Festlegung von Verfalldaten und Lagervorschriften auf Grund von Haltbarkeitsprüfungen?
- Festlegung und Überarbeitung von Kontrollverfahren und Spezifikationen?
- Entscheidung über die Freigabe, Umarbeitung oder Vernichtung retournierter Wirkstoffe?

86. Werden Muster nach Plan gezogen?
87. Werden ausreichende Teilmengen als Referenzmuster aufbewahrt und sind sie ordnungsgemäß gekennzeichnet?
88. Werden Analysenprotokolle geführt und enthalten diese

- Name und/oder Code- sowie Chargenbezeichnung?
- die Ergebnisse der ausgeführten Prüfungen?
- eine endgültige Entscheidung, ob die kontrollierte Charge den festgelegten Spezifikationen entspricht?
- die Herkunft der verwendeten Spezifikationen?
- Unterschriften der Personen, die die Kontrollarbeiten durchgeführt haben?
- eine Schlußbeurteilung und datierte Gegenzeichnung durch einen verantwortlichen Fachmann?

89. Ist sichergestellt, daß nur freigegebene Chargen zum Versand kommen?

Abschnitt 10 — Aufzeichnungen über den Verbleib

90. Werden angemessene Unterlagen über den Verbleib von Wirkstoffchargen geführt, um nötigenfalls den sofortigen Rückruf einer einzelnen Charge zu erleichtern?
91. Sind Lagerbedingungen, auch während des Transports, festgelegt?

Abschnitt 11 — Beanstandungen

92. Werden Beanstandungen innerhalb des Unternehmens den zuständigen Stellen zugeleitet und dort nachgeprüft?
93. Werden Beanstandungen erforderlichenfalls nach außen weitergeleitet?
94. Werden die notwendigen Maßnahmen ergriffen?
95. Werden die Unterlagen hierüber aufbewahrt?

Abschnitt 12 — Selbstkontrolle

96. Werden regelmäßige Selbstkontrollen durch Fachleute durchgeführt?
97. Liegen Aufzeichnungen hierüber vor?

---

[1]) Original: G. Auterhoff, W. Fresenius u. A. Fuchs: „Grundregeln für die Herstellung von Wirkstoffen und die Sicherung ihrer Qualität", Pharm. Ind. 43, Nr. 6 (1981), 537. Die Verwendung des Materials erfolgt mit freundlicher Genehmigung der Autoren.

[2]) S. a. W. Oeser: „GMP in der Wirkstoffherstellung", Pharm. Ind. 43, Nr. 6 (1981), 533 mit Ausführungen zur Inspektionsproblematik und zu spezifischen Fragen der Qualitätsbeurteilung und -sicherung bei der Herstellung von Arzneistoffen.

Empfehlung zur Ausarbeitung von Stabilitätsgutachten für Arzneimittel[1])

(Zbl. Pharm. 120 (2) (1981), 173)

1. Aufgabenstellung

Als Haltbarkeit eines Arzneimittels wird diejenige Zeitspanne definiert, in der unter bestimmten Lagerungsbedingungen qualitätsmindernde Veränderungen festgelegte Toleranzen nicht überschreiten. Die durch Stabilitätsuntersuchungen ermittelte Haltbarkeit eines Arzneimittels bildet die Grundlage für die Festlegung seiner Verwendbarkeitsdauer.
Mit dem Stabilitätsgutachten muß der Hersteller nachweisen, daß sich bei der angegebenen Aufbewahrungsvorschrift innerhalb der Verwendbarkeitsdauer insbesondere organoleptische Eigenschaften, Wirksamkeit und Sicherheit des Arzneimittels nicht bedeutsam verändern.
Der normale Transport im allgemeinen unter den Bedingungen des gemäßigten Klimas ist zu berücksichtigen. Erforderlichenfalls ist bei Arzneimitteln, die insbesondere gegen eine auch kurzfristige Belastung durch höhere oder tiefere Temperaturen empfindlich sind, vom Hersteller festzulegen, welche Temperaturen beim Transport nicht überschritten werden dürfen. Wird vom Hersteller für ein Arzneimittel eine spezielle Art der Aufbewahrung und/oder eine Verfallzeit vorgeschrieben, muß die Notwendigkeit dafür an Hand der Ergebnisse des Stabilitätsgutachtens begründet werden.

2. Allgemeine Gesichtspunkte

2.1. Für das Stabilitätsgutachten ist das Arzneimittel in seiner Gesamtheit zu begutachten, d. h. die Arzneiform aus ein oder mehreren Wirkstoffen und Hilfsstoffen in der im Registrierantrag angegebenen Qualität und Zusammensetzung und in der für den Arzneimittelverkehr vorgesehenen abgabefertigen Verpackung.

2.2. Für das Stabilitätsgutachten ist das Arzneimittel bei definierten, sinnvollen Bedingungen zu lagern und während der gesamten Verwendbarkeitsdauer an geeigneten Parametern zu prüfen.

2.3. Stabilitätsaussagen, die während der Zeit der präklinischen und klinischen Erprobung getroffen werden, sind im Stabilitätsgutachten zu berücksichtigen.

2.4. Bei neuentwickelten Arzneimitteln, für die noch keine Ergebnisse von Prüfungen der Produktionschargen über die gesamte Verwendbarkeitsdauer vorliegen, können die Ergebnisse von Langzeitversuchen mit Laborchargen bzw. für die Haltbarkeitsvorhersage auswertbare Ergebnisse reaktionskinetischer Belastungsversuche für vorläufige Festlegungen zunächst anerkannt werden. Das vollständige Stabilitätsgutachten an Produktionschargen, einschließlich der Ergebnisse des Langzeitversuches, ist nachzureichen.

2.5. Die Versuchsplanung muß auf Ergebnissen von Versuchen mit dem Wirkstoff aufbauen, bei denen der Einfluß verschiedener Faktoren geprüft wurde. Dazu gehören in Abhängigkeit von der Arzneiform die Faktoren

- Temperatur
- Luftfeuchtigkeit
- Licht
- Luft, Sauerstoff
- Wasserstoffionenkonzentration
- Fremdionen und/oder Verunreinigungen
- Hilfsstoffe.

2.6. Die Untersuchungsmethoden müssen spezifisch und ausreichend empfindlich sein, um physikalische, chemische und mikrobiologische Veränderungen des Arzneimittels während des Versuches zu erkennen.

2.7. Sofern erforderlich, ist eine Aussage über mögliche Veränderungen der eingesetzten Hilfsstoffe zu erbringen.

2.8. Die Verwendbarkeitsdauer wird in Abhängigkeit von der ermittelten Haltbarkeit, der Herstellung und den möglichen Transportbedingungen festgelegt.

2.9. Zur Absicherung der Ergebnisse des Stabilitätsgutachtens sind nach Registrierung des Arzneimittels geeignete Untersuchungen an Rückstellmustern von Produktionschargen vorzunehmen.

3. Der Kurzzeitversuch (Belastungsversuch)

3.1. Der Kurzzeitversuch dient zur Erarbeitung einer schnellen Aussage über das mögliche langfristige Verhalten des Arzneimittels. Aus den Ergebnissen unter besonders belastenden Temperatur/Feuchtebedingungen (meist isotherme Methode) wird die Haltbarkeit des Arzneimittels unter den geforderten Bedingungen durch Extrapolation berechnet.

3.2. Die Ergebnisse von Kurzzeitversuchen können zur Haltbarkeitsvorhersage herangezogen werden, wenn

- Arzneistofflösungen (bzw. Feststoffe) vorliegen (bei heterogenen Systemen sind im allgemeinen nur qualitative Schlüsse möglich),
- chemische Reaktionen für die Stabilität bestimmend sind,
- bei der Temperaturbelastung im Versuch keine physikalischen Veränderungen auftreten,
- unter den Versuchsbedingungen eine ausreichende Zersetzung des Wirkstoffes stattfindet,

— mit der Bestimmungsmethode die Zersetzungsprodukte, möglichst der dominanten Abbaureaktion, erfaßt werden,
— der Reaktionsmechanismus bei allen gewählten Temperaturen unverändert ist.

3.3. Um eine ausreichende Sicherheit von Haltbarkeitsvorhersagen zu gewährleisten, sind folgende Grundsätze zu beachten:

— Das Bestimmungsverfahren sollte einen Variabilitätskoeffizienten von höchstens 1% haben, der statistisch gesichert sein muß.
— Im Kurzzeitversuch sollten die Versuchsbedingungen so gewählt werden, daß Konzentrationsmeßwerte erhalten werden, die zwischen 90 und 30% der Anfangskonzentration des Wirkstoffes liegen.
— Die Untersuchung ist bei Temperaturen zwischen 40° und 80 °C durchzuführen, und die Untersuchungszeiten sollten so gewählt werden, daß sich auch bei der niedrigsten Wahltemperatur mindestens 10% zersetzt haben.
— Die Untersuchungen sind bei mindestens 4 Temperaturen vorzunehmen.
— Zur Berechnung einer Reaktionsgeschwindigkeitskonstanten (RGK) sollen mindestens 20 Einzelmessungen während des gesamten Versuchsablaufes durchgeführt werden.
— Die RGK ist mit oberer und unterer Vertrauensgrenze (Irrtumswahrscheinlichkeit $2\alpha = 0{,}05$) zu berechnen.
— Der Extrapolationswert k_{20} ist durch gewichtete Regression mit Vertrauensgrenzen zu berechnen (dazu werden die Logarithmen der mittleren RGK jeder Temperatur so oft in die Ausgleichsrechnung eingegeben, wie es dem reziproken Wert der Differenz der Logarithmen aus oberer und unterer Vertrauensgrenze entspricht).

3.4. Zur Kurzzeittestung der Haltbarkeit von Feststoffen werden folgende Bedingungen empfohlen:

— Die Substanz wird 30 Tage bei 25 °C und 80% relativer Feuchte gelagert. Danach wird die Gewichtszunahme bestimmt und auf Veränderung geprüft.
— Der Wassergehalt der Ausgangssubstanz wird bestimmt. Danach wird die Substanz mit Wasser bis zur maximalen Aufnahmefähigkeit beladen. Die mit Wasser beladene Substanz wird luftdicht verschlossen bei 90 °, 80 ° und 60 °C gelagert. Die Zeitdauer ist abhängig vom Zersetzungsgrad, am besten bis $t^{50\%}$.
  Für jede Prüfung ist ein separates Behältnis und der Gesamtinhalt zu verwenden. Zeigt die Substanz Zersetzungen von mehr als 10%, ist die Temperaturbelastung bei 45 °C zu überprüfen und nach Ermittlung der Reaktionsordnung auf 20 °Czu extrapolieren.
— Zur Prüfung der Lichtempfindlichkeit kann die Substanz 30 Tage mit einer Xenonlampe bestrahlt werden.

3.5. Zur Kurzzeittestung von Feststoffen für den Einsatz in Arzneizubereitungen wird folgendes empfohlen:

— Das Stabilitätsoptimum im pH-Bereich von 2 bis 9 in wäßrigen, gepufferten Lösungen bei 20° bis 50 °C für die Zeit von 24 Stunden, 10 Tagen und 30 Tagen ist zu ermitteln.

— Zur Prüfung der Lichtempfindlichkeit der Substanz in Lösung wird mit einer Xenonlampe 24 Stunden lang bestrahlt.
— Zweikomponentensysteme sind trocken und mit einem Zusatz von 5% Wasser bei 20 °C und 50 °C 30 Tage zu lagern.

Die weitere Ausführung erfolgt gemäß 3.4.

4. Der Langzeitversuch

4.1. Der Langzeitversuch dient zur Ermittlung der direkten Aussage über die Haltbarkeit eines Arzneimittels.

4.2. Es sollten mindestens 3 Chargen eingelagert und geprüft werden.

4.3. Für Aussagen über die Haltbarkeit im gemäßigten Klima soll die Lagerungstemperatur durchschnittlich 20 °C betragen[2]), wobei der Temperaturbereich von +15° bis +25 °C eingehalten werden muß. Lassen die Eigenschaften des Arzneimittels keine ausreichende Haltbarkeit bei gemäßigtem Klima erwarten, ist ein Langzeitversuch bei entsprechend tieferen Temperaturen durchzuführen.

4.4. Die Versuchsdauer erstreckt sich über den gesamten Zeitraum der Verwendbarkeitsdauer (in der Regel 5 Jahre).

4.5. Die Untersuchung erfolgt erstmals unmittelbar nach der Herstellung, die weiteren Untersuchungstermine richten sich nach dem Ausmaß zu erwartender Veränderungen: erforderlichenfalls nach 3 und nach 6 Monaten, in jedem Fall in Abständen von 12 Monaten nach der Herstellung.

4.6. Die Rezepturveränderung eines Arzneimittels erfordert erneut Stabilitätsuntersuchungen zur Bestätigung der Verwendbarkeitsdauer.

5. Inhalt des Stabilitätsgutachtens

1. Name des Arzneimittels
2. Arzneiform
3. Chargen-Nr. (Herstellungsdatum):
   mindestens 3 Chargen sind zu prüfen; erforderlichenfalls unter Berücksichtigung des maximal zulässigen Gehalts an Verunreinigungen (s. Pkt. 5)
4. Zusammensetzung:
   Art, Menge, Qualität der Wirk- und Hilfsstoffe
5. Gehalt an Verunreinigungen:
   soweit diese Einfluß auf die Stabilität des Arzneimittels haben (z. B. Schwermetallionen, Wassergehalt, pH, Mikroorganismen)

6. Herstellungsvorschrift:
   ggf. nur Code-Nr., um zu dokumentieren, daß die geprüften Chargen nach derselben Vorschrift hergestellt wurden.
7. Herstellungstechnologie:
   Labor-, Pilot- oder Fabrikationscharge
8. Art der Verpackung
9. Prüfvorschrift mit Zuverlässigkeitskriterien und Angabe der zulässigen Abweichungen vom Anfangswert (Anlage zum Stabilitätsgutachten)
10. Lagerungsbedingungen:
    Temperatur/Feuchte
11. Untersuchungstermine — Untersuchungsergebnisse
    (einschließlich statistischer Auswertung)
12. Auswertung der Befunde:
    organoleptische, physikalische, chemische und mikrobiologische Beurteilung des Arzneimittels, Festlegung der Aufbewahrungsvorschrift und der Verwendbarkeitsdauer ab Herstellungsdatum
13. Unterschrift:
    Leiter der Kontrollabteilung

---

[1]) 2. Bilaterales Symposium „Analytisches Studium der Stabilität von Arzneimitteln" ČSSR/DDR. Stará Lesná, 14.—18. Mai 1979.

[2]) Die für die DDR z. Z. festgelegten Temperaturen und Fristen s. C 05 05 01.

Mitteilung des Ministeriums für Gesundheitswesen zur Verordnung und Abgabe schwangerschaftsverhütender Mittel[1])

vom 30. Mai 1972
— Auszug —

Im § 4 Abs. 2 des Gesetzes über die Unterbrechung der Schwangerschaft vom 9. 3. 72 (GBl. Teil I Nr. 5 v. 15. 3. 72) ist festgelegt, daß die Abgabe ärztlich verordneter schwangerschaftsverhütender Mittel an sozialversicherte Frauen unentgeltlich zu erfolgen hat.

1. Schwangerschaftsverhütende Mittel im Sinne des § 4 Abs. 2 sind
   — hormonelle (Ovulationshemmer)
   — mechanische (Kappen und Pessare)
   — chemische (Nonagel, Inaid, Tutuscreme)
   Kontrazeptiva.

...

3. Zur Verordnung von Ovulationshemmern sind zugelassen:
   a) Fachärzte für Gynäkologie und Geburtshilfe
      — in ambulant-medizinischen Einrichtungen
      — in geburtshilflich-gynäkologischen Fachkliniken und Abteilungen
      — in Schwangeren- sowie Ehe- und Sexualberatungsstellen
      — in eigener Niederlassung
   b) Ärzte, die sich in der Facharztausbildung für Gynäkologie und Geburtshilfe befinden.

4. Gemäß Punkt 8 der Instruktion zur Durchführungsbestimmung zum Gesetz über die Unterbrechung der Schwangerschaft vom 9. März 1972 (Verf. u. Mitt. des Ministeriums für Gesundheitswesen Nr. 4/72) sind die Kreisärzte berechtigt, in Abstimmung mit den Kreisgynäkologen die Zahl der Ärzte, die Ovulationshemmer verordnen können ... wesentlich zu erweitern. Dabei sind besonders Fachärzte für Allgemeinmedizin und Betriebsärzte zu berücksichtigen, die auf diese Aufgabe durch die Kreisgynäkologen vorzubereiten sind.

5. Die Kreisärzte haben dafür Sorge zu tragen, daß die notwendigen Kontrolluntersuchungen gemäß den Empfehlungen des Bezirksgynäkologen gesichert werden.

6. Die Kreisärzte teilen den Apotheken und Verwaltungen der Sozialversicherung in den Kreisen die gemäß Punkt 8 der Instruktion zur Durchführungsbestimmung zum Gesetz über die Unterbrechung der Schwangerschaft vom 9. März 1972 (Verf. u. Mitt. des Ministeriums für Gesundheitswesen Nr. 4/72) zur Verordnung von Ovulationshemmern berechtigten Einrichtungen bzw. Ärzte mit.

7. Auf einem Rezept dürfen bis zu 6 Originalpackungen Ovulationshemmer verordnet werden. In erforderlichen Fällen kann durch den Arzt vermerkt werden, daß von der Apotheke jeweils nur eine der insgesamt 6 Packungen monatlich abgegeben wird.

...

9. Zur Verordnung der anderen unter Punkt 1 genannten schwangerschaftsverhütenden Mittel sind alle Ärzte zugelassen.

...

---

[1]) Die Mitteilung wurde den zuständigen Organen direkt zugestellt.

Anweisung über die Nomenklatur C des Arzneimittelverzeichnisses

vom 2. Oktober 1981
(VuM MfGe Nr. 10 S. 118)

1.

(1) Arzneimittel und den Arzneimitteln gleichgestellte Erzeugnisse, die insbesondere der Anwendung in der spezialisierten und hochspezialisierten medizinischen Betreuung der Bevölkerung vorbehalten sind, werden in die Nomenklatur C des Arzneimittelverzeichnisses eingestuft (nachstehend Arzneimittel der Nomenklatur C genannt).
(2) Die Einstufung erfolgt auf Empfehlung des Zentralen Gutachterausschusses für Arzneimittelverkehr — Sektion Humanmedizin — durch den Minister für Gesundheitswesen. Gleichzeitig mit der Einstufung werden die Indikationen und Anwendungskriterien sowie erforderlichenfalls die zur Anwendung berechtigten Gesundheitseinrichtungen festgelegt.
(3) Die Nomenklatur C des Arzneimittelverzeichnisses gliedert sich in fünf Teile:

Teil I (Arzneifertigwaren)
Teil II (Seren, Impfstoffe und andere Zubereitungen aus biologischem Material)
Teil III (Verbandstoffe und Pflaster, chirurgisches Näh- und Unterbindungsmaterial, Endoprothesen und andere Implantate)
Teil IV (Dentalpharmazeutika und zahntechnisches Material)
Teil V (Labordiagnostika).

Die Bekanntmachung der geltenden Fassung erfolgt durch Anweisung des Ministers für Gesundheitswesen in den Verfügungen und Mitteilungen des Ministeriums für Gesundheitswesen.

2.

Arzneimittel der Nomenklatur C sind nur dann zu verordnen, wenn der medizinische Zweck nicht mit anderen zur Verfügung stehenden Arzneimitteln bzw. den Arzneimitteln gleichgestellten Erzeugnissen zu erreichen ist.

3.

(1) Für die Organisation der Versorgung mit Arzneimitteln der Nomenklatur C ist der Bezirksapotheker verantwortlich.
(2) Arzneimittel der Nomenklatur C werden durch die Bezirksdepotapotheke und andere entsprechend den territorialen Erfordernissen festgelegte Einrichtungen des Apothekenwesens vorrätig gehalten.

4.

(1) Die Bereitstellung eines Arzneimittels der Nomenklatur C ist zu beantragen[1]). Die Anträge sind vom Leiter der Klinik/Abteilung der stationären Gesundheitseinrichtung, der Poliklinik oder des Ambulatoriums und vom verordnenden Arzt zu unterschreiben. Bei Langzeitbehandlung ist der Antrag nach Ablauf von zwölf Monaten erneut zu stellen. Für anwendungsberechtigte stationäre Gesundheitseinrichtungen, die auf Grund ihrer Aufgabenstellung einen kontinuierlichen Bedarf an Arzneimitteln der Nomenklatur C haben, entfällt die Antragstellung. Sie sind berechtigt, ihren Behandlungsbedarf[2]) an diesen Arzneimitteln vorrätig zu halten.

(2) Die beantragten Arzneimittel der Nomenklatur C sind auf Rezepten zu verordnen bzw. auf Anforderungsscheinen[3]) anzufordern. Rezepte bzw. Anforderungsscheine mit Arzneimitteln der Nomenklatur C dürfen keine anderen Arzneimittel bzw. den Arzneimitteln gleichgestellte Erzeugnisse enthalten.

5.

(1) Durch die vom Patienten in Anspruch genommene Apotheke bzw. durch die Lieferapotheke bei stationären Gesundheitseinrichtungen ist die Bereitstellung des beantragten Arzneimittels der Nomenklatur C unverzüglich zu veranlassen. Notwendige Rücksprachen sind durch die Apotheke mit dem verordnenden Arzt oder dem zuständigen Leiter der betreuenden Gesundheitseinrichtung zu führen.

(2) Das Rezept und der Antrag sind vom Patienten in der Regel in einer Apotheke seines Heimatbezirkes vorzulegen. Die Apotheke hat über die Abgabe einen Nachweis zu führen. Folgende Angaben sollten enthalten sein: Name, Vorname, Geburtsdatum und Wohnanschrift des Patienten, betreuende Gesundheitseinrichtung und verordnender Arzt, Datum der Vorlage des Rezeptes bzw. Anforderungsscheines, verordnete Menge und Dosierung, Vermerke zur Beschaffung des Arzneimittels und Information des Patienten, Datum der Abgabe und abgegebenen Menge.

6.

(1) Diese Anweisung tritt mit ihrer Veröffentlichung in Kraft.

(2) Gleichzeitig tritt die Anweisung (Nr. 1) vom 10. Mai 1968 über Arzneifertigwaren, die in die Nomenklatur C des Arzneimittelverzeichnisses eingestuft werden, in der Fassung der Ziff. 1 der Anweisung Nr. 5 vom 24. Februar 1975 (Verf. u. Mitt. Nr. 6 S. 29) und der Ziff. 5 Buchst. d der Anweisung Nr. 8 vom 14. Februar 1979 (Verf. u. Mitt. Nr. 2 S. 17) außer Kraft.

---

[1]) Vordruck Nr. 9671 VV Freiberg, Außenstelle Dresden

[2]) Ziff. 3 Abs. 2 der Arzneimittelordnung vom 5. Februar 1981 (Verf. u. Mitt. Nr. 1 S. 1)

[3]) Sofern in stationären Gesundheitseinrichtungen für die Anforderung von Arzneimitteln der Nomenklatur C besondere Bestellbücher verwandt wurden, können diese weiterhin verwendet werden.

Anordnung über Rückstände von Pflanzenschutzmitteln, Vorratsschutzmitteln und Mitteln zur Steuerung biologischer Prozesse in Lebensmitteln
— Rückstandsmengen-Anordnung[1]) —

vom 3. Juni 1980
— Auszug —
(GBl. SDr. Nr. 1054)

Zur Begrenzung der Rückstände von Pflanzenschutzmitteln, Vorratsschutzmitteln und Mitteln zur Steuerung biologischer Prozesse in Lebensmitteln wird gemäß § 6 Absätze 1 und 6 des Lebensmittelgesetzes vom 30. November 1962 (GBl. I Nr. 12 S. 111) folgendes angeordnet:

§ 1

(1) In Lebensmitteln dürfen nur Rückstände von Pflanzenschutzmitteln, Vorratsschutzmitteln und Mitteln zur Steuerung biologischer Prozesse entsprechend den in Anlage 1 (maximal zulässige Rückstandsmengen), Anlage 2 (maximal zulässige Rückstandsmengen für Wirkstoffe mit speziellen Anwendungsbereichen) und Anlage 3 (maximal zulässige Rückstandsmengen für ubiquitär vorkommende Wirkstoffe und Metabolite) festgelegten Mengen enthalten sein. Die Zuordnung einzelner Lebensmittel zu den Lebensmittelgruppen der Anlage 1 ist in der Anlage 4 geregelt.
(2) Die Forderungen des Abs. 1 gelten auch für Lebensmittel, die von Tieren gewonnen wurden, an denen Parasitenbekämpfungsmaßnahmen mit Tierarzneimitteln durchgeführt wurden, die gleiche Wirkstoffe wie Pflanzenschutzmittel, Vorratsschutzmittel und Mittel zur Steuerung biologischer Prozesse enthalten.
(3) Die mit 0 angegebenen Rückstandsmengen gelten als vernachlässigbarer Rückstand und eingehalten, wenn die für die einzelnen Toxizitätsgruppen festgelegten maximal zulässigen Rückstandsmengen nicht überschritten werden, und zwar bei

Gruppe I 0,1 mg Wirkstoff/kg Lebensmittel
Gruppe II 0,02 mg Wirkstoff/kg Lebensmittel
Gruppe III 0,004 mg Wirkstoff/kg Lebensmittel.

(4) Säuglings- und Kindernahrung einschließlich Milch darf in keinem Fall mehr als die maximal zulässigen Rückstandsmengen der Toxizitätsgruppen gemäß Abs. 3 enthalten.
(5) Gewürze dürfen die in der Anlage 2 genannten maximal zulässigen Rückstandsmengen sowie bis zum 5fachen der höchsten in den Anlagen 1 und 3 angeführten maximal zulässigen Rückstandsmengen enthalten.

§ 2

(1) Beim Vorhandensein mehrerer Pflanzenschutzmittel, Vorratsschutzmittel und Mittel zur Steuerung biologischer Prozesse mit gleichem toxikologischen Wirkprinzip dürfen von jedem einzelnen Wirkstoff nur soviel Prozent der jeweils maximal zulässigen Rückstandsmenge enthalten sein, daß die Summe dieser Prozente 100 nicht übersteigt.
(2) Werden mehrere Pflanzenschutzmittel, Vorratsschutzmittel und Mittel zur Steuerung biologischer Prozesse, die als Rückstand auf der Pflanze bzw. dem Produkt oder Lagergut unerwünschte hygienisch-toxikologische Kombinationseffekte verursachen können, bei der gleichen Kultur bzw. dem gleichen Produkt oder Lagergut angewandt, werden die in den Anlagen 1 bis 3 festgelegten maximal zulässigen Rückstandsmengen durch das Ministerium für Gesundheitswesen neu festgelegt.

§ 3

Vom Verkehr ausgeschlossen sind:

a) Lebensmittel gemäß den Anlagen 1 bis 3, sofern sie Rückstände über die tolerierten Mengen hinaus enthalten;
b) Lebensmittel, die nicht in Anlage 1 aufgeführt sind, wenn sie größere Rückstandsmengen als den 0-Wert der Toxizitätsgruppe des nachgewiesenen Wirkstoffes (§ 1 Abs. 3) enthalten, mit Ausnahme der im § 1 Abs. 5 aufgeführten Regelungen für Gewürze;
c) Lebensmittel, die in den Anlagen 1 bis 3 nicht angeführte Wirkstoffe aus Pflanzenschutzmitteln, Vorratsschutzmitteln und Mitteln zur Steuerung biologischer Prozesse enthalten.

§ 4

(1) Abweichungen von den Festlegungen dieser Anordnung in besonders begründeten Einzelfällen sind nur mit Genehmigung des Ministeriums für Gesundheitswesen zulässig.
(2) Neue Pflanzenschutzmittel, Vorratsschutzmittel und Mittel zur Steuerung biologischer Prozesse mit Wirkstoffen, die in den Anlagen nicht aufgeführt sind und die bei landwirtschaftlichen Produkten und bei Lebensmitteln, die sofort oder zu einem späteren Zeitpunkt für die menschliche Ernährung bestimmt sind, zur Anwendung kommen sollen, dürfen nur zugelassen werden, nachdem das Ministerium für Gesundheitswesen die entsprechenden maximal zulässigen Rückstandsmengen festgelegt hat.

§ 5

Bei der Festlegung der maximal zulässigen Rückstandsmengen wird das Ministerium für Gesundheitswesen durch einen Prüfungsausschuß beraten. Die Mitglieder des Prüfungsausschusses werden durch den Leiter der Hauptabteilung Hygiene und Staatliche Hygieneinspektion auf Vorschlag der zuständigen Staatsorgane ernannt.

§ 6

(1) Diese Anordnung tritt am 1. Januar 1981 in Kraft.

(2) Gleichzeitig treten außer Kraft:

— Anordnung vom 28. Juni 1971 über Rückstände von Pflanzenschutz- und Schädlingsbekämpfungsmitteln in Lebensmitteln (GBl. II Nr. 60 S. 526),

— Anordnung Nr. 2 vom 18. Dezember 1973 über Rückstände von Pflanzenschutz- und Schädlingsbekämpfungsmitteln in Lebensmitteln (GBl. I 1974 Nr. 3 S. 27).

---

[1]) In einer Vereinbarung zwischen dem Institut für Pflanzenschutzforschung Kleinmachnow der AdLW und dem IFAR vom 9. Januar 1981 ist geregelt, daß die Zulassung von Pflanzenschutzmitteln und Mitteln zur Steuerung biologischer Prozesse für den Arzneipflanzenbau und die Drogenvorratshaltung nur nach Zustimmung des IFAR erfolgt.

Anlage 1[0])

zu vorstehender Anordnung

Maximal zulässige Rückstandsmengen (mg Wirkstoff/kg Lebensmittel)

Lebensmittel[1] → Wirkstoff ↓	Beeren-obst	Wurzel-gemüse	Blatt-gemüse	Kohl-gemüse	Hülsen-früchte	Frucht-gemüse	Sproß-gemüse	Zwiebel-gemüse	pflanzl. Öle und Fette	vernachlässigb. Rückstände n. Toxizitätsgr.
1. Insektizide/Akarizide										
1.01 Aldicarb	0	0	0	0	0	0	0	0,1	0	III
02 Amitraz	0	0	0	0	0	0,2	0	0	0	III
03 Azinphos-methyl[2]	0,4	0	0,4	0,4	0,4	0,4	0	0	0	II
04 Bromophos[2]	1,0	1,0	1,0	1,0	1,0	1,0	1,0	0	0	II
05 Butonat	1,0	1,0	1,0	1,0	1,0	1,0	1,0	0	0	II
06 Camphechlor	0,5	0,5	0,5	0,5	0	0,5	0	0	0(2,0)[7]	II
07 Carbaryl	1,0	1,0	1,0	1,0	1,0	1,0	1,0	1,0	0	II
08 Carbofuran	0	0	0	0,75	0	0	0	0	0	III
09 Chlorfenvinphos	0	0	0	0,1	0	0(0,05)[3]	0	0	0	III
10 Chlorthiophos	0	0	0,05	0,05	0,05	0,05	0	0	0	II
11 Cyhexatin	0,2	0	0	0	0	0	0	0	0	I
12 Demephion	0,1	0,05	0,1	0,1	0,05	0,1	0	0	0	III
13 Dichlorvos	0,1	0,1	0,1	0,1	0,1	0,2	0	0	0	II
14 Dicofol	1,0	0,5	1,0	0	0	1,0	0	0	0	II
15 Dimethoat[2]	0,5	0,5	0,5	0,5	0,5	0,5	0,1	0	0	III
16 Endosulfan	0,1	0,2	0,2	0	0,5	0	0	0,1	0	II
17 Ethiofencarp	0	0,5	0	0,5	0	1,0	0	0,5	0	II
18 Fenitrothion	0,5	0,5	0,5	0,5	0,5	0,5	0	0	0	II
19 Lindan[5]	0,5	0,5	0,5	0,5	0,1	0,5	0,5	0	0,5	II
20 Malathion[2]	0,5	0,5	0,5	0,5	0,5	2,0	0	0	0	I
21 Methamidophos	0,1	0,1	0,1	0,1	0,1	0,1	0,1	0,1	0	II
22 Methidathion	0,1	0	0	0,1	0	0,1	0	0	0	II
23 Methomyl	0	0	0	0	0	0,05	0	0	0	II
24 Methoxychlor	3,0	1,0	1,0	3,0	1,0	1,0	0	0	0	I
25 Mevinphos	0	0	0	0	0	0	0	0	0	III
26 Naled	0,2	0,2	0,2	0,2	0,1	0,2	0,2	0,2	0	II

Anlage 1 (Fortsetzung)

Lebensmittel[1] → Wirkstoff ↓	Beeren-obst	Wurzel-gemüse	Blatt-gemüse	Kohl-gemüse	Hülsen-früchte	Frucht-gemüse	Sproß-gemüse	Zwiebel-gemüse	pflanzl. Öle und Fette	vernachlässigb. Rückstände n. Toxizitätsgr.
27 Parathion-methyl[2]	0,2	0,2	0,2	0,2	0,2	0,2	0,2	0	0	III
28 Permethrin	0	0	0	2,0	0	1,0	0	0	0	I
29 Phosmet	0	0	0	0	0	0	0	0	0	III
30 Piperonylbutoxid	0	0	0	0	4,0	4,0	0	0	0	I
31 Pirimicarb	0,05	0	0,05	0,05	0	0,05	0	0	0	II
32 Pirimiphos-methyl	0	0	0,4	0	0	0,4	0	0	0	II
33 Propargit	0	0	1,0	0	0	1,0	0	0	0	I
34 Pyrethrine	0	0	0	0	1,0	1,0	0	0	0	I
35 Sulfotepp	0	0	0,02	0,02	0	0,02	0	0	0	III
36 Tetradifon + Tetrasul	2,0	1,0	1,0	1,0	1,0	1,0	0	0	0	I
37 Trichlorfon	0,1	0,1	0,5	0,1	0,1	0,2	0	0	0	II
2. Fungizide										
2.01 Aldimorph	0	0	0	0	0	0	0	0	0	I
02 Benomyl	1,0(3,0)[8]	0	1,0	0	0	1,0(3,0)[3]	0	0	0	I
03 Bupirimat	0	0,1	0,5	0,5	0,5	0,5	0	0	0	II
04 Captafol	2,0	0	0	0	0,2	0	0	0	0	II
05 Captan	5,0	5,0	5,0	5,0	5,0	5,0	0	0	0	I
06 Carbendazim	1,0(3,0)[8]	0	1,0	0	0	1,0(3,0)[3]	0	0	0	I
07 Chinomethionat	0,1	0	0,1	0	0	0,1	0	0	0	II
08 Cu-Verb. als Cu[10]	10,0	10,0	0	10,0	10,0	10,0	0	0	0	—
09 Dichlofluanid	2,0	0	0	0	0	2,0	0	0	0	I
10 Dimethirimol	0	0	0	0	0	0,5	0	0	0	I
11 Dinobuton	0,5	0,5	0,5	0	0	0,5	0	0	0	II
12 Dinocap	1,0	1,0	1,0	1,0	1,0	1,0	0	0	0	II
13 Ditalimfos	0	0	2,0	1,0	0	1,0	0	0	0	I
14 Dithiocarbamate[11] ber. als CS_2	0,7(1,5)[8]	0,7	0	0,1	0,1	3,0	0	0,7(3,0)[12]	0	II
15 Ethylenthioharnstoff	0,05(0,1)[8]	0,05	0	0,01	0,01	0,1	0	0,5(0,1)[12]	0	II
16 Ethirimol	0	0	0	0	0	0	0	0	0	II
17 Fenbutinoxid	1,0	0	1,0	1,0	0	1,0	0	0	0	II
18 Fentinhydroxid	0	0	0	0	0	1,0	0	0	0	II

Anlage 1 (Fortsetzung)

Lebensmittel[1] → Wirkstoff ↓	Beeren-obst	Wurzel-gemüse	Blatt-gemüse	Kohl-gemüse	Hülsen-früchte	Frucht-gemüse	Sproß-gemüse	Zwiebel-gemüse	pflanzl. Öle und Fette	vernachlässigb. Rückstände n. Toxizitätsgr.
19 Pyrazophos	0	0,1	0,1	0,1	0,1	0,1	0	0,1	0	III
20 Schwefel[10]	50,0	0	0	0	0	25,0	0	0	0	—
21 Thiabendazol	0	0	0	0	0	0	0	0	0	I
22 Thiophanat-methyl	1,0(3,0)[8]	0	1,0	0	0	1,0(3,0)[3]	0	0	0	I
23 Thiram	0,7(0,3)[8]	0	3,0	0,1	0,1	0	0	0	0	II
24 Triadimefon	0	0	0	0	0	0	0	0	0	II
25 Triforin	1,0	0	1,0	0	0	0,5	0	0	0	I
3. Herbizide/MBP										
3.01 Alachlor	0	0	0	0	0	0	0	0	0	I
02 Atrazin	0	0,1	0,1	0,1	0,1	0	0	0	0	II
03 Barban	0	0	0	0	0	0	0	0	0	I
04 Benazolin	0	0	0	0	0	0	0	0	0	I
05 Benfluralin	0	0	0	0	0	0	0	0	0	I
06 Bentazon	0	0	0	0	0	0	0	0	0	I
07 Benzoylprop-äthyl	0	0	0	0,2	0	0	0	0,2	0	I
08 Bromoxynil	0	0	0	0	0	0	0	0,1	0	II
09 Buminaphos	0	0	0	0	0	0,5	0	0,5	0	I
10 Chloralhydrat	0	0	0	0	0	0	0	0	0	II
11 Chlormethylhalbacetal	0	0	0	0	0	0	0	0	0	II
12 Chlormequat	0	0	0	0	0	0	0	0	0	I
13 Chlorpropham	0	0	0	0	0	0	0	0	0	I
14 Chlortoluron	0	0	0	0	0	0	0	0	0	I
15 2,4-D	0	0	0	0	0	0	0	0	0	II
16 Dalapon	0(0,3)[8]	0,2	0	0	0	0	0,2	0	0	II
17 2,4-DB	0	0	0	0	0,05	0	0	0	0	II
18 DCIB	0	0	0	0	0	0	0	0	0	I
19 Defenuron	0	0	0	0	0	0	0	0	0	I
20 Desmetryn	0	0	0	0,25	0	0	0,1	0,1	0	II
21 Diaminozid	0	0	0	0	0	0	0	0	0	I
22 Dicamba	0	0	0	0	0	0	0	0	0	I
23 Dichlorbenil	0	0	0	0	0	0	0	0	0	I

Anlage 1 (Fortsetzung)

Lebensmittel[1] → Wirkstoff ↓	Beeren-obst	Wurzel-gemüse	Blatt-gemüse	Kohl-gemüse	Hülsen-früchte	Frucht-gemüse	Sproß-gemüse	Zwiebel-gemüse	pflanzl. Öle und Fette	vernachlässigb. Rückstände n. Toxizitätsgr.
24 Dichloprop	0	0	0	0	0	0	0	0	0	II
25 Difenoxuron	0	0	0	0	0	0	0,5	0,5	0	I
26 Dinoseb, Dinosebazetat	0	0,05	0,05	0,05	0,05	0,05	0	0	0	III
27 Diquat/Dipyridylverb.	0	0	0	0	0,2	0	0	0	0,05	II
28 Diuron	0	0	0	0	0	0	0,5	0	0	I
29 Ethephon	2,0	0	0	0	0	1,0	0	0	0	II
30 Fenuron	0	0	0	0	0	0	0	0	0	I
31 Ioxynil	0	0	0	0	0	0	0	0	0	II
32 Isoproturon	0	0	0	0	0	0	0	0	0	I
33 Lenacil	0	0	0	0	0	0	0	0	0	II
34 MCPA	0	0	0	0	0	0	0	0	0	II
35 MCPB	0	0	0,1	0	0,1	0	0	0	0	II
36 Mecoprop	0	0	0	0	0	0	0	0	0	II
37 Metamitron	0	0,05	0	0	0	0	0	0	0	II
38 Methabenzthiazuron	0	0	0	0	0	0	0	0	0	I
39 Metobromuron	0	0	0	0	0	0	0	0	0	I
40 Monuron	0	0	0	0	0	0	0,5	0	0	I
41 Nitrofen	0	0,1	0,1	0,1	0	0	0,1	0,1	0	II
42 Pentanochlor	0	0	0	0	0	0	0	0	0	I
43 Phenmedipham	0	0	0	0	0	0	0	0	0	I
44 Prometryn	0	0,1	0,1	0,1	0,1	0,1	0	0	0	II
45 Propham	0	0	0	0	0	0	0	0	0	I
46 Propachlor	0	0	0	0	0	0	0	0,2	0	I
47 Propazin	0	0,1	0	0	0	0	0	0,1	0	II
48 Proximpham	0	0	0,05	0	0	0	0	0	0	II
49 Simazin	0	0,1	0,1	0,1	0,1	0,1	0	0	0	II
50 TCA	0	0,2	0	0	0	0	0	0	0	II
51 Triallat	0	0	0	0	0	0	0	0	0	I
52 Trifluralin	0	0	0	0,05	0	0,05	0	0	0	II

Anmerkungen zu Anlage 1:

⁰) Nicht abgedruckt wurden die Werte für Kernobst, Erdbeeren, Steinobst, Schalenobst, Südfrüchte, Getreide, Kartoffeln, tierische Fette, Fleisch, Eier, Fisch

1 siehe Anlage 4
2 hiervon maximal 20% als Oxoverbindung
3 Klammerwerte für Kulturchampignons
4 Klammerwerte für Mahlerzeugnisse
5 einschließlich der Isomeren
6 Klammerwerte für ohne Schale
7 Klammerwerte für Rapsöl
8 Klammerwerte für Weinbeeren
9 Klammerwerte für Innereien
10 als Oberflächenbelag
11 betr. Mancozeb, Maneb, Metiram, Polycarbazin, Propineb, Zineb; für die Bestimmung einzelner Wirkstoffe sind die spezifischen Umrechnungsfaktoren zu berücksichtigen
12 Klammerwerte für Lauchzwiebeln

Anlage 2

zu vorstehender Anordnung

Maximal zulässige Rückstandsmengen (MZR) für Wirkstoffe mit speziellen Anwendungsbereichen (mg Wirkstoff/kg Lebensmittel)

	Wirkstoff	Anwendungsbereich	MZR mg/kg	vernachlässigbarer Rückstand nach Toxizitätsgruppe
1.	**Begasungsmittel**			
1.1.	Zyanwasserstoff	Getreide[1], Hülsenfrüchte, Tee, Gewürze	6,0	
1.2.	Methylbromid[2]	Südfrüchte, Getreide, Hülsenfrüchte (außer Speisebohnen), importierte Kartoffeln	30	
		Kaffeebohnen, Kakaobohnen	50	
		Ölsaaten, bittere Mandeln, Trockenfrüchte, Trockengemüse	100	
		Gewürze	200	
1.3.	Phosphorwasserstoff	Getreide	0,1	
		Mahlerzeugnisse, Teigwaren, Hülsenfrüchte, Ölsaaten, Tee, Kakaobohnen, Kaffeebohnen, Trockenfrüchte, Trockengemüse, Äpfel, Gewürze, Südfrüchte, Aprikosenkerne, süße und bittere Mandeln, Schalenobst, Kokosraspel	0,01	

Anlage 2 (Fortsetzung)

Wirkstoff		Anwendungsbereich	MZR mg/kg	vernachlässigbarer Rückstand nach Toxizitätsgruppe
2.	**Sonderanwendungsgebiete**			
2.1.	Insektizide/Akarizide			
2.1.1.	Aldicarb	Hopfen[3]	0,1	
2.1.2.	Cartap-hydrochlorid	Kartoffeln	1,0	
2.1.3.	Diaminozid	Hopfen	20,0	
2.1.4.	Dimefox	Hopfen	0,1	
2.1.5.	Kelevan und Kepone	Kartoffeln	0	II
2.1.6.	Schradan	Hopfen	0,01	
2.2.	Fungizide			
2.2.1.	Quintozen	Salat, Kohl	1,0 (0,3)[4]	
2.2.2.	Tridemorph	Getreide	0,05	
2.3.	Herbizide			
2.3.1.	Ametryn	Kartoffeln	0,2	
2.3.2.	Amitrol	Kernobst, Beerenobst, Steinobst	0	III
2.3.3.	Bromfenoxim	Getreide	0,1	
2.3.4.	Chlorat	Kartoffeln	0,2	
2.3.5.	Chloroxuron	Erdbeeren	0,2	
2.3.6.	Chlorphen-prop-methyl	Getreide (außer Hafer)	0	I
2.3.7.	Chlorthiamid	Weinbeeren	0,1	
2.3.8.	Zyanazin	Hülsenfrüchte	0,1	
2.3.9.	DNOC	Getreide, Hülsenfrüchte	0	III
2.3.10.	Methazol	Zwiebeln	0,5	
2.3.11.	Metribuzin	Tomaten	0,1	
2.3.12.	Naptalam	Gurken	0,2	
2.3.13.	Picloram[5]	Milch	0,05	
		Fleisch	0,2	
		Niere	5,0	
		Leber	0,5	

[1] nicht zum Direktverzehr
[2] Rückstände beziehen sich auf anorganisches Bromid einschl. des natürlich vorhandenen Bromids
[3] nach dem Darren
[4] bei Dauerkohl nach Entfernen der Außenblätter
[5] nach Anwendung im Grünland

Anlage 3

zu vorstehender Anordnung

Maximal zulässige Rückstandsmengen (MZR) für ubiquitär vorkommende Wirkstoffe und Metabolite (mg Wirkstoff/kg Lebensmittel)

Wirkstoff		Lebensmittel	MZR mg/kg	vernachlässigbarer Rückstand nach Toxizitätsgruppe
1.1.	DDT[1]	Obst, Gemüse	0,05	
		Getreide, Kartoffeln	0	II
		pflanzl. Öle und Fette	0,5	
		Zwiebeln	0,5	
		tierische Fette	1,0	
		Milch, Milcherzeugnisse, Butter	1,0[2]	
		Eier	0,3	
		Fisch[3]	1,0	
		Fleisch[3]	0,5	
1.2.	Hexachlorbenzol	Getreide	0,05	
		Mahlerzeugnisse	0	II
		Milch, Milcherzeugnisse, Butter	0,5[2]	
		Fleisch	1,0[2]	

[1] Gesamt-DDT: DDT + DDE + DDD
[2] bezogen auf Fett
[3] Innereien dürfen bis zum 5fachen des angeführten MZR enthalten

Anlage 4

zu vorstehender Anordnung

Zuordnung einzelner Lebensmittel zu Lebensmittelgruppen

I. Obst:

1. Kernobst: Apfel, Birne, Quitte
2. Beerenobst: Brombeere, Himbeere, Johannisbeere, Stachelbeere, Wildfrüchte, Weinbeere
3. Steinobst: Aprikose, Kirsche, Pfirsich, Pflaume
4. Schalenobst: Haselnuß, Walnuß, Kaschunuß, Paranuß, eßbare Kastanie, Mandel, Erdnuß
5. Südfrüchte: Apfelsine, Ananas, Banane, Dattel, Feige, Grapefruit, Orange, Zitrone und sonstige subtropische und tropische Früchte

II. Getreide: Gerste, Hafer, Roggen, Weizen, Reis, Hirse, Mais

III. Gemüse

1. Wurzelgemüse:	Meerrettich, Möhre, Knollensellerie, Pastinak, Radies, Rettich, Rote Rübe, Schwarzwurzel, Kohl- und Speiserübe, Petersilienwurzel
2. Blattgemüse einschl. Stielgemüse:	Bleichsellerie, Kressearten, Chicoree, Salatarten, Mangold, Spinat, Petersilie
3. Kohlgemüse:	Blumenkohl, Chinakohl, Grünkohl, Kohlrabi, Rosenkohl, Rotkohl, Weißkohl, Wirsingkohl
4. Hülsenfrüchte:	Bohne, Erbse, Linse (als Trockenfrüchte)
5. Fruchtgemüse:	Eierfrucht, Gurke, Kürbis, Melone, Paprika, Tomate, Bohnenarten, Gemüseerbse, Speisepilze (Zuchtpilze und wildwachsend)
6. Sproßgemüse:	Spargel, Rhabarber
7. Zwiebelgemüse:	Zwiebelarten, Knoblauch, Porree, Schnittlauch

IV. Pflanzliche Öle und Fette aus:	Lein, Mohn, Raps, Soja, Sonnenblume, Olive
V. Tierische Fette:	Körper- und Milchfette von Nutztieren

Hinweis über die Bereitstellung von Trinkwasser mit begrenztem Nitratgehalt für die Säuglingsernährung

vom 15. Oktober 1981
(VuM MfGe Nr. 10 S. 131)

Zur Sicherung der Herstellung von Säuglingsnahrungen mit einwandfreiem Trinkwasser mit einem maximalen Nitratgehalt von 40 mg/l werden zum Schutz der Säuglinge vor Methämoglobinämien folgende Hinweise gegeben:

1. Für Säuglinge in den ersten 6 Lebensmonaten ist eine Versorgung mit Trinkwasser von max. 40 mg Nitrat/l zu gewährleisten.

2. Sollte der Nitratgehalt den genannten Wert gemäß Ziff. 1 überschreiten (z. B. erhöhter Nitratgehalt in Trinkwasser aus Einzelversorgungsanlagen), ist eine geeignete Ersatzwasserversorgung (z. B. CO_2-imprägniertes Trinkwasser zentraler Wasserversorgungsanlagen mit max. 40 mg Nitrat/l, Tafelwässer, Mineralwässer) zu sichern. Die Verwendung von Selterswasser ist in Anbetracht des hohen Natriumchloridgehaltes nicht zulässig.

3. Beträgt der Nitratgehalt des Trinkwassers mehr als 80 mg/l, so ist für Säuglinge über 6 Lebensmonate und Kleinkinder bis zu einem Lebensjahr eine entsprechende Ersatzwasserversorgung gemäß Ziff. 2 zu gewährleisten.

Anordnung über Fremdstoffe in Lebensmitteln

vom 10. August 1981
(GBl. SDr. Nr. 1072)
— Auszug —

Auf der Grundlage der §§ 4, 6 und 11 Abs. 1 des Lebensmittelgesetzes vom 30. November 1962 (GBl. I Nr. 12 S. 111) in der Fassung der Ziff. 35 der Anlage zum Anpassungsgesetz vom 11. Juni 1968 (GBl. I Nr. 11 S. 242) wird im Einvernehmen mit den Leitern der zentralen staatlichen Organe angeordnet:

§ 1

(1) Fremdstoffe im Sinne dieser Anordnung sind Zusatzstoffe, den Zusatzstoffen gleichgestellte Stoffe und Kontaminanten.
(2) Zusatzstoffe sind Stoffe, die den Lebensmitteln, deren Rohstoffen und Zwischenprodukten (nachstehend als Lebensmittel bezeichnet) und dem Tabak zugesetzt werden und vom Menschen in unveränderter oder veränderter Form aufgenommen werden.
(3) Den Zusatzstoffen sind gleichgestellt:

a) modifizierte Lebensmittelinhaltsstoffe;
b) Stoffe, die im Rahmen technologischer Prozesse verwendet und aus den Lebensmitteln soweit entfernt werden, daß sie oder ihre Umwandlungsprodukte nur als unvermeidbare Anteile in den verzehrsfertigen Lebensmitteln verbleiben;
c) den Lebensmitteln nicht eigene Stoffe, die bei Anwendung neu zugelassener Behandlungsverfahren entstehen.

Den Zusatzstoffen gleichgestellte Stoffe werden im folgenden auch Zusatzstoffe genannt.
(4) Kontaminanten sind Stoffe, die in oder auf Lebensmittel gelangen, unbeabsichtigt dort verbleiben und die nicht dazu bestimmt sind, vom Menschen aufgenommen zu werden.
(5) Ein Verzeichnis der Zusatzstoffe mit Ausnahme der Stoffe gemäß Abs. 3 Buchst. c enthält Anlage 1.
(6) Lebensmittel gemäß § 2 Absätze 1 bis 3 des Lebensmittelgesetzes, die anderen Lebensmitteln zugesetzt werden, sowie Stoffe gemäß § 4 Abs. 2 des gleichen Gesetzes sind nicht Fremdstoffe im Sinne dieser Anordnung. Ausnahmen sind in der Anlage 3 angeführt.

§ 2

(1) Zusatzstoffe dürfen nur in den notwendigen Mengen eingesetzt werden.
(2) Zusatzstoffe gemäß Anlage 2 dürfen für alle Lebensmittel verwendet werden.

(3) Zusatzstoffe gemäß Anlage 3 dürfen nur bei den jeweils benannten Lebensmitteln Verwendung finden. Zusatzstoffe gemäß § 1 Abs. 3 Buchst. b dürfen außerdem nur für den angeführten Verwendungszweck eingesetzt werden. Sofern Höchstmengen angegeben sind, dürfen diese nicht überschritten werden. Bei Zusatzstoffen gemäß § 1 Abs. 2 sind diese Höchstmengen gleichbedeutend mit den zulässigen Einsatzmengen, sofern nicht Ausnahmen angegeben sind.
(4) Für diätetische Lebensmittel dürfen zu den in den Anlagen 2 und 3 angeführten Stoffen zusätzlich die in der Anlage 4 genannten Zusatzstoffe verwendet werden. Die besonderen Festlegungen der Anordnung vom 28. November 1978 über diätetische Lebensmittel (GBl. I 1979 Nr. 3 S. 32) sind zu beachten.

§ 3

(1) Zusatzstoffe müssen in den mit den Lebensmitteln zum Verzehr gelangenden Mengen gesundheitlich unbedenklich sein. Sie dürfen nicht zur Bildung gesundheitlich bedenklicher Stoffe in den Lebensmitteln führen und sie nicht nachteilig beeinflussen.
(2) Zusatzstoffe müssen den Reinheitsanforderungen der Anlage 5 entsprechen. Für Lebensmittelfarbstoffe gelten die Festlegungen der Anordnung vom 18. Oktober 1963 über Lebensmittelfarbstoffe (GBl. II Nr. 106 S. 826, Ber. GBl. II 1964 Nr. 8 S. 58).
(3) Rechtsvorschriften, die den Einsatz von Zusatzstoffen nach Art und Menge bei bestimmten Lebensmitteln weitergehend einschränken oder nicht zulassen, werden durch die Bestimmungen dieser Anordnung nicht berührt.

§ 4

(1) Kontaminanten dürfen in Lebensmitteln nur in gesundheitlich unbedenklichen Mengen enthalten sein und dürfen die Lebensmittel nicht nachteilig beeinflussen. Zulässige Höchstmengen enthält Anlage 6.
(2) Rechtsvorschriften über Höchstmengen von Kontaminanten in Lebensmitteln bzw. Rechtsvorschriften, die indirekt eine Verunreinigung von Lebensmitteln einschränken, bleiben unberührt (Anlage 7).

§ 5

(1) Der Genehmigung des Ministers für Gesundheitswesen bedarf:

1. die Verwendung anderer als der in Anlage 1 genannten Zusatzstoffe,
2. die Verwendung eines in den Anlagen 3 und 4 genannten Zusatzstoffes für andere als die dort angeführten Lebensmittel,
3. die Verwendung bzw. der Gehalt eines zugelassenen Zusatzstoffes in höheren als den angegebenen Mengen,
4. die Verwendung eines zugelassenen Zusatzstoffes, der von den Festlegungen des § 3 Abs. 2 abweicht.

(2) Rechtsvorschriften, die Reinheitsanforderungen an Zusatzstoffe enthalten, bedürfen der Zustimmung des Ministers für Gesundheitswesen.
(3) Bei Anträgen gemäß Abs. 1 ist vom Antragsteller die Notwendigkeit des Einsatzes von Zusatzstoffen, bei Anträgen gemäß Abs. 1 Ziffern 1, 3 und 4 zusätzlich die gesundheitliche Unbedenklichkeit nachzuweisen. Die Anträge sind über die zuständige Bezirks-Hygieneinspektion dem Ministerium für Gesundheitswesen zur Genehmigung zuzuleiten.
(4) Der Minister für Gesundheitswesen entscheidet über die Zulässigkeit von nicht in der Anordnung genannten Kontaminanten nach Art und Menge in einzelnen Lebensmitteln.
(5) Der Minister für Gesundheitswesen wird bei der Entscheidung über die Zulässigkeit von Fremdstoffen durch einen ständigen Sachverständigenausschuß beraten, dessen Mitglieder auf Vorschlag der Leiter der zuständigen zentralen Staatsorgane und wissenschaftlichen Einrichtungen durch den Minister für Gesundheitswesen ernannt werden.

§ 6

(1) Diese Anordnung tritt am 1. November 1981 in Kraft.
(2) Die Vorschriften des § 4 Abs. 1 treten am 1. November 1983 in Kraft.

Anlage 1

zu § 1 Abs. 5 vorstehender Anordnung

Gesamtverzeichnis der Zusatzstoffe	Anlage/Ziffer
Zusatzstoffe	2
Adipinsäure	2
Äpfelsäure	3/ 1.11., 3.4., 6.11., 12.2., 12.3., 15., 16.3.
Agar-Agar	2
Aktivkohle	3/ 16.1.
Alginsäure	4/ 5.
Aluminiumhydroxid	3/ 15., 16.1.
Aluminiumhydroxidgel	3/ 15., 16.1.
Aluminiumoxid	3/ 4.2., 5.2., 10.2., 11.1., 14.5., 14.7., 14.8., 15.
Aluminiumsulfat	
Ammoniak	
Ammoniumaluminiumsulfat	3/ 15.
Ammoniumcarbonate	3/ 6.3., 6.7., 6.8., 11.1., 12.2., 16.3.
Ammoniumchlorid	3/ 10.5., 10.8., 10.10., 10.11., 10.18., 12.2., 14.4., 16.2., 16.3.
Ammoniumeisen(II)sulfat	3/ 6.2.; 4/ 6.
Ammoniumeisen(II)citrat	3/ 6.2.
Ammoniumhydrogencarbonat	s. Ammoniumcarbonate
Ammoniumphosphate	3/ 12.2., 14.4., 14.5.

Carboxymethylcellulose und deren Calcium-, Kalium-, Magnesium- und Natriumverbindungen	3/ 6.7., 6.10., 9.2., 9.3., 10.5., 10.8., 10.20., 11.3., 13., 16.1.; 4/ 1., 3., 5.
Carboxymethyldextran und dessen Natriumverbindung	3/ 10.20.
Carboxymethylstärke und deren Natriumverbindung	3/ 10.5., 10.8., 10.9., 10.10. 10.17., 11.3.
Carrageen	3/ 5.4., 10.20.
Cellulose	3/ 16.1.
Celluloseacetat	3/ 16.1.
Chlor	3/ 15.
Chloramin	3/ 15.
Chloramin T	3/ 15.
Chlordioxid-Natriumchlorit	3/ 15.
Chlorkalk	3/ 6.1., 15.
Cholinacetat	4/ 2.
Cholincarbonat	4/ 2.
Cholinchlorid	4/ 2.
Cholincitrat	4/ 2.
Cholinlactat	4/ 2.
Cholintartrat	4/ 2.
Citronensäure	2
Citronensäureester von Glyceriden der natürlichen Fettsäuren	s. Emulgatoren
Citronensäuretriethylester	3/ 13.
Coffein	3/ 9.2., 9.3., 9.4., 10.5., 10.10., 11.4., 13.
Cyclamat	4/ 1.
Dextran	3/ 10.20.
Dextrine	3/ 13., 16.1.
Diacetin	3/ 13.
Diacetylweinsäureester	s. Emulgatoren
Dichlormethan	3/ 14.6.
Diethylenglycol	3/ 16.1.
Dinatriumdihydrogendiphosphat	s. Natriumpolyphosphate
Dinatrium-5-Guanylat	3/ 6.6.
Dinatriumhydrogenphosphat	s. Natriumphosphate
Dinatrium-5-Inosat	3/ 6.6.
Distickstoffmonoxid	3/ 1.4.
Dodecylgallat	3/ 3.2.
Eisen(III)chlorid	3/ 15.
Eisen(II)lactat	4/ 6.
Eisen(II)sulfat	3/ 15.; 4/ 6.
Eisen(III)sulfat	3/ 15., 16.2.
Eisen(II)tartrat	4/ 6.

Emulgatoren:

Calcium-Stearoyllactylat	3/ 3.7.
Citronensäureester von Glyceriden der natürlichen Fettsäuren	3/ 3.7.

Diacetylweinsäureester	**3/ 6.2., 6.3., 6.7.**
Mono- und Diglyceride natürlicher Fettsäuren	**3/ 3.7., 6.2., 6.7., 6.8., 7.4., 10.19., 10.20., 11.3., 11.4.**
Emulgator (Stabilisator) auf Milcheiweiß- und Kohlenhydratbasis	**3/ 3.8.**
Polyglycerolester natürlicher Fettsäuren	**3/ 3.7., 3.8., 6.7., 7.4., 11.3., 11.4., 13.**
Polyglycerolester der Polyricinolsäure	**3/ 11.4.**
Enzyme:	
α-Amylase	**3/ 6.2., 6.11., 12.1., 12.3.**
Amyloglucosidase	
Enzymgemisch bestehend aus	**3/ 6.11., 12.3.; 4/ 1.**
α-Amylase, β-Glucanase, Protease	**3/ 6.5., 6.8., 12.1., 14.2.**
Invertase	**3/ 10.6., 10.13., 10.14., 10.15., 10.18., 10.19., 11.3.**
Lab, mikrobiell	**3/ 1.5., 1.6.**
Lab, tierisch	**3/ 1.5., 1.6.**
Papain	**3/ 12.1.**
Pektinase	**3/ 7.5., 8.3., 12.2., 12.3.**
Pepsin	**3/ 1.5., 1.6., 12.1.**
Protease	**3/ 4.1., 5.1., 6.2., 6.5., 6.8.; 4/ 4.**
Essenzen, künstliche	**s. Aromastoffe**
Ethylcellulose, auch hydroxyethyliert	**3/ 16.1.**
Fluorkieselsäure (Fluatsäure)	**3/ 15.**
Formaldehyd	**3/ 10.1.**
Gibberellinsäure	**3/ 6.1.**
Gluconsäuredeltalacton	**3/ 4.3.**
Glucanase	**s. Enzyme**
Glyoxal	**3/ 16.1.**
Glycerol	**3/ 4.3., 10.2., 10.8., 10.10., 10.16., 10.19., 13., 16.1., 16.2., 16.3.; 4/ 1.**
Glyceroltriacetat	**3/ 10.19., 13., 16.1.**
Guarmehl, Guarkernmehl	**2**
Gummi arabicum	**2**
Haferschalenmehl	**3/ 6.2.; 4/ 3.**
Hausenblase	**3/ 12.2.**
Holzkohle	**3/ 8.3.**
Holzmehl	**3/ 6.11.**
Hydroxyethylcellulose	**3/ 16.1.**
Hydroxypropylcellulose	**3/ 16.1.**
Invertase	**s. Enzyme**
Joghurtkultur	**s. mikrobielle Kulturen**
Johannisbrotkernmehl	**2**
Käsereikultur	**s. mikrobielle Kulturen**
Kaliumacetat	**3/4.2., 4.3., 16.1.**
Kaliumadipat	**4/ 2.**

Kaliumalaun	s. Kaliumaluminiumsulfat
Kaliumalginat	2
Kaliumaluminiumsulfat	3/ 16.2.
Kaliumcarbonate	3/ 1.9., 6.8., 10.3., 11.1., 16.1.; 4/ 2.
Kaliumchlorid	3/ 9.1.; 4/ 2.
Kaliumcitrate	3/ 1.2., 1.8., 4.2., 4.3., 16.1.; 4/ 2.
Kaliumdiphosphate	s. Kaliumpolyphosphat
Kaliumdisulfit	s. schweflige Säure
Kaliumformiat	3/ 16.1.
Kaliumglutamat	4/ 2.
Kaliumhexacyanoferrat(II)	3/ 12.2., 14.1.
Kaliumhydrogencarbonat	s. Kaliumcarbonate
Kaliumhydrogentartrat	s. Kaliumtartrate
Kaliumjodat	3 /14.1.
Kaliumjodid	3/ 14.1.
Kaliumlactat	3/ 4.2., 4.3., 16.1.; 4/ 2.
Kaliummalat	3/ 16.1.
Kaliummetabisulfit	s. schweflige Säure
Kaliumnatriumtartrat	3/ 10.9., 11.3.
Kaliumnitrat	3/ 1.5., 1.6., 1.7., 1.9., 4.1., 4.3., 5.1., 16.1.
Kaliumoleat	3/ 6.7.
Kaliumpermanganat	3/ 12.3., 15.
Kaliumphosphate	3/ 1.8., 1.9., 6.2., 6.7., 6.8., 16.1.
Kaliumpolyphosphate	3/ 1.8., 1.9., 6.2., 6.7., 6.8., 10.9., 11.3.
Kaliumpyrosulfit	s. schweflige Säure
Kaliumsilicate	3/ 12.1., 12.2.
Kaliumstearat	3/ 6.7.
Kaliumsuccinat	4/ 2.
Kaliumsulfat	4/ 2.
Kaliumsulfite	s. schweflige Säure
Kaliumtartrate	3/ 4.2., 4.3., 16.1., 16.2.; 4/2.
Kaolin	3/ 16.1.
Kefirkultur	s. mikrobielle Kulturen
Kieselgur	3/ 1.11., 6.11., 12.1., 15.
Kieselsäure	3/ 8.3., 9.3., 12.1., 12.2., 14.1., 16.; 4/ 1., 2.
Kohlendioxid	3/ 15.
Konservierungsmittel	3/ 1., 2., 3., 4., 5., 6., 7., 8., 9., 10., 11., 12., 13., 14., 15., 16.; 4
Kulturen	s. mikrobielle Kulturen
Kupfer(II)sulfat	3/ 10.1.; 4/ 6.
Lab	s. Enzyme
Lanettewachs	3/ 6.2., 13.
Lebensmittelfarbstoffe	3/ 1., 3., 5., 6., 7., 8., 9., 10., 11., 12., 13., 14., 16.; 4
Lecithin	2
Magnesiumacetat	3/ 16.1.
Magnesiumadipat	4/ 2.
Magnesiumcarbonat	3/ 6.8., 9.1., 9.6., 11.1., 16.1.; 4/ 2.
Magnesiumchlorid	4/ 2.

Magnesiumcitrate	3/ 16.1.; 4/ 2.
Magnesiumformiat	3/ 16.1.
Magnesiumglutamat	4/ 2.
Magnesiumlactat	3/ 16.1.; 4/ 2.
Magnesiummalat	3/ 16.1.
Magnesiumnitrat	3/ 16.1.
Magnesiumoxid	3/ 6.9., 11.1., 16.1.
Magnesiumsilicate	3/ 12.1., 12.2.
Magnesiumstearat	3/ 10.11.
Magnesiumsuccinat	4/ 2.
Magnesiumsulfat	3/ 9.1., 16.1.
Magnesiumtartrate	3/ 16.1.; 4/ 2.
Methanol	3/ 13.
Metaweinsäure	3/ 12.2.
Methylcarboxymethylcellulose	3/ 16.1.
Methylcellulose, auch hydroxethyliert	3/ 16.1.
Methylhydroxypropylcellulose	3/ 16.1.
Methylenchlorid	s. Dichlormethan
Mikrobielle Kulturen:	
Buttereikultur	3/ 1.1., 1.5., 1.6., 3.1., 3.7.
Joghurtkultur	3/ 1.1., 1.5.
Käsereikultur	3/ 1.5., 1.6., 1.7.
Kefirkultur	3/ 1.1.
Milchsäurebakterienkultur	3/ 7.5.
Propionsäurebakterienkultur	3/ 1.5.
Rotschmierekultur	3/ 1.5., 1.7.
Säuerungskultur	3/ 6.2.
Schimmelpilzkultur	3/ 1.5., 4.3.
Starterkultur	3/ 4.3.
Milchsäure	2
Milchsäurebakterienkultur	s. mikrobielle Kulturen
Mononatriumglutamat	3/ 4.3., 5.3., 5.4., 6.5., 6.6., 7.4., 7.6., 14.3.
Mono- und Diglyceride natürlicher Fettsäuren	s. Emulgatoren
Natriumacetat	3/ 4.2., 4.3., 10.2., 10.9., 11.3., 16.1.
Natriumadipat	3/10.9., 11.3.
Natriumalginat	2
Natriumaluminat	3/ 15.
Natriumascorbat	s. Ascorbinsäure
Natriumcarbonate	3/ 1.9., 4.4., 6.11., 7.3., 9.1., 9.2., 9.5., 10.1., 10.2., 10.3., 11.1., 12.3., 14.2., 14.3., 15., 16.1., 16.3.; 4/ 1.
Natriumcitrate	3/ 1.2., 1.8., 3.2., 4.2., 4.3., 9.1., 9.6., 10.9., 10.20., 11.3., 16.1.
Natriumcyclamat	s. Cyclamat
Natriumdiphosphate	s. Natriumpolyphosphate
Natriumdisulfit	s. schweflige Säure
Natriumdithionit	3/ 14.8.
Natriumfluorid	3/ 15.
Natriumfluorosilicat	3/ 15.

Anlage 2

zu § 2 Abs. 2 vorstehender Anordnung

Allgemein zugelassene Zusatzstoffe

Adipinsäure
Äpfelsäure
Agar-Agar
Alginsäure und deren Calcium-, Kalium- und Natriumverbindungen
Amylopektin
Citronensäure
Guarmehl, Guarkernmehl
Gummi arabicum
Johannisbrotkernmehl
Lecithin
Milchsäure
Traganth
Weinsäure

Anlage 3

zu § 2 Abs. 3 vorstehender Anordnung

Für bestimmte Lebensmittel zugelassene Zusatzstoffe[9])

	Zulässige Höchstmenge im Lebensmittel (g/kg) (1)	Bemerkungen (2)
1. MILCH UND MILCHERZEUGNISSE		
Konservierungsmittel[2])		
Lebensmittelfarbstoffe[3])		
1.1 Sauermilcherzeugnisse und saure Sahne		
Buttereikultur aus Streptococcus (Sc.) lactis, Sc. cremoris, Sc. diacetilactis, Leuconostoc (Leuc.) cremoris, Leuc. dextranicum		
Joghurtkultur aus Sc. thermophilus, Lactobacillus (Lb.) bulgaricus, Sc. filant		
Kefirkultur aus Sc. lactis, Sc. cremoris, Lb. caucasicus, Lb. brevis, Saccharomyces-Arten, Torulopsis-Arten, Bacillus (Bac.) caucasicus		

Anlage 3 (Fortsetzung)

	(1)	(2)
1.2. **Kondensvollmilch**		
Calcium-, Kalium-, Natriumcitrate	insg. 1,0	
Dinatriumhydrogenphosphat	3,0	
1.3. **Sterilisierte Kaffeesahne**		
Dinatriumhydrogenphosphat	1,0	
1.4. **Schlagsahne**		
Distickstoffmonoxid		zum Aufschlagen
1.5. **Hartkäse, fester und halbfester Schnittkäse, Weichkäse**		
...		
1.6. **Nichtreifender Käse**		
...		
1.7. **Sauermilchkäse**		
...		
1.8. **Schmelzkäse**		
...		
1.9. **Kochkäse**		
...		
1.10. **Milcheiweiß**		
Salzsäure		Fällungsmittel
Schwefelsäure		Fällungsmittel
Natriumnitrat	0,1	
Calciumchlorid	0,1	
Natriumhydroxid		Aufschlußmittel
1.11. **Milchzucker**		
Aktivkohle		Adsorbens
Kieselgur		Adsorbens

2. EIER UND EIERZEUGNISSE

Konservierungsmittel[2])

3. SPEISEFETTE UND -ÖLE UND DARAUS HERGESTELLTE ERZEUGNISSE

Künstliche Aromastoffe und künstliche Essenzen[1])
Konservierungsmittel[2])
Lebensmittelfarbstoffe[3])

Anlage 3 (Fortsetzung)

		(1)	(2)
3.1.	**Butter**		
	Buttereikultur aus Streptococcus (Sc.) lactis, Sc. cremoris, Sc. diacetilactis, Leuconostoc (Leuc.) cremoris, Leuc. dextranicum		
3.2.	**Schweineschmalz**		
	Propyl-, Octyl- und Dodecylgallat	insg. 0,1	
	Natriumcitrate	0,1	
	Ascorbinsäure und deren Natriumverbindung	insg. 0,5	
	Ascorbylmyristat, -palmitat und -stearat	insg. 0,2	
3.3.	**Extraktionsfette**		
	Benzin Kp. 60–85 °C	0,001	Extraktionsmittel
3.4.	**Raffinierte Fette**		
	Aktivkohle		Bleichmittel
	Bleicherden		Bleichmittel
	Phosphorsäure		Entschleimungsmittel
	Schwefelsäure		Entschleimungsmittel
	Natriumhydroxid		Entsäuerungsmittel
3.5.	**Gehärtete Fette**		
	Nickel-Kupfer-Katalysator		Katalysator
	Wasserstoff		Hydriermittel
3.6.	**Umgeesterte Fette**		
	Natriummethylat		Katalysator
3.7.	**Margarine**		
	...		
3.8.	**Mayonnaisen, Remouladen**		
	...		
3.9.	**Rauchöl**		
	...		

4. FLEISCH, INNEREIEN UND DARAUS HERGESTELLTE ERZEUGNISSE

Konservierungsmittel[2])

4.1. **Fleisch — ausgenommen Hackfleisch**

...

Anlage 3 (Fortsetzung)

	(1)	(2)
4.2. Blut und Blutplasma		
...		
4.3. Fleischerzeugnisse und Wurstwaren		
Kalium-, Natriumacetat Kalium-, Natriumcitrate Kalium-, Natriumlactat Kalium-, Natriumtartrate	insg. 30	
Gluconsäure-delta-lacton	7,0	
Rauch, frisch entwickelt aus naturbelassenen Laubhölzern, Heidekraut und Nadelholzsamenständen, auch unter Mitverwendung von Gewürzen		
Kalium-, Natriumnitrat Natriumnitrit[5])	insg. 0,5	nur für Rohwürste
Ascorbinsäure und deren Natriumverbindung	insg. 0,5	
Natriumdiphosphate	insg. 3,0	nur für Brühwürste, Dosenschinken und Schinkenfleisch
Starterkultur aus apath. Streptococcen, apath. Micrococcen	2,0	
Schimmelpilzkulturen		max. 10^9 Keime/ml zur Oberflächenbehandlung der Wursthüllen
Glycerol Talkum		als Bestandteil von Tauchmassen
Mononatriumglutamat	2,0	
4.4. Därme		
Natriumcarbonat		Quellmittel

5. FISCHE, KREBS- UND WEICHTIERE, WALE UND DARAUS HERGESTELLTE ERZEUGNISSE

Konservierungsmittel[2])
Lebensmittelfarbstoffe[3])

5.1. Fisch, gesalzen und gekräutert

...

5.2. Fisch, geräuchert

...

5.3. Präserven und Präserven mit verlängerter Haltbarkeit

...

5.4. Vollkonserven

...

Anlage 3 (Fortsetzung)

	(1)	(2)

6. GETREIDE, STÄRKE, HÜLSENFRÜCHTE UND DARAUS HERGESTELLTE ERZEUGNISSE

Künstliche Aromastoffe und künstliche Essenzen[1])
Konservierungsmittel[2])
Lebensmittelfarbstoffe[3])

6.1. Malz

	(1)	(2)
Gibberellinsäure	0,00013	
Rauch, frisch entwickelt aus Torf		Koks und/oder Briketts nur zur Gluthaltung zulässig
Natriumhydroxid		Aufschlußmittel und Waschmittel für Gerste
Chlorkalk		Waschmittel für Gerste

6.2. Brot und Kleingebäck

...

6.3. Backfertige Mehle

...

6.4. Kloßmehle

...

6.5. Instant Mehlerzeugnisse, Paniermehl, Semmelmehl

...

6.6. Kochfertige Suppen, Soßen und Gerichte

...

6.7. Konditorei- und Feinbackwaren

...

6.8. Dauerbackwaren

...

6.9. Cracker

...

6.10. Stärke

	(1)	(2)
Schwefeldioxid	0,05	Bleichmittel; Restgehalt
Carboxymethylcellulose und deren Natriumverbindung	insg. 3,5	für Sahnestabilisator

Anlage 3 (Fortsetzung)

	(1)	(2)
6.11. Stärkehydrolysate, Traubenzucker		
α-Amylase aus Bac. subtilis Salpetersäure Salzsäure		Hydrolysemittel
Natriumcarbonat Natriumhydroxid		Neutralisationsmittel
Amyloglucosidase aus Aspergillus niger, Endomycopsis bispora		
Schwefeldioxid, schweflige Säure und deren Kalium- und Natriumverbindungen		
Kalium- und Natriumverbindungen	0,15	Bleichmittel; Restgehalt berechnet als SO_2
Aktivkohle Kieselgur Holzmehl		Adsorbens
6.12. Süßspeisepulver		
Calciumphosphate Natriumpolyphosphate	insg. 6,0	berechnet als PO_4^{3-}

7. GEMÜSE, SPEISEKARTOFFELN, PILZE UND DARAUS HERGESTELLTE ERZEUGNISSE

Konservierungsmittel[2])
Lebensmittelfarbstoffe[3])

7.1. Zuchtchampignons

...

7.2. Kartoffeln

...

7.3. Gemüse, frisch

...

7.4. Getrocknete Gemüse- und Kartoffelerzeugnisse

...

7.5. Säfte, Mazerate

	(1)	(2)
Pektinase aus Aspergillus wentii oder Aspergillus niger		nur bei nachfolgender Inaktivierung der Enzyme
Milchsäurebakterienkultur		

Anlage 3 (Fortsetzung)

	(1)	(2)
7.6. **Sterilkonserven**		
Mononatriumglutamat	1,0	

8. OBST UND OBSTERZEUGNISSE

	(1)	(2)
Konservierungsmittel[2])		
Lebensmittelfarbstoffe[3])		
8.1. **Obst, frisch**		
Wachsemulsion		Protexan[(R)] für Äpfel und Birnen
Polyethylenwachs, anoxydiert		für Citrusfrüchte
8.2. **Obst, getrocknet**		
Schweflige Säure und deren Natriumverbindungen	0,025	Bleichmittel; Restgehalt berechnet als SO_2. Mit schwefl. Säure behandeltes Trockenobst für Säuglingsfertignahrung nicht zugelassen.
8.3. **Säfte, Konzentrate, Mazerate**		
Pektinase aus Aspergillus wentii oder Aspergillus niger		nur bei nachfolgender Inaktivierung der Enzyme
Tannin		Klärmittel
Holzkohle		Klärmittel
Kieselsäure, kolloid		Klärmittel
Bentonit		Klärmittel
schweflige Säure und deren Natriumverbindungen	0,03	zur Behandlung von Bedarfsgegenständen bei der Kellerbehandlung; Restgehalt, berechnet als SO_2, in Rohsäften, die zum unmittelbaren Genuß oder zur Herstellung von Süßmosten bestimmt sind. In Erzeugnissen zur Herstellung von Säuglingsfertig- und Kinderzusatznahrung darf SO_2 nicht enthalten sein.
8.4. **Obsthalbfabrikate**		
Calciumcarbonat	1,0	
Calciumhydroxid	1,0	

Anlage 3 (Fortsetzung)

		(1)	(2)
9.	**ALKOHOLFREIE ERFRISCHUNGSGETRÄNKE**		
	Künstliche Aromastoffe und künstliche Essenzen[1])		
	Konservierungsmittel[2])		
	Lebensmittelfarbstoffe[3])		
9.1.	**Kohlensäurehaltige Wässer**		
	Calciumchlorid		
	Kaliumchlorid		
	Magnesiumcarbonat		
	Natriumcitrat		
	Natriumhydrogencarbonat		
	Natriumsulfat		
	Magnesiumsulfat		
9.2.	**Kohlensäurehaltige Erfrischungsgetränke**		
	Carboxymethylcellulose und deren Natriumverbindung	0,07	
	Coffein	0,1	
	Natriumhydrogencarbonat		
	Phosphorsäure	0,5	
	Saccharin und dessen Natriumverbindung	insg. 0,1	
	Schaummittel, saponinfrei		
9.3.	**Kohlensäurefreie Erfrischungsgetränke**		
	Bentonit		Klärmittel
	Kieselsäure, kolloid		Klärmittel
	Tannin		Klärmittel
	Carboxymethylcellulose und deren Natriumverbindung	0,07	
	Coffein	0,02	
	Phosphorsäure	0,5	
	Saccharin und dessen Natriumverbindung	insg. 0,1	
9.4.	**Limonadensirupe, dosierfertige Getränkeansätze**		
	Coffein	0,1	bezogen auf das trinkfertige Erzeugnis
	Phosphorsäure	0,5	bezogen auf das trinkfertige Erzeugnis
	Saccharin und dessen Natriumsalz	insg. 0,1	bezogen auf das trinkfertige Erzeugnis
9.5.	**Brausepulver**		
	Saccharin und dessen Natriumverbindung	insg. 0,1	bezogen auf das trinkfertige Erzeugnis
	Natriumhydrogencarbonat		

Fortsetzung (Anlage 3)

	(1)	(2)
9.6. Instant-Getränkepulver		
Magnesiumcarbonat	0,05	bezogen auf das trinkfertige Erzeugnis
Natriumcitrat	0,6	

10. ZUCKER UND ZUCKERREICHE LEBENSMITTEL

Künstliche Aromastoffe und künstliche Essenzen[1])
Konservierungsmittel[2])
Lebensmittelfarbstoffe[3])

	(1)	(2)
10.1. Zucker		
Silikonöl		Antischaummittel
Calciumhydroxid		Mittel zur Saftbehandlung
Schwefeldioxid		
Natriumcarbonat		
Natriumhydroxid		
Formaldehyd		
Kupfer(II)sulfat		
Trinatriumphosphat		
10.2. Flüssiger Zucker und Kulör		
Glycerol		Karamelisierungsmittel
Natriumcarbonat		
Natriumacetat		
Ammoniak		
Phosphorsäure		
Salzsäure		Hydrolysemittel
10.3. Kunsthonig		
Salzsäure		Hydrolysemittel
Schwefelsäure		
Natriumcarbonat		Neutralisationsmittel
Kaliumhydrogencarbonat		
10.4. Spezialpuderzucker		
Propylgallat	0,01	
10.5. Hart- und Weichkaramellen		
Carboxymethylcellulose und deren Natriumverbindung	insg. 10	nur für Hartkaramellen
Carboxymethylstärke und deren Natriumverbindung	insg. 50	
Ammoniumchlorid	150	
Coffein	3,0	

Anlage 3 (Fortsetzung)

	(1)	(2)
Bienenwachs Paraffin, hart Paraffin, flüssig Silikonöl Talkum	insg. 5,0	Trennmittel
10.6. Fondantartikel		
Invertase aus Saccharomyces cerevisiae		
Talkum Paraffin, flüssig	insg. 5,0	Trennmittel
10.7. Schaumzuckerwaren		
Talkum Paraffin, flüssig	insg. 5,0	Trennmittel
10.8. Dragees		
Ammoniumchlorid	150	
Carboxymethylstärke und deren Natriumverbindung	insg. 50 für Dragee-Einlagen und/oder insg. 10 als Dragierhilfsmittel	
Carboxymethylcellulose und deren Natriumverbindung	insg. 0,5	„Liebesperlen" 2,5 g/kg
Glycerol Bienenwachs Walrat Talkum Paraffin, flüssig Calciumcarbonat	insg. 5,0	Dragierhilfsmittel
10.9. Geleeartikel		
Natriumacetat Natriumadipat Natriumcitrate Natriumlactat Natriumtartrate Kaliumnatriumtartrat Calcium-, Kalium-, Natriumpolyphosphate	insg. 1,0	
Carboxymethylstärke und deren Natriumverbindung	insg. 50	
Paraffin, flüssig Talkum	insg. 5,0	Trennmittel
10.10. Gelatinezuckerwaren, elastische Zuckerwaren		
Ammoniumchlorid	150	
Calciumlactat		

Anlage 3 (Fortsetzung)

	(1)	(2)
Carboxymethylstärke und deren Natriumverbindung	insg. 50	
Coffein	3,0	
Oxystärke	150	
Glycerol	50	
Bienenwachs Paraffin, flüssig Talkum	insg. 5,0	Trennmittel

10.11. **Komprimate**

Ammoniumchlorid	150	
Bienenwachs Stearinsäure, Calcium-, Magnesiumstearat	insg. 5,0	

10.12. **Krokant**

...

10.13. **Rumkugeln, Streuselkugeln und ähnliche Erzeugnisse**

...

10.14. **Marzipan- und ähnliche Rohmassen einschl. daraus hergestellte Erzeugnisse**

...

10.15. **Kokoswaren und Artikel mit Kokosgeschmack**

...

10.16. **Gebrannte Samenkerne**

Bienenwachs Talkum Glycerol	insg. 5,0	Trennmittel

10.17. **Süßtafeln**

...

10.18. **Lakritzwaren**

Ammoniumchlorid	150	
Invertase aus Saccharomyces cerevisiae		
Talkum	5,0	Trennmittel
Paraffin, flüssig	5,0	Glänzmittel
Vaselinum flavum	1,0	Glänzmittel

10.19. **Kaugummi**

Polyvinylacetat	260	
Glyceroltriacetat	16	
Mono- und Diglyceride natürlicher Fettsäuren	insg. 40	

Anlage 3 (Fortsetzung)

		(1)	(2)
	Paraffin, hart	80	
	Glycerol	40	
	1,2-Propandiol	20	
	Calciumcarbonat	60	
	Invertase aus Saccharomyces cerevisiae Bienenwachs Talkum	insg. 5,0	Trennmittel
10.20.	**Speiseeis**[4])		
	Carrageen		
	Mono- und Diglyceride natürlicher Fettsäuren		
	Carboxymethylcellulose und deren Natriumverbindung		
	Dextran		
	Natriumcitrat		
	Carboxymethyldextran und dessen Natriumverbindung		

11. ALKALOIDHALTIGE LEBENSMITTEL

		(1)	(2)
	Künstliche Aromastoffe und künstliche Essenzen[1])		
	Konservierungsmittel[2])		
	Lebensmittelfarbstoffe[3])		
11.1.	**Kakaomasse**		
	Ammoniak Ammoniumcarbonate Kaliumcarbonate Magnesiumcarbonat Magnesiumoxid Natriumcarbonate	insg. 25	bezogen auf Kakaomasse
11.2.	**Kakaobutter und raffinierte Kakaobutter**		
	Bleicherden		Bleichmittel
	Natriumhydroxid		Entsäuerungsmittel
	Phosphorsäure Schwefelsäure		Entschleimungsmittel
11.3.	**Füllungen für Pralinen und Tafelschokoladen**		
	...		
11.4.	**Schokolade**		
	Coffein	3,0	
	Mono- und Diglyceride natürlicher Fettsäuren		

Anlage 3 (Fortsetzung)

	(1)	(2)
Polyglycerolester natürlicher Fettsäuren Polyglycerolester der Polyricinolsäure	5,0	

12. ALKOHOLHALTIGE GETRÄNKE

	(1)	(2)
Konservierungsmittel[2]) Lebensmittelfarbstoffe[3])		
12.1. Bier		
...		
12.2. Wein und weinähnliche Getränke		
Tannin Bentonit Aktivkohle Kieselsäure und deren Calcium-, Kalium-, Magnesium- und Natriumverbindungen Pektinase aus Aspergillus wentii oder Aspergillus niger Hausenblase		Klärmittel
Kaliumhexacyanoferrat(II)	0	Gehalt im geklärten Erzeugnis; Gehalt an HCN im geklärten Erzeugnis max. 0,0005 g/kg
Ammoniumchlorid Ammoniumcarbonat Ammoniumphosphate Ammoniumsulfat		Hefenährstoffe
Calciumcarbonat		Klärmittel
Metaweinsäure	0,20	für Sektgrundweine
12.3. Spirituosen und Spritrektifikate		
Amyloglucosidase aus Endomycopsis bispora, Aspergillus niger, Aspergillus batatae α-Amylase aus Bac. subtilis, Aspergillus batatae		Anwendung nur bei vollständiger Inaktivierung
Pektinase aus Aspergillus wentii oder Aspergillus niger		Klärmittel
Natriumhydrogencarbonat		
Kaliumpermanganat		Alterungsmittel
Aktivkohle		Adsorbens

13. ESSENZEN UND GRUNDSTOFFE[8])

Künstliche Aromastoffe und künstliche Essenzen[1])

Anlage 3 (Fortsetzung)

	(1)	(2)
Konservierungsmittel[2])		
Lebensmittelfarbstoffe[3])		
Ascorbinsäure und deren Natriumverbindung		
Bienenwachs		
Butylhydroxyanisol (BHA) Butylhydroxytoluen (BTH) Octylgallat	insg. 1,0	zur Stabilisierung von Citrusölen
Carboxymethylcellulose und deren Natriumverbindung		
Coffein		
Citronensäuretriethylester		
Dextrin		
Diacetin		
Glycerol		
Glyceroltriacetat		
Lanettewachs		
Methanol	0	Extraktionsmittel
Natriumhydroxid		Neutralisationsmittel
Natriummetabisulfit	0,005	
Phosphorsäure		
Polyglycerolester natürlicher Fettsäuren		
1,2-Propandiol		
Propylenglycolalginat	0,010	
Saccharoseoctaacetat		
Salzsäure		Inversionsmittel
Tannin		Klärmittel

14. SONSTIGE LEBENSMITTEL

Konservierungsmittel[2])
Lebensmittelfarbstoffe[3])

14.1. Speisesalz

	(1)
Kaliumhexacyanoferrat(II)	0,04
Kaliumjodat	0,03
Kaliumjodid	0,025
.Kieselsäure, kolloid, und Calciumsilicate	insg. 10

14.2. Kaffeersatz-Extrakt

...

14.3. Brüherzeugnisse

...

Anlage 3 (Fortsetzung)

		(1)	(2)
14.4.	**Essig**		
	Ammoniumchlorid Ammoniumcarbonat Ammoniumphosphate Ammoniumsulfate		Bakteriennährstoffe
14.5.	**Hefe und Hefeextrakt**		
	Silikonöl	0,01	Antischaummittel
	Calciumsulfat Calciumphosphate Ammoniumphosphate Ammoniumsulfate Superphosphat		Hefenährstoffe
	Schwefelsäure		
	Ammoniak		
14.6.	**Hopfenextrakt**		
	Dichlormethan	10	Extraktionsmittel
14.7.	**Pektin**		
	Ammoniak Salzsäure Phosphorsäure Salpetersäure		Aufschlußmittel
14.8.	**Speisegelatine**		
	Salzsäure		zur pH-Einstellung, Aufschlußmittel
	Calciumhydroxid		Aufschlußmittel
	Ammoniak		zur pH-Einstellung
	Natriumdithionit		Bleichmittel

15. TRINKWASSER

	(1)	(2)
Konservierungsmittel[2])		
Natriumfluorid Natriumfluorsilicat Fluorkieselsäure (Fluatsäure)	insg. 0,0013	berechnet als Fluorid einschl. der natürlichen Konzentration und Verunreinigung
Calciumhypochlorit Chlor Chloramin Chloramin T Chlordioxid-Natriumchlorit Chlorkalk		Entkeimungsmittel
Natriumhypochlorit Ozon		Entkeimungsmittel

Anlage 3 (Fortsetzung)

(1)	(2)
Ammoniumaluminiumsulfat	Stabilisierungsmittel (für Chlor), Flockungsmittel
Ammoniak	Stabilisierungsmittel
Aluminiumsulfat Natriumaluminat Eisen(II)sulfat Eisen(III)sulfat Eisen(III)chlorid	Flockungsmittel
Calciumcarbonat Natriumsilicat (Wasserglasaktivierte Kieselsäure) Polyacrylamid (Stipix AD[(R)])	Flockungshilfsmittel
Calciumhydroxid Calciumoxid Natriumhydroxid	Fällungsmittel, Neutralisationsmittel
Natriumcarbonat	Fällungsmittel, Neutralisationsmittel, Entcarbonisierungsmittel
Natriumhydrogencarbonat	
Salzsäure	Neutralisationsmittel
Schwefelsäure Aktivkohle Aluminiumoxid	Adsorptionsmittel
Kieselgur	Filtrationsmittel
Tonminerale (z. B. Bentonit)	Filtrationsmittel, Adsorptionsmittel
Kaliumpermanganat	Oxydationsmittel
Kohlendioxid	
Natriumthiosulfat	Entchlorungsmittel

16. TABAK UND TABAKERZEUGNISSE

Künstliche Aromastoffe und künstliche Essenzen[1])
Konservierungsmittel[2])
Lebensmittelfarbstoffe[3])

16.1. Rauchtabak, Zigaretten, Zigarren, Tabakfolien

...

16.2. Kautabak

...

16.3. Schnupftabak

Ammoniumchlorid
Ammoniumcarbonate
Aktivkohle
Natriumcarbonat
Paraffin, flüssig
Glycerol
1,2-Propandiol

Anlage 4

zu § 2 Abs. 4 vorstehender Anordnung

Zusätzlich für diätetische Lebensmittel zugelassene Zusatzstoffe

	Zulässige Höchstmenge im Lebensmittel (g/kg) (1)	Bemerkungen (2)
DIÄTETISCHE LEBENSMITTEL		
Konservierungsmittel[2])		
Lebensmittelfarbstoffe[3])		
1. Diabetiker-Lebensmittel		
Saccharin und dessen Natriumverbindung		für alle Diabetiker-Lebensmittel
Calcium- und Natriumcyclamat		für alle Diabetiker-Lebensmittel
Carboxymethylcellulose	5,0	für Füllungen von Diabetiker-Pralinen
Glycerol	10,2	für Diabetiker-Nougat
Siliciumdioxid	3,0	für Diabetiker-Komprimate
Tablettenmasse II (s. AB der DDR)	3,0	für Diabetiker-Komprimate
Amyloglucosidase aus Endomycopsis bispora oder aus Aspergillus niger	0,05	für Diabetiker-Bier
Natriumhydrogencarbonat		für Dauerbackwaren
2. Kochsalzarme und natriumarme Lebensmittel sowie Diätsalze		
Calcium-, Kalium-, Magnesiumadipat		für Diätsalze
Calcium-, Kalium-, Magnesiumcarbonate		für Diätsalze
Calcium-, Kalium-, Magnesiumchlorid		für Diätsalze
Calcium-, Kalium-, Magnesiumcitrate		für Diätsalze
Calcium-, Kalium-, Magnesiumglutamat		für Diätsalze
Calcium-, Kalium-, Magnesiumlactat		für Diätsalze
Calcium-, Kalium-, Magnesiumsuccinat		für Diätsalze
Calcium-, Kalium-, Magnesiumtartrate		für Diätsalze
Cholinacetat		für Diätsalze
Cholincarbonat		für Diätsalze
Cholinchlorid		für Diätsalze
Cholincitrat		für Diätsalze
Cholinlactat		für Diätsalze
Cholintartrat		für Diätsalze
Kaliumsulfat		für Diätsalze
Kieselsäure, kolloid und Calciumsilicate		für Diätsalze
3. Energiereduzierte Lebensmittel		
Propylglycolester der Alginsäure	80	für Mayonnaisen und Remouladen
Xanthan (XPS)	2,3	für Marmeladen und Konfitüren

Fortsetzung Anlage 4

	(1)	(2)
Carboxymethylcellulose und deren Natriumverbindung	2,5	für Marmeladen und Konfitüren
	28	für Branny-Brot
Saccharin und dessen Natriumverbindung	0,08	für Speiseeis und Obst- und Gemüsesterilkonserven
Haferschalenmehl	24	für Branny-Brot
4. Glutenfreie Lebensmittel		
Oxystärke	80	für Mehl und Backwaren
Protease aus Thermoactinomyces vulgaris		zur Mehlbehandlung von Feinbackwaren
5. Eiweißarme Lebensmittel		
Carboxymethylcellulose und deren Natriumverbindung	2,5	für Brot
6. Säuglings-, Säuglingsfertig- und Kinderzusatznahrung		
Calciumlactat		
Ammoniumeisen(II)sulfat		
Eisen(II)lactat		
Eisen(II)sulfat		
Eisen(II)tartrat		
Kupfer(II)sulfat		
7. Sonstige diätetische Lebensmittel		
Kaliumchlorid	0,02	für mineralstoffangereicherte Getränke; Angaben bezogen auf Fertiggetränk
Calciumcarbonat	0,006	
Ammoniumeisen(II)sulfat	0,0014	
Natriumhydrogencarbonat	0,129	
Calciumphosphat	17,1	für Sättigungsmittel; Angabe bezogen auf Fertiggetränk

Anlage 5

zu § 3 Abs. 2 vorstehender Anordnung

REINHEITSANFORDERUNGEN

Zusatzstoffe und ihnen gleichgestellte Stoffe dürfen je Kilogramm nicht mehr als

3,0 mg Arsen (As)
10 mg Blei (Pb)
1,0 mg Cadmium (Cd)
25 mg Kupfer (Cu)
0,5 mg Quecksilber (Hg)
25 mg Zink(Zn)

enthalten. Abweichende und weitere Forderungen sind nachstehend aufgeführt.

Fremdstoffe	Forderungen	
Adipinsäure	Schmelzbereich	149–154 °C
	Nitrat	max. 700 mg/kg
	Trockenverlust	max. 0,5 Masse-%[1])
Agar-Agar	Aussehen	farblos bis leicht bräunlich
	Trockenverlust	max. 22 Masse-% (5 h bei 105 °C)
	Asche	max. 7,0 Masse-% i. T. (600 °C)
	Wasserunlösliches	max. 1,0 Masse-% (siedendes Wasser)
Aktivkohle	Cyanide	nicht nachweisbar[2])
	Sulfide	nicht nachweisbar[2])
	fluoreszierende Stoffe und Teerprodukte	siehe[8])
	Trockenverlust	max. 15 Masse-%[3])
	Arsen	max. 5,0 mg/kg[7])
	Blei	max. 5,0 mg/kg[7])
	Zink	max. 1 500 mg/kg[7])
Alginsäure	Trockenverlust	max. 15 Masse-% (4 h bei 105 °C)
	Asche	max. 4,0 Masse-% (600 °C)
Calciumalginat	Trockenverlust	max. 15 Masse-% (4 h bei 105 °C)
	Asche	15–24 Masse-% i. T. (600 °C)
Kaliumalginat	Trockenverlust	max. 15 Masse-% (4 h bei 105 °C)
	Asche	23–32 Masse-% i. T. (600 °C)
Natriumalginat	Trockenverlust	max. 15 Masse-% (4 h bei 105 °C)
	Asche	18–27 Masse-% i. T. (600 °C)
Ammoniak	Teerartige Verunreinigungen	siehe [2])
	Abdampfrückstand	siehe [2])
	Arsen	max. 0,5 mg/kg
Amylase s. Enzyme		
Amylglucosidase s. Enzyme		
Äpfelsäure	Schmelzbereich	128–132 °C
Ascorbinsäure	Aussehen	weiß bis schwach gelblich
	Gehalt	min. 98 Masse-%
	Schmelzbereich	185–193 °C, unter leichter Zersetzung
	Spez. Drehung der wäßrigen Lösung (10 Masse-%)	$[\alpha]_D^{20} = +20{,}5$ bis 21,5°
Ascorbylpalmitat	Aussehen	weiß bis schwach gelblich
	Gehalt	min. 97 Masse-%
	Spez. Drehung der methanolischen Lösung (5,0 Masse-%)	$[\alpha]_D^{20} = +21$ bis 24°
	Schmelzbereich	111–113 °C
Bentonit	Arsen	max. 20 mg/kg
	Blei	max. 20 mg/kg

Anlage 5 (Fortsetzung)

Fremdstoffe	Forderungen	
Benzin	Siedebereich	50–80 °C
	Abdampfrückstand	max. 10 mg/l
	Aromatische Kohlenwasserstoffe	max. 6.0 Vol.-%; davon 5.1 Vol.-% Benzolen und 0.6 Vol.-% Toluolen
	Schwefelhaltige und reduzierende Verbindungen	nicht nachweisbar[2])
Benzoesäure	Gehalt	min. 99 Masse-%[2])
	Schmelzpunkt	121–124 °C
	organisch gebundenes Chlor	700 mg/kg
	reduzierende Verunreinigungen	siehe[2])
Benzoesäure, Natriumverbindung	Gehalt	min. 99 Masse-%[2])
	Schmelzpunkt der freigesetzten Säure	119–124 °C[2])
	organisch gebundenes Chlor	600 mg/kg
p-Hydroxybenzoesäureethylester	Gehalt	min. 99,5 Masse-%[4])
	Schmelzbereich	115–118 °C
	Salicylsäure	max. 0,1 Masse-%
p-Hydroxybenzoesäureethylester, Natriumverbindung	Gehalt	min. 83 Masse-%[5])
	Salicylsäure	max. 0,1 Masse-%
	Schmelzbereich des freien Esters	115–118 °C
p-Hydroxybenzoesäurepropylester	Gehalt	min. 99,5 Masse-%[4])
	Schmelzbereich	95–97 °C
p-Hydroxybenzoesäurepropylester, Natriumverbindung	Gehalt	min. 85 Masse-%[5])
	Salicylsäure	max. 0,1 Masse-%
	Schmelzbereich des freien Esters	94–97 °C
1,3-Butylenglycol	Siedebereich	207–209 °C
	Brechungsindex n_D^{20}	1,4400 ± 0,0005
	reduzierende Stoffe	wie Glycerol[2])
Carbonate		
Ammoniumhydrogencarbonat	Glührückstand	max. 0,02 Masse-%
Ammoniumcarbonat	Glührückstand	max. 0,02 Masse-%
Kaliumhydrogencarbonat	Aussehen	weiß
	Gehalt	min. 98,5 Masse-%
Kaliumcarbonat	Aussehen	weiß
	Gehalt	min. 98 Masse-%
	Nitrat	nicht nachweisbar[2])
Calciumcarbonat	Gehalt	min. 98 Masse-%
	Salzsäureunlösliches	max. 0,2 Masse-%

Anlage 5 (Fortsetzung)

Fremdstoffe	Forderungen	
Magnesiumcarbonat (basisch)	Aussehen	weiß
	Gehalt	min. 40 Masse-% (berechnet als Magnesiumoxid)
	Salzsäureunlösliches	max. 0,25 Masse-%
	Arsen	max. 8,0 mg/kg
Natriumhydrogencarbonat	Aussehen	weiß
	Gehalt	min. 98 Masse-%
Natriumcarbonat	Aussehen	weiß
	Gehalt	min. 98,6 Masse-%
Carboxymethylcellulose, Natriumverbindung	Trockenverlust	max. 12 Masse-%
	Freies Glycolat	max. 0,4 Masse-% i. T.
	Natriumchlorid	max. 0,5 Masse-% i. T.
Carrageen	Aussehen	weiß bis gelblich
	Trockenverlust	max. 12 Masse-% (4 h bei 105 °C)
	Asche	max. 40 Masse-% i. T. (600 °C)
	Salzsäureunlösliche Asche	max. 2,0 Masse-% i. T.
Cholinchlorid	Gehalt	99—101 Masse-% (siehe [2])
	Sulfatasche	max. 0,1 Masse-% (siehe [2])
	Ammonium und flüchtige Amine	siehe [2])
	Ammonium und primäre Amine	siehe [2])
Citronensäure und deren Salze		
Citronensäure und deren Kalium-, Magnesium- und Natriumverbindungen	Oxalat	max. 0,05 Masse-% (berechnet als Oxalsäure)
Calciumcitrate	Oxalat	max. 0,05 Masse-% (berechnet als Oxalsäure)
	Fluorid	max. 30 mg/kg
	lösliche Bariumverbindungen	nicht nachweisbar (siehe [2])
Cyclamat		
Calcium-, Natriumverbindungen	Gehalt	98—101 Masse-%
	Cyclohexylamin	max. 20 mg/kg
	Dicyclohexylamin	max. 2,0 mg/kg
	Anilin	max. 1,0 mg/kg
Coffein	Aussehen	weiß
	Gehalt	min. 99 Masse-%[4])
	Schmelzbereich	234—238 °C

Anlage 5 (Fortsetzung)

Fremdstoffe	Forderungen	
Diethylenglycol	Siedebereich	245–247 °C
	Brechungsindex n_D^{20}	1,4470 ± 0,0005
	reduzierende Stoffe	wie Glycerol[2])
Diphenyl	Gehalt	min. 99,8 Masse-%
	Erstarrungspunkt	min. 68,5 °C
	Benzol	max. 10 mg/kg
	aromatische Amine	max. 2,0 mg/kg (berechnet als Anilin)
	phenolische Derivate	max. 5,0 mg/kg (berechnet als Phenol)
	Triphenyl und höhere phenolische Derivate	max. 2000 mg/kg
	polycyclische aromatische Kohlenwasserstoffe	nicht nachweisbar
Emulgatoren		
Calcium-Stearoyllactylat	Aussehen	grauweiß bis gelblichweiß
	Calciumgehalt	3,5 bis 5,5 Masse-%
	Gesamtmilchsäure	min. 25 Masse-%
Citronensäureester von Glyceriden der natürlichen Fettsäuren	Aussehen	gelb bis bräunlich
	Asche	max. 0,2 Masse-% (600 °C)
	Freie Citronensäure	max. 7,0 Masse-%
	Gesamtcitronensäure	min. 10 Masse-%
Diacetylweinsäureester	Aussehen	gelb bis bräunlich
	Asche	max. 0,2 Masse-% (600 °C)
	Gesamtsäure	min. 10 Masse-% (berechnet als Diacetylweinsäure)
Mono- und Diglyceride der natürlichen Fettsäuren	Aussehen	weiß bis hellbräunlich
	Asche	max. 0,2 Masse-% (600 °C)
	Gesamtmonoglyceride	min. 40 Masse-%
	Freies Glycerol	max. 12 Masse-%
	Freie Fettsäuren	max. 3,0 Masse-% (berechnet als Stearinsäure)
Polyglycerolester der natürlichen Fettsäuren bzw. der Polyricinolsäuren	Aussehen	hellgelb bis bräunlich
	Asche	max. 0,2 Masse-% (600 °C)
	Freie Glycerole	max. 7,0 Masse-%
	Polyglycerolgehalt (ab Heptaglycerol)	max. 3,0 Masse-%
	Freie Fettsäuren	max. 6,0 Masse-% (berechnet als Stearinsäure bzw. als Ricinolsäure)
Enzyme	Aflatoxine	max. 5,0 µg/kg
	Keimzahl	max. 10^4/g (Nähragar)
	coliforme Keime	in 0,1 g nicht nachweisbar
	Salmonellen und Shigellen	in 10 g nicht nachweisbar

Anlage 5 (Fortsetzung)

Fremdstoffe	Forderungen	
	haemolysierende Staphylokokken	in 1,0 g nicht nachweisbar
	sulfitreduzierende Clostridien	in 0,1 g nicht nachweisbar
	Gesamtschwermetalle	max. 50 mg/kg[1])
	Toluen (nur für Invertase)	nicht nachweisbar
Ethylvanillin	Gehalt	min. 98 Masse-%
	Schmelzbereich	75—78 °C
Gallate		
Dodecylgallat	Aussehen	weiß bis schwach gelblich
	Schmelzbereich	95—99 °C (nach 6 h Trocknung bei 90 °C)
	Trockenverlust	max. 0,5 Masse-% (6 h bei 90 °C)
	Chlorierte organische Verbindungen	max. 100 mg/kg (berechnet als Chlor)
Octylgallat	Aussehen	weiß bis schwach gelblich
	Schmelzbereich	99—102 °C (nach 6 h Trocknung bei 90 °C)
	Trockenverlust	max. 0,5 Masse-% (6 h bei 90 °C)
	Chlorierte organische Verbindungen	max. 100 mg/kg (berechnet als Chlor)
Propylgallat	Aussehen	weiß bis hellbräunlich
	Schmelzbereich	146—148 °C (nach 4 h Trocknung bei 110 °C)
	Trockenverlust	max. 1,0 Masse-% (4 h bei 110 °C)
	Chlorierte organische Verbindungen	max. 100 mg/kg (berechnet als Chlor)
Glycerol	organisch gebundenes Chlor	max. 500 mg/kg (berechnet als Chlorid)
	reduzierende Substanzen	siehe [2])
	Sulfatasche	0,05 Masse-%[2])
Glyceroltriacetat	Estergehalt	min. 94 Masse-%
	Brechungsindex n_D^{20}	1,4305 bis 1,4328
α-Glycerolphosphorsäure, Natriumverbindung	Aussehen	weißes oder schwach gelbliches Pulver
	Gehalt	min. 66 Masse-% (wasserfrei)
Guarmehl	Trockenverlust	max. 14 Masse-%[1])
	Salzsäureunlösliches	max. 7,0 Masse-%
	Asche	max. 1,5 Masse-% i. T. (800 °C)
Gummi arabicum	Aussehen	weiß- bis bräunlich-gelbe Stücke oder weißes bis grauweißes Pulver
	Trockenverlust	max. 15 Masse-% (5 h bei 105 °C)
	Salzsäureunlösliches	max. 1,0 Masse-%
	Asche	max. 5,0 Masse-% i. T. (600 °C)

Anlage 5 (Fortsetzung)

Fremdstoffe	Forderungen	
Hexamethylentetramin	Aussehen	farblos, kristallin
	Glührückstand	max. 500 mg/kg
Holzmehl	Geruch	kein Fremdgeruch
Johannisbrotkernmehl	Trockenverlust	max. 14 Masse-%[1])
	Salzsäureunlösliches	max. 5,0 Masse-%
	Asche	max. 1,2 Masse-% i. T. (800 °C)
Kaliumhexacyanoferrat(II)	Gehalt	min. 98 Masse-%
	Wasserunlösliches	max. 200 mg/kg
	Fluorid	max. 50 mg/kg
Kieselgur	Arsen	max. 10 mg/kg
Lebensmittelfarbstoffe		gemäß Anmerkungen zu Anlage 3 Ziff. 3
Lecithin	Trockenverlust	max. 2,0 Masse-% (1 h bei 105 °C)
	Acetonunlösliches	min. 50 Masse-%
	Säurezahl	max. 35 mg KOH/g
	Peroxidzahl	max. 10 Milli-Äquivalent O_2/kg
Magnesiumoxid	Aussehen	weiß
	Gehalt	min. 95 Masse-%
Methylenchlorid	Abdampfrückstand	max. 20 mg/l
	Siedebereich	39 bis 41 °C
Mikrobielle Kulturen		
Schimmelpilzkulturen	coliforme Keime	in 1,0 ml nicht nachweisbar
	Fäulniserreger	in 0,1 ml nicht nachweisbar
	pathogene Keime	in 10 g nicht nachweisbar
	Fremdschimmelsporen	max. 50/ml
	Hefen	max. 100/ml
Butterei-, Käserei-, Joghurt-, Kefir-, Propionsäurebakterien-, Rotschmiere-, Säuerungs- und Starterkulturen	coliforme Keime	in 1,0 ml nicht nachweisbar
	pathogene Keime	in 10 g nicht nachweisbar
	Schimmelpilzsporen	max. 10/ml
	aerobe Sporenbildner	in 0,1 ml nicht nachweisbar in 1,0 ml nicht nachweisbar (nur in Buttereikulturen für Margarine)
	Hefen	max. 10/ml (ausgenommen Kefir) in 1,0 ml nicht nachweisbar (in Buttereikulturen für Margarine)
Milchsäure und deren Calcium-, Kalium-, Magnesiumverbindungen	Geruch der freien bzw. freigesetzten Säure	beim Erhitzen auf 60–80 °C kein Geruch nach Essig- und/oder Buttersäure
	Glührückstand	max. 1,0 Masse-%
	Arsen	max. 5,0 mg/kg
	Fluorid	max. 30 mg/kg

Anlage 5 (Fortsetzung)

Fremdstoffe	Forderungen	
Natriumfluorid	Aussehen	weiß
	Gehalt	min. 97 Masse-%
	Wasserunlösliches	max. 0,5 Masse-%
Natriumhydroxid	Quecksilber	max. 5,0 mg/kg
Natriumnitrit	Aussehen	weiß bis gelblich
	Gehalt	min. 98,5 Masse-%
	Schmelzpunkt	284 °C
Paraffin, fest	Aussehen	farblos oder weiß
	Erstarrungsbereich	50—62 °C
	Fluoreszierende Verbindungen	siehe [2])
Paraffin, flüssig	Aussehen	farblos
	Fluoreszierende Verbindungen	siehe [2])
	Schwefelhaltige Verbindungen	nicht nachweisbar [2])
o-Phenylphenol	Gehalt	min. 99 Masse-%
	Schmelzbereich	56—58 °C
	Diphenyläther	max. 3000 mg/kg
	p-Phenylphenol	max. 1000 mg/kg
	α-Naphthol	max. 100 mg/kg
o-Phenylphenol, Natriumverbindung	Gehalt	min. 95 Masse-%
	Schmelzbereich des freien Phenylphenols	56—58 °C
	Diphenyläther	max. 3000 mg/kg
	p-Phenylphenol	max. 1000 mg/kg
	α-Naphthol	max. 100 mg/kg
Phosphorsäuren und deren Salze		
Orthophosphorsäure	Aussehen	klar, farblos
	Gehalt	min. 75 Masse-%
	Fluorid	max. 10 mg/kg
Kalium-, Natriumorthophosphate	Fluorid	max. 10 mg/kg
Calciumorthophosphate	Fluorid	max. 50 mg/kg
Calcium-, Kalium-, Natriumpolyphosphate (außer Diphosphate)	cyclische Phosphate	nicht nachweisbar
	Arsen	max. 5,0 mg/kg
	Fluorid	max. 10 mg/kg (Calciumverbindungen max. 50 mg/kg)
Calcium-, Kalium-, Natriumdiphosphat	cyclische Phosphate	max. 3,0 Masse-%
	Arsen	max. 5,0 mg/kg
	Quecksilber	max. 2,0 mg/kg
	Fluorid	max. 10 mg/kg
Plastdispersionen		gemäß Anlage 7 Ziff. 5

Anlage 5 (Fortsetzung)

Fremdstoffe	Forderungen	
Polyethylenwachs, anoxydiert	Molekulargewicht (Durchschnitt)	min. 2000
	Dichte	0,940–0,980
	Säurezahl	max. 50 mg KOH/g
	Verseifungszahl	40–75 mg KOH/g
	Sauerstoffgehalt	max. 9,0 Masse-%
Polyethylenglycol	monomeres Ethylenglycol	max. 0,2 Masse-%
Polyvinylacetat	Säurezahl	max. 7,0 mg KOH/g
	monomeres Vinylacetat	max. 0,5 Masse-%
	wasserlösliche Anteile	max. 2,0 Masse-%
Polyvinylalkohol	Aussehen	weiß bis schwach gelblich
	Säurezahl	max. 6,0 mg KOH/g
1,2-Propandiol	Aussehen	klar, farblos
	Brechungsindex n_D^{20}	1,4310–1,4330
	Siedeintervall	184–189 °C
	reduzierende Substanzen	wie Glycerol[2])
	chlorierte organische Verbindungen	max. 1,0 mg/kg (berechnet als Chlor)
Saccharin und dessen Natriumverbindung	Aussehen	weiß
	Gehalt	min. 99 Masse-% i. T.[2])
	Toluen-sulfonamide	max. 100 mg/kg
	4-Sulfonamidobenzoesäure	siehe [2])
Saccharosemonostearat	Dimethylformamid	max. 10 mg/kg
	Methanol	max. 10 mg/kg
	Sulfatasche	max. 2,0 Masse-% (800 °C)
Salpetersaure Salze		
Kalium-, Calcium-, Magnesium-, Natrium-nitrat	Nitrit	max. 20 mg/kg (berechnet als NO_2)
Salzsäure und deren Salze		
Salzsäure (37 Masse-%)	Aussehen	klar, farblos bis leicht gelblich
	Chlor	max. 1,0 mg/kg
	Abdampfrückstand	max. 200 mg/kg
	Arsen	max. 0,1 mg/kg
	Blei	max. 3,0 mg/kg
Ammonium-, Calcium-, Kalium-, Magnesium-chlorid	Barium	nicht nachweisbar[2])

Anlage 5 (Fortsetzung)

Fremdstoffe	Forderungen	
Schaummittel	Saponine	nicht nachweisbar
Schwefeldioxid	Gehalt	min. 99 Vol.-%
Schwefelsaure Salze		
Aluminiumsulfat Ammonium-Aluminiumsulfat Kalium-Aluminiumsulfat	Fluorid	max. 30 mg/kg
Kupfersulfat	Arsen	max. 8,0 mg/kg
Silikonöle (lineare und verzweigte Organo-Polysiloxane mit Methylgruppen allein oder mit Methyl- und Phenylgruppen und/oder Hydroxylgruppen am Siliciumatom)	Aussehen	farblos, klar
	Dichte	0,95 ± 0,02
	Brechungsindex n_D^{25}	1,4000–1,4040
	Viskosität (20 °C)	min. 200 mm²/s (cSt)
	Flüchtige Bestandteile	max. 1,0 Masse-%
	Cyclische Polysiloxane, die neben einer Phenylgruppe ein Wasserstoffatom oder eine Methylgruppe am gleichen Siliciumatom tragen	nicht nachweisbar
Sulfite		
Natriumhydrogensulfitlösung 40 Masse-%	Quecksilber	max. 5,0 mg/kg
Kalium-, Natrium-metabisulfit	Aussehen	weiß
	Arsen	max. 5,0 mg/kg
Sorbinsäure und ihre Salze		
Calcium-, Kalium-, Natrium-sorbat	Aussehen	weiß
	Gehalt	min. 99 Masse-%
	Schmelzbereich der freien bzw. der freigesetzten Säure	131–135 °C
	Aldehyde	max. 1000 mg/kg (berechnet als Formaldehyd)
Sorboylpalmitat	Aussehen	weiß bis grauweiß
	Gehalt	80 bis 85 Masse-%
	Schmelzbereich	35–41 °C
Stärken, modifizierte (gebleichte, oxydierte, veresterte, veretherte Stärke)	Arsen	max. 1,0 mg/kg
	Blei	max. 2,0 mg/kg
	Kupfer	max. 5,0 mg/kg
	Quecksilber	max. 0,05 mg/kg
	Zink	max. 5,0 mg/kg
	Schwefeldioxid	max. 50 mg/kg
Stearinsäure und deren Salze		
Stearinsäure	Aussehen	weiß bis gelblich
	Erstarrungstemperatur	min. 51 °C

Anlage 5 (Fortsetzung)

Fremdstoffe	Forderungen	
	unverseifbare Bestandteile	max. 2,0 Masse-%
	flüchtige Bestandteile	max. 3,0 Masse-%
Calcium-, Magnesiumstearat	Aussehen	weiß bis gelblich
	Gehalt	min. 93 Masse-%
	freie Fettsäure	max. 3,0 Masse-%
	unverseifbare Bestandteile	max. 2,0 Masse-%
	flüchtige Bestandteile	max. 3,0 Masse-%
	Blei	max. 20 mg/kg
	Barium	nicht nachweisbar[2])
Stearoylglucose	Dimethylformamid	max. 10 mg/kg
	Methanol	max. 10 mg/kg
	Sulfatasche	max. 2,0 Masse-% (800 °C)
Talkum	Aussehen	weiß bis grauweiß
	Arsen	max. 10 mg/kg
	Fluorid	max. 20 mg/kg
	Asbest	nicht nachweisbar (mikroskopisch)
	Quarz	max. 5,0 Masse-%
Tannin	Aussehen	weiß bis bräunlich gelb
	Gerbstoffe	38–46 Masse-% i. T. (ber. als Pyrogallol)
Traganth	Aussehen	weiß bis gelblich
	Asche	max. 2,5 Masse-%
Triethylenglycol	Aussehen	klar, farblos
	Dichte	1,124–1,126
	Siedeintervall	280–290 °C
	Brechungsindex n_D^{20}	1,4555–1,4570
	Ethandiol	max. 0,1 Masse-%
Vaselinum flavum	Aussehen	gelblich bis gelb, bei 60 °C nicht oder nur schwach bläulich nur schwach bläulich fluoreszierend
	hochschmelzende Paraffine	siehe [2])
	organische Verunreinigungen	siehe [2])
Wachse		
Wachs, dünnflüssig (Mischung von Estern von 2-Ethylhexanol mit vorwiegend gesättigten Fettsäuren von $C_{12}-C_{14}$)	Aussehen	klar, farblos bis schwach gelblich
	Brechungsindex n_D^{25}	1,4410–1,4440
Wachs, dickflüssig (Mischung von Estern von 2-Ethylhexanol mit gesättigten Fettsäuren $C_{16}-C_{18}$)	Aussehen	klar, farblos bis schwach gelblich
	Brechungsindex n_D^{25}	1,4450–1,4480

Anlage 5 (Fortsetzung)

Fremdstoffe	Forderungen	
Bienenwachs	Aussehen	schwach gelb bis braun-gelb
	Brechungsindex n_D^{75}	1,4400–1,4450
	Erstarrungstemperatur	61–66 °C
Wollfett (-wachs)	Aussehen	gelblich bis bräunlich gelb
	Schmelzbereich	36–42 °C
	Glührückstand	max. 0,1 Masse-%
Weinsäure und deren Salze		
Weinsäure	Gehalt	min. 99 Masse-%
	Schmelzbereich	168–170 °C
	Spezifische Drehung der wäßrigen Lösung (20 Masse-%)	$[\alpha]_D^{20}$ = +11,8 bis 12,5°
	Oxalate	max. 0,05 Masse-% (berechnet als Oxalsäure)
Kalium-, Magnesium-, Natriumtartrate	Oxalate	max. 0,05 Masse-% (berechnet als Oxalsäure)
Calciumtartrate	Oxalate	max. 0,05 Masse-% (berechnet als Oxalsäure)
	Fluorid	max. 30 mg/kg

Anlage 6

zu § 4 Abs. 1 vorstehender Anordnung

Zulässige Höchstmengen an Kontaminanten in Lebensmitteln

1. Metalle

<table>
<tr><th rowspan="2">Lebensmittel</th><th colspan="7">Metalle (mg/kg)</th></tr>
<tr><th>Pb</th><th>Zn</th><th>Cu</th><th>Sn[1])</th><th>Hg</th><th>As</th><th>Cd</th></tr>
<tr><td>Obst und Obstgefrierkonserven</td><td>0,5</td><td>5,0</td><td>5,0</td><td rowspan="8">250</td><td>0,05</td><td>0,5</td><td>0,05</td></tr>
<tr><td>Obststerilkonserven, Fruchtsäfte</td><td>0,5</td><td>5,0</td><td>5,0</td><td>0,05</td><td>0,5</td><td>0,05</td></tr>
<tr><td>Fruchtsaftkonzentrate einschließlich Kernobstsaftkonzentrate</td><td>3,0</td><td>30,0</td><td>30,0</td><td>0,3</td><td>3,0</td><td>0,3</td></tr>
<tr><td>Obstpulpe und Obstmark</td><td>0,5</td><td>5,0</td><td>10,0</td><td>0,05</td><td>0,5</td><td>0,05</td></tr>
<tr><td>Marmeladen, Konfitüren</td><td>1,0</td><td>5,0</td><td>10,0</td><td>0,05</td><td>0,5</td><td>0,05</td></tr>
<tr><td>Trockenobst, Trockengemüse</td><td>5,0</td><td>50,0</td><td>50,0</td><td>0,5</td><td>5,0</td><td>0,5</td></tr>
<tr><td>Gemüse und Gemüsegefrierkonserven</td><td>0,5</td><td>15,0</td><td>5,0</td><td>0,05</td><td>0,5</td><td>0,1</td></tr>
<tr><td>Gemüsesterilkonserven und Gemüsesäfte</td><td>0,5</td><td>15,0</td><td>5,0</td><td>0,05</td><td>0,5</td><td>0,1</td></tr>
<tr><td>Tomatenkonzentrate (i. T.)</td><td>8,0</td><td>200,0</td><td>150,0</td><td>750</td><td>0,5</td><td>5,0</td><td>1,0</td></tr>
</table>

Anlage 6 (Fortsetzung)

Lebensmittel	Metalle (mg/kg)						
	Pb	Zn	Cu	Sn[1])	Hg	As	Cd
Pilze und Pilzsterilkonserven (i. T.)	5,0	200,0	100,0		5,0	5,0	5,0
Hülsenfrüchte (getrocknet)	1,0	100,0	10,0		0,05	0,5	0,1
Trinkwasser	0,1	5,0	1,0		0,002	0,05	0,01
Alkoholfreie Erfrischungsgetränke	0,3	5,0	2,0		0,01	0,1	0,05
Alkoholhaltige Getränke	0,3	5,0	2,0		0,01	0,1	0,05
Getreide und Getreideerzeugnisse	0,5	100,0	10,0	250	0,05	0,5	0,1
Kartoffeln	0,3	10,0	3,0		0,05	0,3	0,1
Milch	0,1	5,0	0,5		0,02	0,05	0,01
Milcherzeugnisse einschließlich Käse	0,5	25,0	2,5		0,05	0,25	0,05
Kondensmilch	1,0	25,0	2,5		0,05	0,25	0,05
Trockenmilch	1,0	50,0	5,0		0,2	0,5	0,1
Butter	0,5	5,0	0,5		0,05	0,1	0,05
Margarine	0,5	5,0	0,5		0,05	0,1	0,05
Sonstige Fette und Öle	0,5	5,0	0,5		0,05	0,1	0,05
Eier und Eiererzeugnisse	1,0	20,0	3,0		0,05	0,1	0,05
Trockenei	5,0	100,0	15,0		0,25	0,5	0,25
Fleisch, Wild, Geflügel und Erzeugnisse daraus	0,5	50,0	5,0		0,05	0,1	0,1
Innereien	1,0	100,0	200,0		0,2	0,1	1,0
Fleisch, Wild- und Geflügelerzeugnisse unter Verwendung von Innereien	1,0	100,0	50,0		0,1	0,1	0,5
Fisch und Fischerzeugnisse	1,0	50,0	5,0		0,5	3,0	0,1
Zucker und Zuckerwaren	1,0	5,0	2,0		0,05	1,0	0,05
Kakaopulver und Kakaoerzeugnisse	5,0	50,0	50,0	250	0,05	1,0	0,5
Speisesalz	1,0	5,0	5,0		0,05	1,0	0,1
Speiseessig	1,0	2,5	2,5		0,05	0,3	0,1
Essigessenz	4,0	10,0	10,0		0,20	1,2	0,4
Kleinkinderzusatznahrung (trinkfertige Säfte)	0,1	5,0	5,0		0,02	0,1	0,02
Kleinkinderfertignahrung unter Zusatz von Obst und Gemüse (pulverförmig)	0,5	50,0	15,0		0,05	0,3	0,1
Kleinkinderfertignahrung auf Milchbasis (pulverförmig)	0,5	50,0	2,0		0,05	0,2	0,05
Kleinkinderfertignahrung auf Obst- und Gemüsebasis (löffelfertig)	0,2	10,0	5,0		0,02	0,1	0,05

2. Halogenierte Kohlenwasserstoffe[2])

Lebensmittel	Polychlorierte Biphenyle (mg/kg)
Fisch und Fischerzeugnisse	1,0
Fischleber und Fischlebererzeugnisse	5,0
Milch und Milcherzeugnisse einschließlich Butter	2,0 (bezogen auf Fett)

Anlage 6 (Fortsetzung)

3. Biogene Amine

Lebensmittel	Histamin (mg/kg)
Fisch und Fischerzeugnisse	300

4. Stickstoffhaltige Verbindungen

Lebensmittel	Nitrat (NO_3^-) (mg/kg)	Nitrit (NO_2) (mg/kg)
Trinkwasser	40	0,2
Spinat (Rohware)	1200	10
Spinatkonserven	900	5
Gemüse (Rohware)	900	10
Gemüse (Rohware) für Kleinkinderfertignahrung[3])	600	10
Kleinkinderfertignahrung auf Gemüsebasis[3])	300	5
Milch	10	0[4])
Kondensmilch	25	0[4])
Trockenmilch	100	0[4])
Kleinkinderfertignahrung auf Trockenmilchbasis	100	0[4])

Anlage 7

zu § 4 Abs. 2 vorstehender Anordnung

Rechtsvorschriften

1. Anordnung vom 3. Juni 1980 über Rückstände von Pflanzenschutzmitteln, Vorratsschutzmitteln und Mitteln zur Steuerung biologischer Prozesse in Lebensmitteln — Rückstandsmengen-Anordnung — (Sonderdruck Nr. 1054 des Gesetzblattes)
2. DDR- und Fachbereichstandards
3. Anordnung vom 5. November 1971 über die Schlachttier- und Fleischuntersuchung — Fleischuntersuchungsanordnung — (GBl. II Nr. 75 S. 644)
4. Verordnung vom 27. Oktober 1950 über den Verkehr mit Blei, Zink, Kadmium, Antimon oder Kupfer enthaltenden Gegenständen (GBl. Nr. 134 S. 1167) i. d. F. vom 9. Juni 1951 (GBl. Nr. 71 S. 576)
5. Anordnung Nr. 1 vom 4. August 1964 über Plaste für Bedarfsgegenstände (GBl. II Nr. 90 S. 752)
6. Anordnung Nr. 2 vom 20. Juni 1967 über Plaste für Bedarfsgegenstände (Sonderdruck Nr. 553 des Gesetzblattes)
7. Anordnung Nr. 3 vom 22. April 1968 über Plaste für Bedarfsgegenstände (GBl. II Nr. 46 S. 255)
8. Anordnung Nr. 4 vom 28. Juli 1970 über Plaste für Bedarfsgegenstände (GBl. II Nr. 69 S. 496)
9. Anordnung Nr. 5 vom 13. Juli 1971 über Plaste für Bedarfsgegenstände (GBl. II Nr. 59 S. 514)
10. Anordnung Nr. 6 vom 16. Oktober 1972 über Plaste für Bedarfsgegenstände (GBl. II Nr. 65 S. 721)
11. Anordnung Nr. 7 vom 15. Juli 1976 über Plaste für Bedarfsgegenstände (Sonderdruck Nr. 553/1 des Gesetzblattes)
12. Anordnung Nr. 8 vom 20. Dezember 1976 über Plaste für Bedarfsgegenstände (Sonderdruck Nr. 553/2 des Gesetzblattes)
13. Anordnung vom 20. November 1970 über Elastomere für Bedarfsgegenstände (GBl. II Nr. 95 S. 660)

Anmerkungen zu Anlage 3 und 4

1. Anordnung über den Verkehr mit Aromastoffen, Essenzen und Grundstoffen — Essenzen-Anordnung — vom 8. November 1982 (GBl. I 1983 S. 6) — zum Abdruck in der 12. Lieferung vorgesehen unter C 06 02 65.
2. Anordnung vom 24. Januar 1967 über den Verkehr mit Konservierungsmitteln — Konservierungsmittelanordnung — (GBl. II Nr. 13 S. 80, Ber. Nr. 27 S. 168) einschließlich später erlassener Genehmigungen und Ausnahmegenehmigungen
3. Anordnung vom 8. November 1982 über den Verkehr mit Lebensmittelfarbstoffen und Lebensmittelfarben (GBl. I 1983 Nr. 1 S. 1) — abgedruckt unter C 06 02 60 — 12. Lieferung, einschließlich später erlassener Genehmigungen und Ausnahmegenehmigungen
4. Anordnung vom 30. September 1965 über den Verkehr mit Speiseeis (GBl. II Nr. 104 S. 725) einschließlich später erlassener Genehmigungen und Ausnahmegenehmigungen
5. Anordnung vom 13. Juni 1953 über die Verwendung von salpetrigsauren und salpetersauren Salzen im Lebensmittelverkehr (ZBl. Nr. 22 S. 279)
6. Als Bestandteil von Backpulver sind neben Zusatzstoffen gemäß Anlage dieser Anordnung folgende Zusatzstoffe zugelassen:
   Natriumhydrogencarbonat — Arzneibuch der DDR, 2. Ausgabe
   Dinatriumdihydrogenphosphat — Arzneibuch der DDR, 2. Ausgabe
   Calciumcarbonat, gefällt — Arzneibuch der DDR, 2. Ausgabe
   Calcium-, Kalium-, Natriumhydrogentartrat
   Calcium-, Kalium-, Natriumhydrogencitrat
   Calcium-, Kalium-, Natriumphosphate
   Calcium-, Kalium-, Natriumpolyphosphate.
7. Anordnung Nr. 2 vom 20. Juni 1967 über Plaste für Bedarfsgegenstände (Sonderdruck Nr. 553 des Gesetzblattes)
8. Zur Herstellung von Grundstoffen für einen bestimmten Verwendungszweck dürfen zusätzlich die bei den entsprechenden Lebensmittelgruppen aufgeführten Zusatzstoffe verwendet werden.
9. Nicht abgedruckt wurden qualitative und quantitative Angaben zu Lebensmitteln, die aus der Sicht der Fremdstoffe ohne Bedeutung für die Pharmazie sind (Analogieschlüsse, Einsatzstoffe, Wechselwirkungen); aus Anlage 1 kann jedoch entnommen werden, wo die einzelnen Fremdstoffe zulässig sind.

Fußnoten zu Anlage 5

1) nach Trocknung bei 105 °C
2) nach Arzneibuch der DDR, 2. Ausgabe
3) Trocknung 4 Stunden bei 120 °C
4) Gehalt der 2 Stunden bei 80 °C getrockneten Substanz
5) im Vakuum über Schwefelsäure getrocknet
6) nach Trocknung bei 200 °C
7) durch Auskochen von lufttrockener Substanz mit Salpetersäure (20 Vol.-%)
8) 1,0 g mit 10 g reinem Cyclohexan extrahieren; Extrakt darf nicht gefärbt sein, nicht stärker fluoreszieren als eine Lösung von 0,1 mg Chininsulfat in 1 l 0,1 N-Schwefelsäure und muß beim Eindampfen praktisch rückstandsfrei sein.

Fußnoten zu Anlage 6

1) gilt für Lebensmittel in Weißblechverpackung
2) außer Verbindungen gemäß Anlage 7 Ziff. 1
3) einschl. Spinat
4) Dieser Wert gilt als eingehalten, wenn nicht mehr als 0,05 mg/kg enthalten sind.

Rahmenordnung für das betriebliche Meßwesen in Einrichtungen, die der Überwachung durch das Institut für Arzneimittelwesen der DDR unterliegen.[0])

vom 1. April 1981
(Zbl. Pharm. **119** (3), S. 268—284 (1980) und Information Nr. 10/81 für Bezirksapotheker aus dem Institut für Arzneimittelwesen der DDR vom 15. Juli 1981 — Auszug —)*

1. Aufgabenstellung

Diese Rahmenordnung beruht auf der TGL 31 532 „Betriebliches Meßwesen"[1]) und hat folgende Aufgabenstellung:

— Festlegung von Mindestforderungen an das betriebliche Meßwesen solcher Einrichtungen im Zuständigkeitsbereich des Institutes für Arzneimittelwesen der DDR, deren übergeordnete Organe keine „Rahmenordnungen für das betriebliche Meßwesen" herausgegeben haben,

— Festlegung spezifischer Forderungen für das Gebiet des Arzneimittelwesens und der Laboratoriumsdiagnostik, die in den Rahmenordnungen bzw. Ordnungen für das betriebliche Meßwesen von Einrichtungen im Zuständigkeitsbereich des Institutes für Arzneimittelwesen der DDR zu berücksichtigen sind.

2. Geltungsbereich

Alle Einrichtungen, die am Verkehr mit Arznei- und Gesundheitspflegemitteln entsprechend dem Arzneimittelgesetz vom 5. Mai 1964[2]) beteiligt sind oder Aufgaben auf dem Gebiet der Begutachtung von Arznei- und Gesundheitspflegemitteln durchführen oder labordiagnostische Untersuchungen ausführen.

3. Grundsätzliche Forderungen

In den Einrichtungen bzw. deren in Frage kommenden Abteilungen sind „Ordnungen für das betriebliche Meßwesen" auszuarbeiten.
Es ist zu gewährleisten, daß

— bei deren Ausarbeitung ausgegangen wird von
— — den jeweils gültigen Rechtsvorschriften auf dem Gebiet des Meßwesens[3]),
— — den speziellen Vorschriften des Arzneibuches der DDR,
— — den Festlegungen in Gütevorschriften für Arznei- und Gesundheitspflegemittel,

*) Die 1. DB zur VO über das Meßwesen vom 14. Januar 1983, abgedruckt 13. Lieferung C 06 03 02, wurde berücksichtigt; nach ihr sind Waagen und Wägestücke nach TGL 32565/01 und /02 beim Einsatz im Gesundheitswesen unabhängig von der Genauigkeitsklasse im Abstand von 3 Jahren eichpflichtig.

— — den Weisungen und Auflagen des Überwachungsorgans,
— — der Rahmenordnung des übergeordneten Organs unter Berücksichtigung ergänzender Festlegungen der vorliegenden Rahmenordnung,
— personelle Festlegungen der Ordnung auch in den Funktionsplänen der dafür Verantwortlichen enthalten sind,
— die Ordnung als Weisung des zuständigen Leiters erlassen und ihre konsequente Durchsetzung kontrolliert wird,
— alle Änderungen unverzüglich berücksichtigt werden.

4. Inhalt der „Ordnung für das betriebliche Meßwesen"

Die Ordnung hat zu gewährleisten, daß

— die meßtechnischen Vorschriften des Arzneibuches der DDR konsequent eingehalten werden; in Zweifelsfällen gelten die allgemeinen gesetzlichen Bestimmungen für das Meßwesen,
— die genannten Prinzipien insbesondere auch bei der Erarbeitung von Gutachten über neue Erzeugnisse eingehalten werden,
— in alle Herstellungsvorschriften und innerbetrieblichen Prüfvorschriften entsprechend den geltenden Bestimmungen die erforderlichen meßtechnischen Vorschriften integriert werden,
— die Bestellung bzw. Planung von Meßmitteln qualitativ einwandfrei, quantitativ ausreichend und terminlich präzis erfolgt und kontrollfähig[4]) gestaltet wird.

Jede Bestellung für Meßmittel muß enthalten

— — vollständige Bestellbezeichnung einschließlich des Zubehörs,
— — Meßbereich, erforderlichenfalls Anwendungsbereich und Skalenwert,
— — Fehlergrenze oder Genauigkeitsklasse,
— über alle Meßmittel, die der periodischen Nacheichung oder Nachprüfung unterliegen, ein Standortnachweis (Meßmittelkartei) geführt wird; dieser muß zusätzlich folgende Angaben enthalten:
— — letzte Eichung bzw. Prüfung,
— — nächste Eichung bzw. Prüfung,
— — für die Eichung bzw. Prüfung zuständige Stelle,
— — Instandhaltungs- und Durchsichtstermine, verantwortliche Betriebe.

Soweit für die Nachprüfung keine gesetzlichen Vorschriften bestehen, sind zusätzlich folgende Angaben erforderlich:

— — Art des Prüfverfahrens mit Angaben über die benutzten Normale,
— — zulässige Toleranzen,
— — Prüfergebnis.

Soweit für die Nachprüfung keine gesetzlichen Vorschriften bezüglich der Fristen bestehen, trifft der zuständige Leiter im Einvernehmen mit dem Kontrollverantwortlichen

für das betriebliche Meßwesen Festlegungen. Der Zeitraum zwischen zwei Prüfungen sollte 3 Jahre nicht überschreiten.
Der Nacheichung bzw. Nachprüfung unterliegen alle Meßmittel[5]), von deren Richtigkeit die Qualität der hergestellten Erzeugnisse[6]), die Qualität der abzugebenden Erzeugnisse[7]) oder die Aussagekraft von Untersuchungsergebnissen[8]) abhängen.
Für Volumenmeßmittel gelten spezielle Regelungen, daß

— der Einsatz von Volumenmeßmitteln[9]) nach folgenden Grundsätzen erfolgt:
— — für die Durchführung von Schiedsanalysen und die Erstattung von Gutachten sind geeichte Meßmittel[10]) einzusetzen; in Ausnahmefällen können auch Meßmittel der Genauigkeitsklasse A verwendet werden, die in geeigneter Weise auf Richtigkeit kontrolliert wurden,
— — soweit von der Richtigkeit der gemessenen Volumen die Qualität der hergestellten Erzeugnisse, die Quantität der abzugebenden Erzeugnisse oder die Aussagekraft von Untersuchungsergebnissen abhängt, sind Meßmittel der Genauigkeitsklasse A einzusetzen; in Ausnahmefällen können auch Meßmittel der Genauigkeitsklasse B verwendet werden, die in geeigneter Weise auf Richtigkeit kontrolliert wurden,
— — auf Richtigkeit kontrollierte Volumenmeßmittel sind innerbetrieblich einheitlich und dauerhaft zu kennzeichnen,
— — Volumenmeßmittel sind vor jeder Anwendung auf Unversehrtheit zu prüfen und bei Beschädigung unverzüglich auszusondern,
— Abweichungen von den festgelegten meßtechnischen Grundsätzen und Verfahren nur mit Zustimmung des jeweiligen Leiters im Einvernehmen mit dem Kontrollverantwortlichen für das betriebliche Meßwesen erfolgen,
— neubeschaffte Meßmittel — ausgenommen Volumenmeßmittel — vor ihrem Einsatz einer meßtechnischen Prüfung unterzogen werden und dies in der Meßmittelkartei nachgewiesen wird,
— für die Kontrolle des betrieblichen Meßwesens ein Verantwortlicher eingesetzt wird.

5. Kontrollverantwortlicher für das betriebliche Meßwesen

5.1. Grundsätzliches

Der Kontrollverantwortliche für das betriebliche Meßwesen ist in der Regel ein Mitarbeiter der TKO; er wird von deren Leiter bestimmt; ihm können weitere Mitarbeiter unterstellt oder zugeordnet werden.
Soweit ein Kontrollverantwortlicher für das betriebliche Meßwesen nicht benannt wird, nimmt der Leiter der TKO diese Funktion wahr.
Soweit eine Einrichtung oder der in Betracht kommende Teil einer Einrichtung keine TKO hat, benennt der zuständige Leiter einen geeigneten Mitarbeiter als Kontrollverantwortlichen für das betriebliche Meßwesen; soweit dies nicht erfolgt, nimmt der Leiter selbst diese Funktion wahr.

5.2. Aufgaben der TKO oder des Kontrollverantwortlichen für das betriebliche Meßwesen

- Mitwirkung bei der Aus- und Überarbeitung der „Ordnung für das betriebliche Meßwesen“,
- Kontrolle der Einhaltung von Festlegungen der „Ordnung für das betriebliche Meßwesen“ und anderer Weisungen, die das Meßwesen betreffen,
- Einbeziehung der Kontrollergebnisse in die Berichterstattung und Analysentätigkeit,
- Forderung der Sperrung defekter oder nicht fristgemäß geprüfter bzw. nicht fristgemäß nachgeeichter oder falsch eingesetzter Meßmittel,
- Mitwirkung bei der Planung von Qualifizierungsmaßnahmen auf dem Gebiet des Meßwesens und Kontrolle ihrer Realisierung,
- Wahrnehmung der Zusammenarbeit bezüglich des Meßwesens zwischen der Einrichtung und dem Überwachungsorgan.

Anlage 1

zur Rahmenordnung für das betriebliche Meßwesen in Einrichtungen, die der Überwachung durch das Institut für Arzneimittelwesen der DDR unterliegen

Massemeßmittel

1. Genauigkeitsklasseneinteilung für Waagen

Tabelle 1. Nichtselbsttätige Waagen* — nach ASMW — VM 160 Ausg. 04/75

Genauigkeitsklasse	Bezeichnung der Genauigkeitsklasse	Kurzzeichen** für Genauigkeitsklasse
1	Besondere Genauigkeitsklasse	I
2	Hohe Genauigkeitsklasse	II
3	Mittlere Genauigkeitsklasse	III
4	Grobe Genauigkeitsklasse	IIII

* Waagen, die eine Bedienungsperson erfordern

** Das Kurzzeichen ist an einer geeigneten Stelle der Waage angebracht. Für Waagen älterer Bauart, die noch nicht in der angegebenen Weise gekennzeichnet sind und für die eine Zuordnung zu einer Genauigkeitsklasse nicht mit Sicherheit durch den Benutzer vorgenommen werden kann, wird empfohlen, die für das jeweilige Territorium zuständige Meßtechnische Prüfstelle des ASMW zu konsultieren.

2. Meß- und Anwendungsbereich

Tabelle 2. Waagen ohne Skale

Genauigkeitsklasse	Max	Min	*dc*
1	100 mg ≦ Max ≦ 1 g	10 *dc*	0,1 mg
	1 g < Max < 10 g	50 *dc*	Max/10000
	10 g ≦ Max ≦ 100 g	50 *dc*	1 mg
	Max > 100 g	50 *dc*	Max/100000
2	1 g ≦ Max < 5 g	10 *dc*	Max/1000
	5 g ≦ Max ≦ 100 g	10 *dc*	5 mg
	Max > 100 g	50 *dc*	Max/20000
3	20 g ≦ Max ≦ 100 g	50 *dc*	0,1 g
	100 g < Max < 1 kg	50 *dc*	Max/1000
	1 kg ≦ Max ≦ 2 kg	50 *dc*	1 g
	Max > 2 kg	50 *dc*	Max/2000
4	1 kg ≦ Max ≦ 2 kg	10 *dc*	5 g
	Max > 2 kg	10 *dc*	Max/400

Der Eichskalenwert e (Skalenwert, der für die Eichung zugrunde gelegt wird) ist im Absolutwert gleich dem Skalenwert *dc*.

Beispiele:

Genauigkeitsklasse 1

Max ≦ 1 g (z. B. zweiarmige Hebelwaage älterer Bauart);
Skalenwert (Eichskalenwert) 0,1 mg
Min = 10 *dc*, d. h. 1 mg ist der Massewert, der der unteren Grenze des Wägebereiches entspricht;
Max > 100 g (z. B. zweiarmige „Analysenwaage" älterer Bauart);
Skalenwert (Eichskalenwert) 1 mg
Min = 50 *dc*, d. h. 50 mg ist der Massewert, der der unteren Grenze des Wägebereiches entspricht;

Genauigkeitsklasse 2

Max > 100 g (z. B. zweiarmige Rezepturwaage älterer Bauart);
Skalenwert (Eichskalenwert) 5 mg
Min = 50 *dc*, d. h. 250 mg ist der Massewert, der der unteren Grenze des Wägebereiches entspricht;

Genauigkeitsklasse 3

Max > 2 kg; Skalenwert (Eichskalenwert) 1 g
Min = 50 *dc*, d. h. 50 g ist der Massewert, der der unteren Grenze des Wägebereiches entspricht.

Tabelle 3. Waagen mit Skale (z. B. Waagen des Betriebes OWA-Labor)

Genauigkeitsklasse	Max	Min	*d* oder *dd*	*n*
1	Max nicht festgelegt	10 *d*	*d* ≦ 0,5 mg	*n* ≧ 100
	Max ≧ 100 g	50 *d*	*d* ≧ 1 mg	*n* > 100000
2	200 mg ≦ Max ≦ 5 kg	1 mg ≦ *d* ≦ 5 mg 10 *d*	1 mg ≦ *d* ≦ 50 mg	200 ≦ *n* ≦ 100000

Tabelle 3 (Fortsetzung)

Genauigkeits-klasse	Max	Min	d oder dd	n
	$\text{Max} \geqq 1$ kg	$10 \text{ mg} \leqq d$ $50\,d$ $0{,}1 \text{ g} \leqq d \leqq 1$ g $10\,d$	$d \geqq 100$ mg	$10000 < n \leqq 100000$
3	$5 \text{ g} \leqq \text{Max} \leqq 20$ kg	$d = 2$ g $20\,d$	$100 \text{ mg} \leqq d \leqq 2$ g	$50 \leqq n \leqq 10000$
	$2{,}5 \text{ kg} \leqq \text{Max} \leqq 100$ t	$5 \text{ g} \leqq d \leqq 20$ g $20\,d$ $20 \text{ g} < d \leqq 10$ kg $50\,d$	$5 \text{ g} \leqq d \leqq 10$ kg	$500 < n \leqq 10000$
	$\text{Max} > 15$ t	$50\,d$	$d > 10$ kg	$750 < n \leqq 10000$
4	$500 \text{ g} \leqq \text{Max} \leqq 5$ t	$10\,d$	$5 \text{ g} \leqq d \leqq 10$ kg	$100 \leqq n \leqq 500$
	$\text{Max} \geqq 4$ t	$10\,d$	$d > 10$ kg	$200 \leqq n \leqq 750$

Der Eichskalenwert e ist im Absolutwert gleich dem Skalenwert d.

Erläuterungen:

Max = Höchstlast
Massewert, der bei einer Wägung der oberen Grenze des Wägebereiches entspricht;

Min = Mindestlast
Massewert, der der unteren Grenze des Wägebereiches entspricht;

d = Skalenwert
Massewert, der einem Skalenteil entspricht;
bei analoger Anzeige oder analogem Druck
Massewert, der dem kleinsten Skalenteil entspricht;

dd = bei Ziffernanzeige oder Zifferndruck
Differenz zwischen zwei aufeinanderfolgenden Anzeige- oder Druckwerten;

dc = bei Waagen ohne Teilung
festgelegter Skalenwert, der es ermöglicht, die Waagen in Genauigkeitsklassen einzuordnen.

n = Anzahl der Skalenteile oder Zifferschritte. Sie ergibt sich aus dem Verhältnis

$$n = \frac{\text{Max}}{d} \text{ oder } n = \frac{\text{Max}}{dd}$$

(weitere Hinweise zu den Genauigkeitsklassen s. Tabelle 7)

3. Wägestücke

Wägestücke nach TGL 32565/01 und -/02 Ausg. 12.81 gehören entsprechend ihrer Genauigkeit den Klassen bzw. Ordnungen 1a, 1, 2, 3, 4, 5 oder 6 an. Den Klassen sind folgende Nennmassen zugeordnet:

Tabelle 4

Klasse/Ordnung	Nennmasse
1a bis 4	1 mg bis 50 kg
5	1 g bis 50 kg
6	5 g bis 50 kg

Weitere Hinweise enthält der Standard TGL 32565/01 und -/02

3.1. Kennzeichnung und Beschriftung von Wägestücken[11])

Tabelle 5. Angabe des Kennzeichens der Genauigkeitsklasse

Klasse	Nennmassebereich	Kennzeichen für die Genauigkeitsklasse	Stelle der Kennzeichnung
1a	1 mg bis 50 kg	(1a) oder „Klasse 1a"/„Ordnung 1a"	auf dem vorderen Innenrand des Aufbewahrungskastens oder auf oder unmittelbar neben dem Kennzeichnungsschild. auf dem Wägestückknopf oder auf der oberen Fläche des Wägestückkörpers
1	1 mg bis 50 kg	① oder „Klasse 1"/„Ordnung 1"	
2	1 mg bis 50 kg	② oder „Klasse 2"/„Ordnung 2"	
3	1 mg bis 500 g 1 bis 50 kg	③ oder „Klasse 3"/„Ordnung 3"	
4	1 bis 500 mg	ohne Kennzeichen	—
	1 g bis 50 kg	④	auf dem Wägestückknopf oder auf der oberen Fläche des Wägestückkörpers
5	1 g bis 50 kg	⑤	
6	1 g bis 50 kg	ohne Kennzeichen	—

Wägestücke der Genauigkeitsklassen bzw. Ordnungen 1a, 1, 2 und 3 sind mit einem zusätzlichen Kennzeichen (Ziffern, Buchstaben) versehen, aus dem die Zugehörigkeit zu einem „Gewichtssatz" hervorgeht. Ausgenommen hiervon sind Anhängewägestücke.
Gehören zu einem Wägestücksatz („Gewichtssatz") der Klassen bzw. Ordnungen 1a, 1, 2 oder 3 mehrere Wägestücke gleicher Nennmasse, so sind die zweiten und die weiteren Wägestücke gleicher Nennmasse mit Unterscheidungsmerkmalen (Punkte oder Sterne, bei Wägestücken aus Draht („Reiter") durch verschiedenartiges Umbiegen ihrer Enden) gekennzeichnet.

3.2. Kennzeichnung des Aufbewahrungskastens

Auf dem Aufbewahrungskasten sind folgende Angaben angebracht:

- Klasse bzw. Ordnung der Wägestücke
- Hersteller
- Satzkennzeichen (bei Wägestücken der Klassen bzw. Ordnungen 1a, 1, 2 und 3)
- Nennmassebereich der Wägestücke
- Werkstoff der Wägestücke
- Herstelljahr
- Stempelzeichen (Erklärung s. Anlage 2)

Sind Wägestücke verschiedener Klassen bzw. Ordnungen in einem Aufbewahrungskasten untergebracht, so muß dies ebenfalls auf dem Aufbewahrungskasten angegeben sein, z. B. „Wägestücke 1 bis 500 mg der Klasse 4 und
Wägestücke 1 bis 500 g der Klasse 5".
In den Aufbewahrungskästen für Wägestücke der Klassen bzw. Ordnungen 1a, 1 und 2 muß ein Schild befestigt sein mit dem Hinweis, daß die Wägestücke nur mit den vorgeschriebenen Hilfsmitteln zu handhaben sind.

3.3. Meßtechnische Forderungen

Bei der Ersteichung, verschärften Nacheichung und erstmaligen Beglaubigung dürfen Wägestücke der Klassen/Ordnungen 1a, 1, 2, 3 und 4 um den in Tabelle 6 festgelegten Wert (in mg) leichter oder schwerer sein als die Nennmasse. Wägestücke der Klassen/Ordnungen 5 und 6 dürfen nicht leichter und höchstens um den in Tabelle 6 festgelegten Wert schwerer sein als die Nennmasse.

Tabelle 6

Nennmasse	in mg						
	Klasse 1a Ordnung 1a	Klasse 1 Ordnung 1	Klasse 2 Ordnung 2	Klasse 3 Ordnung 3	Klasse 4 Ordnung 4	Klasse 5 Ordnung 5	Klasse 6 Ordnung 6
1 mg	0,002	0,006	0,020	0,06	0,20	—	—
2 mg	0,002	0,006	0,020	0,06	0,20	—	—
5 mg	0,002	0,006	0,020	0,06	0,20	—	—
10 mg	0,002	0,008	0,025	0,08	0,25	—	—
20 mg	0,003	0,010	0,03	0,10	0,30	—	—
50 mg	0,004	0,012	0,04	0,12	0,40	—	—
100 mg	0,005	0,015	0,05	0,15	0,50	—	—
200 mg	0,006	0,020	0,06	0,20	0,60	—	—
500 mg	0,008	0,025	0,08	0,25	0,80	—	—
1 g	0,010	0,03	0,10	0,3	1,0	5	
2 g	0,012	0,04	0,12	0,4	1,2	5	
5 g	0,015	0,05	0,15	0,5	1,5	10	50
10 g	0,020	0,06	0,20	0,6	2,0	20	50
20 g	0,025	0,08	0,25	0,8	2,5	20	50
50 g	0,03	0,10	0,3	1,0	3	30	100
100 g	0,05	0,15	0,5	1,5	5	30	100
200 g	0,10	0,30	1,0	3,0	10	50	100
500 g	0,25	0,75	2,5	7,5	25	100	250
1 kg	0,5	1,5	5	15	50	200	500
2 kg	1,0	3,0	10	30	100	400	1000
5 kg	2,5	7,5	25	75	250	800	2500
10 kg	5	15	50	150	500	1600	5000
20 kg	10	30	100	300	1000	3200	10000
25 kg	—	—	—	—	1000	—	—
50 kg	25	75	250	750	2500	8000	25000

3.4. Übersicht über Genauigkeitsklassen

Tabelle 7. Genauigkeitsklassen für MassemeBmittel

Bezeichnung des Massemeßmittels		Genauigkeits-klasse	Fehlergrenzen fest-gelegt in
jetzige gebräuchl.	frühere Bezeichng.		
Waagen der GK 1	Feinwaagen	1	ASMW-VM 160 Ausg. 04/75
Waagen der GK 2	Feinwaagen, oberschalige Präzisionswaagen (z. B. OWA-Labor)	2	ASMW-VM 160 Ausg. 04/75
gleicharmige Hebel-waagen Höchstlast 5 g bis 1 kg	Handwaagen, Rezepturwaagen	2	ASMW-VM 160 Ausg. 04/75
Tafelwaagen, Dezimal- und Lauf-gewichtswaagen		3 und 4	ASMW-VM 160 Ausg. 04/75
Neigungswaagen		3 und 4	ASMW-VM 160 Ausg. 04/75
Wägestücke für Waagen der Genauigkeits-klassen 1 und 2		1 und 2	TGL 32565/01 und —02 Ausg. 12/81
Wägestücke 1 mg bis 500 mg und Wägestücke aus Messing		4	TGL 32565/01 und —02 Ausg. 12/81
Wägestücke aus Grauguß		6	TGL 32565/01 und —02 Ausg. 12/81

Bei oberschaligen Waagen ist die Kennzeichnung der Genauigkeitsklasse an der Waage angebracht.

Anlage 2

zur Rahmenordnung für das betriebliche Meßwesen in Einrichtungen, die der Überwachung durch das Institut für Arzneimittelwesen der DDR unterliegen

Volumen-Meßmittel

1. Technische Forderungen und Begriffe

Entsprechend dem Fachbereichsstandard TGL 25926, Volumen-Meßmittel aus Glas, Technische Forderungen Ausg. 9. 81, sind auf jedem Volumen-Meßmittel u. a. anzugeben:

1.1. Nennvolumen
1.2. Maßeinheit des Volumens in cm^3 oder ml
1.3. Bezugstemperatur
1.4. Justierart (Ex oder In)
1.5. Kennbuchstabe der Genauigkeitsklasse

Zusätzlich zu den Angaben, die auf dem Volumen-Meßmittel anzugeben sind, muß bei prüfpflichtigen Volumen-Meßmitteln die Aufbringung des Gütezeichens erfolgen (lt. Verordnung über die staatliche Qualitätskontrolle vom 18. 12. 1969).

Zu 1.2) Die gesetzliche Einheit für das Volumen ist das Kubikmeter (m^3). Für Volumen-Meßmittel ist die Ableitung cm^3 zulässig. Für cm^3 darf „ml" geschrieben werden (nicht für Angaben mit einer relativen Unsicherheit von $< 5 \cdot 10^{-5}$ zugelassen!)

Zu 1.3) Die Bezugstemperatur ist die Temperatur, für die das Volumen-Meßmittel justiert ist.

Zu 1.4) Die Justierung (Ermittlung und Markierung des Nenn- oder Teilvolumens als Grundlage für die Anbringung von Ringmarken, Strichmarken oder Skalen) kann nach folgenden Arten vorgenommen werden:

— Ausguß (Ex): Ermittlung und Markierung des Nenn- oder Teilvolumens, indem eine bestimmte Flüssigkeitsmenge unter Beachtung des Benetzungsrückstandes aus einem Volumen-Meßmittel entleert wird;

— Einguß (In): Ermittlung und Markierung des Nenn- oder Teilvolumens, indem eine bestimmte Flüssigkeitsmenge in ein trocknes Volumen-Meßmittel eingefüllt wird; jeweils bezogen auf destilliertes oder mit Ionenaustauscher behandeltes Wasser.

Zu 1.5) Genauigkeitsklassen

A = eichfähig oder geeicht,

B = nicht eichfähig,

S = nicht eichfähig für Volumen-Meßmittel mit verkürzter Ablaufzeit.

Ablaufzeit ist die Zeit in s, in der die Flüssigkeitsmenge zusammenhängend und ungehindert aus einem Volumen-Meßmittel abläuft.

Die Bezifferung und Beschriftung müssen dauerhaft oder dauerhaft farbig angebracht sein.

2. Prüfung

Bei der normalen Gütekontrolle wird vom Hersteller eine **Stichprobe** geprüft. Probenahme und Durchführung der Prüfung für Volumen-Meßmittel der Genauigkeitsklassen A, B und S sind in der TGL 25926 Ausg. 12.72 generell geregelt. Die Attributsprüfung mittels Stichproben erfolgt nach den Vorschriften der TGL 14450 Ausg. 02.64 „Statistische Qualitätskontrolle".

Es gibt folgende Stichprobenverfahren:

Einfach-Stichprobenverfahren[12]), bei dem die Entscheidung über Annahme oder Rückweisung des Postens nach Prüfung **einer einzigen** Stichprobe getroffen wird.

Doppel-Stichprobenverfahren[12]), bei dem nach Prüfung einer ersten Stichprobe zunächst über Annahme, Rückweisung oder Weiterprüfen entschieden wird. Wird das Weiterprüfen entschieden, so wird endgültig auf Grund einer **zweiten** Stichprobe eine Entscheidung über Annahme oder Rückweisung des Postens getroffen.

Mehrfach-Stichprobenverfahren[12]), bei dem die Prüfung einer festgesetzten aufeinanderfolgenden Anzahl von Stichproben so lange durchgeführt wird, bis auf Annahme oder Rückweisung des Postens entschieden wird.
Die Beziehung zwischen Los- und Stichprobenumfang wird durch die jeweilige **Prüfstufe** festgelegt. Wenn nicht anders vorgeschrieben, wird Stufe II (Normalstufe) angewendet. Ist eine kleinere Trennfähigkeit erlaubt, so kann Stufe I und umgekehrt für eine größere Trennfähigkeit Stufe III angewendet werden.

AQL: Annehmbare Qualitätslage, Gutlage (p_α). Der AQL-Wert ist die maximale Fehlerhaftigkeit in % (oder die maximale Anzahl von Fehlern je 100 Einheiten), die zum Zweck der Stichprobenprüfung als zufriedenstellender Prozeßdurchschnitt angesehen werden kann. Wenn z. B. ein Abnehmer einen bestimmten AQL-Wert für einen gewissen Fehler oder eine Klasse von Fehlern vorgibt, so teilt er damit dem Lieferer mit, daß sein Stichprobenplan die überwiegende Mehrheit der Lose unter der Voraussetzung annehmen wird, daß der Prozeßdurchschnitt in den Losen nicht größer ist als der vorgegebene AQL-Wert.
In der Regel werden Volumen-Meßmittel der Genauigkeitsklasse A mit dem Doppel-Stichprobenverfahren, Prüfstufe III, z. B.

$$p_\alpha = 2{,}5,$$

Volumen-Meßmittel der Genauigkeitsklasse B mit dem Einfach-Stichprobenverfahren, Prüfstufe II, z. B.

$$p_\alpha = 6{,}5$$

geprüft.[13])
In grober Vereinfachung kann man davon ausgehen, daß bei derartig geprüften Meßmitteln in der Genauigkeitsklasse A maximal etwa 5% und in der Genauigkeitsklasse B bzw. S maximal etwa 13% Abweichungen von der Norm aufweisen können.

Volumen-Meßmittel der Genauigkeitsklasse A werden vorwiegend eingesetzt

— wenn von der Richtigkeit der gemessenen Volumen die Beurteilung der Qualität der abzugebenden Erzeugnisse oder die Aussagekraft von Untersuchungsergebnissen abhängt (z. B. Prüfung von Arzneimitteln durch die TKO), sofern nicht in den bereits genannten Fällen der Einsatz geeichter Meßmittel erforderlich ist;
— zu Volumenmessungen bei der Durchführung diagnostischer Laboratoriumsmethoden.

Für Messungen innerhalb des Produktionsprozesses können, falls das der geforderten Aussagekraft entspricht, auch Volumen-Meßmittel, die mindestens der Genauigkeitsklasse B angehören, eingesetzt werden.
Über den grundsätzlichen Einsatz von Volumen-Meßmitteln s. „Rahmenordnung", Punkt 4.

3. Zulässige Fehlergrenzen für Volumen-Meßmittel

Tabelle 1. Meßkolben (ohne und mit Stopfen aus Glas oder Plast) der Genauigkeitsklassen A und B entsprechend Werkstandard KTGI 23-01 Ausg. 04.81 des VEB Werk für Technisches Glas Ilmenau und Werkstandard SN 0323 Ausg. 04.81 des VEB Jenaer Glaswerk

Mit einem Nennvolumen von	Fehlergrenze bei Justierung auf Einguß			
Milliliter	Milliliter		Milliliter	
	A		B	
	MK 1 MK 2	MK 3 MK 4	MK 1 MK 2	MK 3 MK 4
5	±0,008	–	±0,02	–
10	±0,008	–	±0,02	–
25	±0,015	±0,03	±0,03	±0,06
50	±0,03	±0,08	±0,06	±0,16
100	±0,05	±0,12	±0,15	±0,25
250	±0,11	±0,2	±0,25	±0,5
500	±0,14	±0,28	±0,3	±0,6
1000	±0,19	±0,4	±0,4	±0,8
2000	±0,4	±0,8	±0,8	±1,6
5000	–	±2,4	–	±4,8

MK 1 = Enghals-Meßkolben ohne Kegelschliff
MK 2 = Enghals-Meßkolben mit Kegelschliff
MK 3 = Weithals-Meßkolben ohne Kegelschliff
MK 4 = Weithals-Meßkolben mit Kegelschliff

Tabelle 2. Meßzylinder für eine Meßgröße der Genauigkeitsklasse A entsprechend DAMW-VM 181 Ausg. 9.70

mit einem Nennvolumen größer als	bis	Fehlergrenze bei Justierung auf Einguß	Ausguß
Milliliter		Milliliter	Milliliter
–	30	±0,06	–
30	50	±0,1	–
50	100	±0,2	±0,4
100	250	±0,5	±1
250	400	±1,0	±2
400	600	±1,5	±3
600	1000	±2,5	±5
1000	1500	±4	±8
1500	2000	±5	±10
2000	3000	±6	±12
3000	4000	±8	±16
4000	5000	±10	±20

Skalenwert	Fehlergrenze bei Justierung auf	
	Einguß	Ausguß
Milliliter	Milliliter	Milliliter
0,05	±0,02	—
0,1	±0,04	—
0,2	±0,07	—
0,5	±0,17	±0,35
1	±0,25	± 0,5
2	±0,50	± 1,0
5	±1,25	± 2,5
10	±2,5	± 5
20	±5,0	±10

Tabelle 3. Meßzylinder der Genauigkeitsklasse B, hohe Form entsprechend TGL 25927 Ausg. 3.79

mit einem Nennvolumen von	Skalenwert	Fehlergrenze bei Justierung auf Einguß
Milliliter	Milliliter	Milliliter
10	0,1	± 0,1
25	0,5	± 0,5
50	0,5	± 0,5
100	1,0	± 1,0
250	2,0	± 2,0
500	5,0	± 5,0
1000	10,0	±10,0
2000	20,0	±20,0

Tabelle 4. Meßzylinder der Genauigkeitsklasse B, niedrige Form entsprechend TGL 25927 Ausg. 3.79

mit einem Nennvolumen von	Skalenwert	Fehlergrenze bei Justierung auf Einguß
Milliliter	Milliliter	Milliliter
10	1	± 0,5
25	1	± 1,0
50	2	± 2,0
100	2	± 2,0
250	5	± 5,0
500	10	±10,0
1000	20	±20,0
2000	50	±50,0

Tabelle 5. Vollpipetten der Genauigkeitsklassen A und S entsprechend TGL 11992 Ausg. 12.75 und ASMW-VM 216 Ausg. 04.77 für Genauigkeitsklasse A

mit einem Nennvolumen von	Fehlergrenze bei Justierung auf Ablauf	
Milliliter	Milliliter	
	A	S
0,5	±0,005	±0,010
1	±0,007	±0,015
2	±0,010	±0,020
5	±0,015	±0,030
10	±0,020	±0,040
20	±0,030	±0,060
25	±0,030	±0,060
50	±0,050	±0,100
100	±0,080	±0,160
200	±0,100	±0,200

Tabelle 6. Büretten der Genauigkeitsklasse A entsprechend TGL 12627 Ausg. 08.74 und ASMW-VM 230 Ausg. 02.77 für Genauigkeitsklasse A

mit einem Nennvolumen von	Skalenwert	Fehlergrenze für das Nenn- und Teilvolumen
Milliliter		Milliliter
10	0,05	±0,02
25	0,05	±0,03
25	0,10	±0,05
50	0,10	±0,05
100	0,20	±0,10

Tabelle 7. Büretten der Genauigkeitsklasse B entsprechend TGL 12627 Ausg. 08.74

mit einem Nennvolumen von	Skalenwert	Fehlergrenze für das Nenn- und Teilvolumen
Milliliter		Milliliter
10	0,05	±0,05
25	0,10	±0,10
50	0,10	±0,10
100	0,20	±0,20

Tabelle 8. Büretten der Genauigkeitsklassen A und B mit automatischer Nullpunkteinstellung entsprechend TGL 28581 Ausg. 11.73[14])

mit einem Nennvolumen von	Fehlergrenze			
	für das Nenn- und Teilvolumen, die größer als die Hälfte des Nennvolumens sind		für Teilvolumen, die gleich oder kleiner als die Hälfte des Nennvolumens sind	
Milliliter	Milliliter		Milliliter	
	A	B	A	B
10	±0,02	±0,04	±0,01	±0,02
25	±0,03	±0,06	±0,015	±0,03
50	±0,05	±0,100	±0,025	±0,05

Tabelle 9. Mikro-Kolbenbüretten, nicht eichfähig

mit einem Nennvolumen von	Fehlergrenze	
	für Teilvolumen	für Nennvolumen
Mikroliter	Mikroliter	Mikroliter
500	±0,3	±0,5

Tabelle 10. Fein- oder Mikrobürette der Genauigkeitsklasse A entsprechend Werkstandard 0185-01 des VEB Werk für Technisches Glas Ilmenau und ASMW-VM 230 Ausg. 02.77

mit einem Nennvolumen von	Skalenwert	Fehlergrenze für das Nenn- und Teilvolumen
Milliliter		Milliliter
1	0,01	0,01
2	0,02	0,01
5	0,02	0,01

Tabelle 11. Meßpipetten der Genauigkeitsklasse A entsprechend TGL 11990 Ausg. 12.76 und ASMW-VM 178 Ausg. 11.77

mit einem Nennvolumen von	Fehlergrenze für Nenn- und Teilvolumen[1]
Milliliter	Milliliter
1	±0,006
2	±0,010
5	±0,030
10	±0,050
25	±0,050

[1] das kleinste Teilvolumen darf $^1/_5$ des Nennvolumens nicht unterschreiten

Tabelle 12. Meßpipetten der Genauigkeitsklasse S entsprechend TGL 11990 Ausg. 12.76

mit einem Nennvolumen von	Fehlergrenze für Nenn- und Teilvolumen, die größer als 20% des Nennvolumens sind
Milliliter	Milliliter
1	±0,010
2	±0,020
5	±0,050
10	±0,100
25	±0,1

Tabelle 13. Kapillarpipetten ohne Strichskale entsprechend DAMW-VM 227 Ausg. 11.67

mit einem Nennvolumen von	Fehlergrenze für das Nennvolumen
Mikroliter	
bis 50	±0,5 µl
50 bis 300	±1% des Nennvolumens

Tabelle 14. Kapillarpipetten mit Strichskale entsprechend DAMW-VM 227 Ausg. 11.67

Skalenwert	Fehlergrenze für das Nennvolumen	
Mikroliter	Mikroliter	
0,5	±0,5	jedoch nicht mehr als 1% des Nennvolumens
1	±1	
2	±1	
5	±2	
10	±3	

Tabelle 15. Mischpipetten der Genauigkeitsklasse A entsprechend TGL 37983 Ausg. 07.81 und ASMW-VM 165 Ausg. 03.78

mit einem Verhältnis des Volumen des Kapillarraumes zum Volumen des Mischraumes	Fehlergrenze für das Mischverhältnis
1:100	±3%
1:10	±3%

Tabelle 16. Medizinische Spritzen mit Einteilung entsprechend ASMW-VM 164 Ausg. 10.77 und TGL 28023 Ausg. 07.73

mit einem Nennvolumen von	Skalenwert	Fehlergrenze für das Nennvolumen	
Milliliter	Milliliter	Milliliter	Prozent
1	0,1	±0,040	4
2	0,1	±0,080	4
5	0,5	±0,150	3
10	1,0	±0,300	3
20	2,0	±0,600	3
50	5,0	±1,500	3

In der Regel betragen die Fehlergrenzen von Volumen-Meßmitteln der Genauigkeitsklasse B bzw. S das Doppelte bis Dreifache derer der Genauigkeitsklasse A.

4. Eichung

Beim Eichen wird **jedes einzelne** eichfähige Volumen-Meßmittel, d. h. der Genauigkeitsklasse A, auf Einhaltung der zulässigen Fehlergrenzen geprüft.

4.1. Durchführung der Eichung

Die Eichung der Volumenmeßmittel der Genauigkeitsklasse A wird von den folgenden vom ASMW ermächtigten Meßtechnischen Prüfstellen vorgenommen[15]):
Ersteichungen von analytischen und medizinischen Volumen-Meßmitteln der Genauigkeitsklasse A werden durchgeführt:

Tabelle 17

Meßtechnische Prüfstelle	zuständig für
Meßtechnische Prüfstelle des ASMW im VEB Werk für Technisches Glas, 6300 Ilmenau	Meßkolben, Meßzylinder, Büretten, Meßpipetten, Kapillarpipetten, Mischpipetten, Pyknometer, Vollpipetten
Meßtechnische Prüfstelle des ASMW im VEB Jenaer Glaswerk, 6900 Jena	Meßkolben, Vollpipetten, Meßzylinder, Meßpipetten, Büretten, Kapillarpipetten
Meßtechnische Prüfstelle des ASMW im VEB Jenaer Glaswerk, Betriebsteil Gehlberg und dem ASMW Arbeitsgebiet Dichte, 6300 Ilmenau	Meßkolben, Vollpipetten, Meßzylinder, Meßpipetten, Büretten, Kapillarpipetten.

Für analytische und medizinische Volumen-Meßmittel besteht keine Nacheichfrist; werden dennoch Nacheichungen für erforderlich gehalten, dann sind sie ebenfalls bei den genannten Einrichtungen zu beantragen.

4.2. Eichvorschriften

Die Volumen-Meßmittel müssen bei ihrem Einsatz im eichpflichtigen Verkehr den folgenden Eichvorschriften des ASMW entsprechen:

Tabelle 18

Volumen-Meßmittel	Eichvorschrift	Ausgabedatum
Medizinische Spritzen	ASMW-VM 164	10. 77
Mischpipetten	ASMW-VM 165	03. 78
Meßpipetten	ASMW-VM 178	11. 77
Meßzylinder	DAMW-VM 181	09. 70
Vollpipetten	ASMW-VM 216	04. 77
Kapillarpipetten	DAMW-VM 227	11. 67
Büretten	ASMW-VM 230	02. 77
Gasbüretten	DAMW-VM 232	09. 71
Meßkolben	DAMW-VM 499	11. 67

Grundsätze und allgemeine Festlegungen für Volumen-Meßmittel, Zulassungs-, Beglaubigungs- und Eichvorschrift sind durch DAMW-VM 200, Ausg. 06. 71, geregelt.

4.3. Kennzeichnung der Eichung

Hauptstempel des ASMW

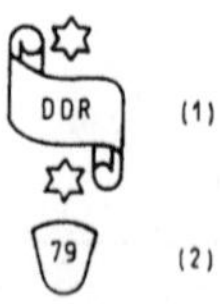

Hauptstempel für die Meßtechnische Prüfstelle des ASMW

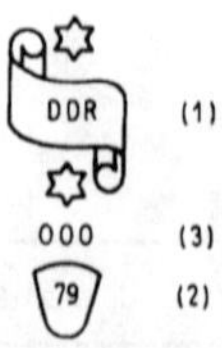

(1) Eichzeichen; (2) Jahreszeichen; (3) Nummer der Meßtechnischen Prüfstelle.

Als geeicht gelten nur solche Volumen-Meßmittel der Genauigkeitsklasse A, die mit einem Hauptstempel (s. Abb.) versehen sind, der aus dem Eichzeichen (1) und dem Jahreszeichen (2) besteht. Eine Zahl (3) zwischen dem Eichzeichen (1) und dem Jahreszeichen (2) gibt die Nummer einer Meßtechnischen Prüfstelle an.

4.4. Einsatz von geeichten Volumen-Meßmitteln

Über den grundsätzlichen Einsatz von geeichten Volumen-Meßmitteln s. „Rahmenordnung", Punkt 4.

Anlage 3

Beantwortung spezieller Anfragen aus der Beratung mit den für die Qualitätssicherung Verantwortlichen der Bezirke vom 18./19. März in Frankfurt/O. (Auszug aus Information Nr. 10/81 für Bezirksapotheker aus dem Institut für Arzneimittelwesen der DDR vom 15. Juli 1981)

Wie verhalten sich Volumenmeßmittel bei von 20 °C abweichenden Temperaturen?

Volumenmeßmittel sind nach TGL 25 926 generell auf eine Bezugstemperatur von 20 °C justiert, entweder auf Einguß (In) oder auf Ausguß bzw. Auslauf (Ex) für destilliertes oder mit Ionenaustauscher behandeltes Wasser.

- Das Erhitzen von Volumenmeßmitteln auf $>40\,°C$ führt zu irreversiblen Verformungen; es entstehen unregelmäßig verteilte Eigenspannungen. Das Trocknen von Volumenmeßmitteln bei höheren Temperaturen ist deshalb zu vermeiden.
- Generell können Volumenmeßmittel auch für Flüssigkeiten eingesetzt werden, deren Gebrauchstemperatur etwas von 20 °C abweicht. Die erforderlichen Korrekturberechnungen können in der Praxis nach folgender Formel durchgeführt werden:

  Ist die Gebrauchstemperatur $> 20\,°C$, so ist das Volumen um

$$V_t = V_0(1 + \gamma \Delta t)$$

größer.
Es bedeuten:

V_t = gesuchtes Volumen bei „t".
t = Temperatur der Gebrauchsflüssigkeit.
V_0 = Volumen bei „t_B".
t_B = Bezugstemperatur bei 20°C.
γ = kubischer Ausdehnungskoeffizient des Glases; dieser beträgt für Volumenmeßgeräte aus Glas für Laborzwecke für die folgenden Glasarten:

— Rasotherm	$9{,}6 \cdot 10^{-6}\ K^{-1}$
— Jenaer Geräteglas G_{20}	$14{,}7 \cdot 10^{-6}\ K^{-1}$
— Thüringer Geräteglas (Ilmenau, Stützerbach, Gehlberg)	$28{,}2 \cdot 10^{-6}\ K^{-1}$

Δt = Temperaturdifferenz zwischen Gebrauchsflüssigkeit (t) und Bezugstemperatur (t_B).

Ist die Gebrauchstemperatur $< 20\,°C$, so ist das Volumen um einen gewissen Betrag kleiner. Dieses Volumen errechnet sich nach obiger Formel, wobei Δt ein negatives Vorzeichen erhält.

Welche Genauigkeitsklassen der Wägestücke sind für welche Waagen angezeigt, wie werden diese gekennzeichnet und woher können diese Wägestücke bezogen werden?

Wägestücksatz, Genauigkeitsklasse	einsatzfähig für Waagen der Genauigkeitsklasse	Hersteller/Artikel-Nr./Schl.-Nr. ELN
2*)	1 und 2 sowie zu deren Prüfung	Rapido VEB Wägetechnik 8122 Radebeul Gartenstraße 63/138 62 72 218 000 005/ 138 62 72 2
4***)/max... 500 mg	speziell zum Wägen kleiner Massen, mittl. Genauigkeit, z. B. 3	Fa. W. Schleifenbaum 7010 Leipzig Tschaikowskistr. 13/138 62 74 205 000 005/138 62 74 2
4**)/max... 500 g, und zwar:	3	Fa. Jehn 9010 Karl-Marx-Stadt PSF 845/
1 g ...100 g		138 62 74 205 190 005
1 mg...100 g		— 270 005
1 g ...200 g		— 350 005
1 mg...2000 g		— 430 005
1 g ...500 g		— 510 005
1 mg...500 g		— 780 005/ 138 62 74 2
5**)/max... 500 g, und zwar:	3	Fa. Jehn 9010 Karl-Marx-Stadt PSF 845/
1 g ...100 g		138 62 75 208 190 005
1 mg...100 g		— 270 005
1 g ...200 g		— 350 005
1 mg...200 g		— 430 005
1 g ...500 g		— 510 005
1 mg...500 g		— 780 005/ 138 62 75 2

Die Genauigkeitsklassen 1a, 1, 3 und 6 haben für die Pharmazie keine Bedeutung und sind daher nicht ausgewiesen.

*) auf dem vorderen Innenrand des Aufbewahrungskastens oder auf oder unmittelbar neben dem Kennzeichnungsschild
**) auf dem Wägestückknopf oder auf der oberen Fläche des Wägestückkörpers
***) ohne Klassenkennzeichnung

Kennzeichnung der Genauigkeitsklassen von Feinwägestücken

Arabische Zahl im Kreis, z. B. ②, oder „Klasse 2“

Kennzeichnung der Eichung von Feinwägestücken

Es gibt 2 Möglichkeiten der Kennzeichnung (Beurkundung) der Eichung von Feinwägestücken:

1. Feinwägestücke erhalten das Eichzeichen (I) vom Hersteller und den Stempel des Jahreszeichens der letzten Eichung (II) aufgeprägt. Das Genauigkeitsklassenkennzeichen befindet sich z. B. bei Wägestücken der Genauigkeitsklasse 4 auf dem Wägestückknopf oder auf der oberen Fläche des Wägestückkörpers (III)

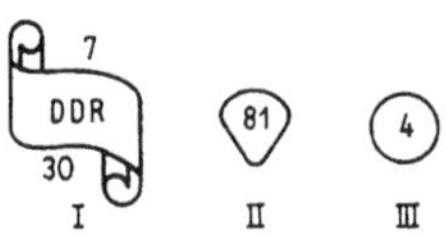

I + II = Hauptstempel

2. Feinwägestücke werden meist vom Hersteller nur mit einer Kennzahl versehen, z. B. 9/71. Diese befindet sich auch auf dem Wägekasten, meistens auf der Innenseite oder dem inneren Rand. Der Hauptstempel befindet sich nur auf dem zu den Feinwägestücken gehörenden Aufbewahrungskasten oder auf dem Eichschein. Die Feinwägestücke, z. B. der Genauigkeitsklasse 2, sind vielfach verchromt, durch Prägestempel würde die Chromschicht verletzt werden.
   Die einzelnen Feinwägestücke werden daher nicht durch das jeweilige Jahreszeichen gekennzeichnet, sondern nur der Aufbewahrungskasten oder der Eichschein.

Die 1. Möglichkeit wird angewendet bei Wägestücken älterer Produktion und Genauigkeitsklasse 4.
Die 2. Möglichkeit wird angewendet bei Wägestücken neuerer Produktion und Genauigkeitsklasse 2 (höhere Genauigkeit).

Bezugsquellen von Feinwägestücken	zuständig für die Bezirke
VEB Maschinenbauhandel Berlin Fachabteilung Laborgeräte 1710 Luckenwalde Neue Beelitzer Str. 8/9	Berlin, Potsdam, Frankfurt/O.

Bezugsquellen von Feinwägestücken	zuständig für die Bezirke
VEB Maschinenbauhandel Rostock Fachabteilung Laborgeräte 2300 Stralsund Schillerstr. 38	Rostock, Schwerin, Neubrandenburg
VEB Maschinenbauhandel Erfurt Fachabteilung Laborgeräte 6906 Kahla Gerberstr. 15/16	Erfurt, Gera, Suhl
VEB Maschinenbauhandel Dresden Fachabteilung Laborgeräte 8021 Dresden Bärensteiner Str. 23/25	Cottbus, Dresden
VEB Maschinenbauhandel Leipzig Fachabteilung Laborgeräte 7010 Leipzig Hohe Str. 34	Leipzig, Halle, Magdeburg, Karl-Marx-Stadt

Anlage 4

Beantwortung spezieller Anfragen aus der Beratung mit den für die Qualitätssicherung Verantwortlichen der Bezirke am 14. 10. 1981 in Glauchau

(Auszug aus Information Nr. 16/81 für Bezirksapotheker aus dem Institut für Arzneimittelwesen der DDR vom 8. 12. 1981)

Handwaagen, gleicharmige

Aus Importen werden gleicharmige Handwaagen folgender technischer Daten zur Verfügung gestellt:

Typ	BP-1	BP-5	BP-20	BP-100
maximale Belastung	1 g	5 g	20 g	100 g
minimale Belastung	0,02 g	0,1 g	1 g	5 g
Empfindlichkeit S der unbelasteten Waage	2 mg	2 mg	3 mg	5 mg

Diese Waagen werden vom ASMW in Genauigkeitsklasse II eingeordnet und sind eichpflichtig. Der Hauptstempel der Eichung wird auf die Zunge der Handwaage aufgeprägt. Da der Ring im oberen Teil der Schelle zum Aufhängen der Waage nicht geschlossen ist, sollte dieser nicht zum Aufprägen des Eichstempels dienen.
Für diese Waagen können Wägestücke der Genauigkeitsklasse 3 und 4 verwendet werden. Es können selbstverständlich auch Wägestücke der Genauigkeitsklasse 5 (z. B. der Fa. Jehn, 9010 Karl-Marx-Stadt) verwendet werden. Hierbei entsprechen die Wägestücke des Nennmassenbereiches 1 mg...500 mg der Genauigkeitsklasse 4, die Wägestücke des Nennmassenbereiches 1 g...200 g bzw. 1 g...500 g entsprechen der Genauigkeitsklasse 5. Diese Wägestücke sind auch verwendbar für die Präzisionsbalkenwaage (Import) der Höchstlasten 200 g...5000 g, die in die Genauigkeitsklasse II bzw. III eingestuft wird.

---

[0]) Abgestimmt mit dem ASMW auf der Grundlage der Vereinbarung vom 4. April 1979, Ziffer 2 in Verbindung mit Ziffer 1, Stabstrich 4; abgedruckt unter C 06 03 08.

[1]) DDR-Standard, Oktober 1974 „Betriebliches Meßwesen, Grundsätze“.

[2]) GBl. I 1964, S. 101, in der Fassung des Anpassungsgesetzes vom 11. Juni 1968 (GBl. I 1968, S. 242) und des Gesetzes vom 24. Juni 1971 über die Neufassung von Regelungen über Rechtsmittel gegen Entscheidungen staatlicher Organe (GBl. I 1971, S. 49).

[3]) Z. Z. insbesondere die Verordnung über das Meßwesen (VOM) vom 26. 11. 1981 (GBl. I Nr. 37 S. 429) in Verbindung mit den dazu erlassenen Durchführungsbestimmungen (1. DB vom 14. 1. 1983 zur Verordnung über das Meßwesen [GBl. I Nr. 5 S. 45); ASMW-VM 160; DDR-Standards TGL 31532, 31533, 31534, 31535/01 und 31536.

[4]) Gesonderte Ablage der Bestellkopien.

[5]) Zuständig für die Eichung/Nacheichung von verschiedenen Meßmitteln sind:
a) Massemeßmittel
Meßtechnische Prüfstellen des ASMW (s. Verzeichnis der Meßtechnischen Prüfstellen des ASMW, Hauptabteilung Gesetzliche Metrologie); Instandsetzerbetriebe für Massemeßmittel (s. Verzeichnis der Waageninstandsetzungsbetriebe des VEB Wägetechnik Rapido, Leitbetrieb der Erzeugnisgruppe NAGEMA/Wägetechnik, 8122 Radebeul, Gartenstraße 62/64).
b) Volumenmeßmittel
s. Anlage 2, Punkt 4.1. zur Rahmenordnung.

[6]) Z. B. auch Thermoschreiber von Sterilisations- oder Trocknungsanlagen (werden durch das ASMW oder durch die vom ASMW zugelassenen Meßtechnischen Prüfstellen **nicht** geeicht); Zeitmeßgeräte (diese werden, sofern als Normale eingesetzt, vom ASMW Berlin — Arbeitsgebiet Zeit- und Frequenznormale — geeicht).

[7]) Z. B. alle Waagen im Lagerbereich, in Ansatzräumen.

[8]) Z. B. in der Produktion, der TKO oder in diagnostischen Laboratorien.

[9]) S. Anlage 2 zur Rahmenordnung.

[10]) S. Anlage 2 zur Rahmenordnung.

[11]) Für Wägestücke, die noch nicht in der angegebenen Weise gekennzeichnet sind und für die eine Zuordnung zu einer Genauigkeitsklasse nicht mit Sicherheit durch den Benutzer vorgenommen werden kann, wird empfohlen, die für das jeweilige Territorium zuständige Meßtechnische Prüfstelle zu konsultieren.

[12]) Definition nach TGL 14449 Blatt 2, „Statistische Qualitätskontrolle, Begriffe“, 08.63.

[13]) Einzelheiten über Qualitätsparameter der „Statistischen Qualitätskontrolle“ werden in Wirtschaftsverträgen zwischen dem Hersteller und Verbraucher geregelt.

[14]) In Überarbeitung.

[15]) Geeicht werden auch importierte Volumen-Meßmittel, sofern sie der Genauigkeitsklasse A entsprechen.

Mitteilung über die Eichung von Blutdruckmeßgeräten

vom 13. September 1971[2])
(VuM MfGe Nr. 15 S. 85)

Das *DAMW*[1]) hat das Ministerium für Gesundheitswesen gebeten, folgende Betriebe bekanntzugeben, die im Auftrag des *Deutschen Amtes für Meßwesen und Warenprüfung*[1]) (Zentrale Kontrollgruppe Gesundheitswesen, 3010 Magdeburg) befugt sind, Reparaturen, Ersteichungen, periodische Nacheichungen sowie Nacheichungen nach Reparaturen an Blutdruckmeßgeräten vorzunehmen.

Anschrift des Betriebes	zuständig für die Bezirke
1. VEB MLW Injecta Klingenthal, BT 9010 Karl-Marx-Stadt, Str. d. Nationen 136	Karl-Marx-Stadt
2. VEB Dienstleistungskombinat Greifswald, Betriebsteil Chirurg.-Mech. 2200 Greifswald, Str. d. Freundschaft 53	Rostock Schwerin Neubrandenburg
3. Fa. H. Hensel 8704 Cunewalde/Sa., Nr. 219	Dresden Cottbus
4. PGH d. Allg. u. Feinmechanikerhandwerks 4300 Quedlinburg, Hans-Beimler-Str. 25	Magdeburg Halle
5. Fa. G. Seegeling 8312 Heidenau/Sa., E.-Thälmann-Str. 26	Dresden
6. VEB MLW Anlagenbau Dresden, BT 6500 Gera, Leumnitzer-Str. 16	Erfurt Gera
7. VEB (K) Dienstleistungskombinat Magdeburg, Abt. Medizintechnik 3010 Magdeburg, Leipziger Str. 45a	Magdeburg
8. Fa. E. Schmidt 1120 Berlin, Streustraße 3	Berlin, Frankfurt/O. Potsdam
9. Fa. Mechanische Werkstatt Ing. G. Engler 1601 Zeesen-Steinberg, Lilienstr. 7	Berlin, Frankfurt/O. Potsdam
10. VEB Baumechanik, Mech.-medizin. Abteilung 7500 Cottbus, Sandower Hauptstr. 19	Cottbus Frankfurt/O.

Anschrift des Betriebes	zuständig für die Bezirke
11. Staatliches Fachgeschäft für medizinischen Bedarf 9001 Karl-Marx-Stadt, Str. der Nationen 39 in den Werkstätten für Chirurgie-Mechanik und Elektro-Medizin	Karl-Marx-Stadt
12. Abteilung Informations- und Medizintechnik an den Städtischen Krankenanstalten Bezirkskrankenhaus 1800 Brandenburg, Hochstraße 29	Potsdam

Ersteichungen, periodische Nacheichungen und Nacheichungen werden außerdem von folgenden *DAMW*[1])-Dienststellen übernommen:

Anschrift der *DAMW*[1])-Dienststelle	zuständig für die Bezirke
2. *DAMW*[1]) Arbeitsgebiet Druck Gruppe Karl-Marx-Stadt 9010 Karl-Marx-Stadt, Schloßstr. 27/29	Karl-Marx-Stadt Gera Erfurt Suhl
3. *DAMW*[1]) Arbeitsgebiet Druck Gruppe Halle 4020 Halle, Leninallee 93—95	Halle Leipzig Erfurt

[1]) Jetzt: Amt für Standardisierung, Meßwesen und Warenprüfung, ASMW.

[2]) Anschriften aktualisiert unter Berücksichtigung von Bktm. Nr. 5 und 6 über die Zulassung von Meßtechnischen Prüfstellen des ASMW vom 30. September 1980 (GBl. SDr. 921) und vom 2. September 1981 (GBl. SDr. 943) sowie Informationen des ASMW, FG Druck, 1199 Berlin, Rudower Chaussee 6a, vom Dez. 83.

Verfügung über die Stellung, Aufgaben, Rechte und Pflichten des Fischgesundheitsdienstes der DDR

vom 19. Januar 1981
(VuM MLFN Nr. 1 S. 1)
i. d. F. der Ber. vom 24. August 1981
(VuM MLFN Nr. 3 S. 31)
— Auszug —

Ziffer 11

Überwachung des Verkehrs mit Arzneimitteln

Die Bezirkstierärzte haben den Verkehr mit Arzneimitteln zur Verhütung und Bekämpfung von Fischkrankheiten entsprechend den Rechtsvorschriften und Bestimmungen zu überwachen.

...

Anweisung über die Aufgaben und die Tätigkeit des Referenzlaboratoriums für Bordetellen

vom 17. Juli 1981
(VuM MfGe Nr. 7 S. 87)

Im Einvernehmen mit dem Minister für Hoch- und Fachschulwesen wird angewiesen:

1.

(1) Das Referenzlaboratorium für Bordetellen (nachstehend Referenzlaboratorium genannt) ist ein besonderer Arbeitsbereich des Staatlichen Instituts für Immunpräparate und Nährmedien Berlin.

(2) Die fachliche, personelle und materielle Planung des Referenzlaboratoriums wird im Rahmen des Volkswirtschafts- und Haushaltsplanes des Staatlichen Instituts für Immunpräparate und Nährmedien vorgenommen. Der Direktor des Staatlichen Instituts für Immunpräparate und Nährmedien ist dem Minister für Gesundheitswesen für die Durchführung der dem Referenzlaboratorium übertragenen Aufgaben verantwortlich.

2.

(1) Das Referenzlaboratorium überwacht im Auftrag des Ministeriums für Gesundheitswesen Vorkommen und Ausbreitung von Bordetella-Infektionen in der Deutschen Demokratischen Republik und empfiehlt dem Ministerium für Gesundheitswesen aufgrund der epidemiologischen Analysen und Prognosen Maßnahmen zur Verhütung und Bekämpfung der Bordetella-Infektionen, insbesondere des Keuchhustens.

(2) Es arbeitet eng mit den entsprechenden wissenschaftlichen Gremien zusammen.

(3) Es koordiniert die interdisziplinäre Zusammenarbeit mit den entsprechenden Einrichtungen der Veterinärmedizin.

3.

(1) Das Referenzlaboratorium führt die fachliche Beratung und Anleitung der mikrobiologischen Laboratorien im Bereich des staatlichen Gesundheitswesens und des Ministeriums für Hoch- und Fachschulwesen bezüglich der Bordetella-Diagnostik durch. Es entwickelt und verbessert methodische Grundlagen für diagnostische Verfahren. Hinsichtlich der Erarbeitung von Standardmethoden für die Labordiagnostik und der Kontrolle der Qualität ihrer Durchführung (Qualitätskontrolle) arbeitet es mit dem Institut für Arzneimittelwesen[1]) zusammen.

(2) Zur Absicherung der Labordiagnostik und Prophylaxe arbeitet das Referenzlaboratorium mit dem Staatlichen Kontrollinstitut für Seren und Impfstoffe sowie den zuständigen Versorgungsorganen zusammen und nimmt im Einvernehmen mit dem Institut für Arzneimittelwesen der DDR Einfluß auf die Entwicklung, Planung und Herstellung von Labordiagnostika und Impfstoffen.
(3) Das Referenzlaboratorium führt die Identifizierung und Typisierung aller in der Deutschen Demokratischen Republik isolierten humanen Bordetella-Stämme durch. Es unterhält eine Stammsammlung und gibt auf Anforderung Stämme aus der Stammsammlung ab.
(4) Das Referenzlaboratorium arbeitet aktiv im serologischen Überwachungsprogramm der Deutschen Demokratischen Republik mit.

4.

(1) Das Referenzlaboratorium erstattet jährlich der Staatlichen Hygieneinspektion des Ministeriums für Gesundheitswesen einen Bericht über die epidemiologische Lage. Es orientiert das Ministerium für Gesundheitswesen über besondere epidemiologische Situationen anhand der vorliegenden Materialien.
(2) Es ist berechtigt, nach Abstimmung mit dem Ministerium für Gesundheitswesen, von den Bezirks-Hygieneinspektionen, den mikrobiologischen Laboratorien aus dem Bereich des Ministeriums für Hoch- und Fachschulwesen und anderen Einrichtungen des Gesundheitswesens Informationen einzuholen und Bordetella-Stämme anzufordern.

5.

(1) Das Referenzlaboratorium arbeitet im Rahmen der bestehenden Gesundheitsabkommen und gemäß den vom Ministerium für Gesundheitswesen festgelegten Aufgaben mit entsprechenden Einrichtungen anderer Länder, insbesondere sozialistischer Staaten, und internationalen Referenzlaboratorien zusammen.
(2) Es wertet die internationale wissenschaftliche Literatur auf dem Gebiet der Bordetellen aus.

---

[1]) richtig: Institut für Arzneimittelwesen der DDR

Verordnung über das Pflichtenheft für Aufgaben der Forschung und Entwicklung — Pflichtenheft-Verordnung —

vom 17. Dezember 1981
(GBl. I Nr. 1 S. 1 (1982))

§ Geltungsbereich

(1) Diese Verordnung gilt für

— staatliche und wirtschaftsleitende Organe, Kombinate und Betriebe,
— wissenschaftliche und wissenschaftlich-technische Institute und ihnen gleichgestellte Einrichtungen,
— die Akademie der Wissenschaften der DDR und andere wissenschaftliche Akademien, Universitäten, Hoch- und Fachschulen.

(2) Die Bestimmungen dieser Verordnung gelten für alle Aufgaben der Forschung und Entwicklung, die zu Erzeugnissen, Verfahren oder Technologien führen.
(3) Diese Verordnung gilt auch für wissenschaftlich-technische Aufgaben zur ökonomischen Sicherstellung der Landesverteidigung, soweit in der Lieferverordnung[1]) keine speziellen Festlegungen enthalten sind.

§ 2 Grundsatz

Zur Erhöhung des Niveaus und der Effektivität der wissenschaftlich-technischen Arbeit sind für alle Aufgaben der Forschung und Entwicklung, die zu Erzeugnissen, Verfahren oder Technologien führen, Pflichtenhefte zu erarbeiten. Das Pflichtenheft ist fester Bestandteil der Planung wissenschaftlich-technischer Arbeiten. Es ist ein wichtiges Führungsdokument des Generaldirektors des Kombinats (nachfolgend Generaldirektor genannt) zur Sicherung hoher schöpferischer Leistungen in Forschung und Entwicklung auf der Grundlage der zentralen volkswirtschaftlichen Vorgaben. Das Pflichtenheft ist verbindliche Grundlage für die Finanzierung und Stimulierung der wissenschaftlich-technischen Arbeit und für die Leistungsbewertung der Forschungs- und Entwicklungskollektive.

§ 3 Verantwortung der Generaldirektoren

(1) Die Generaldirektoren sind verpflichtet,

— die aus den volkswirtschaftlichen Erfordernissen abgeleiteten ökonomischen Vorgaben mit den Pflichtenheften erzeugnis- bzw. verfahrenskonkret in anspruchsvolle ökonomische und wissenschaftlich-technische Zielstellungen für die Forschungs- und Entwicklungsarbeit umzusetzen und zu sichern, daß mit den Aufgaben in den Pflichtenheften die staatlich vorgegebenen volkswirtschaftlichen Zielstellungen insgesamt erreicht bzw. überboten werden,

— zu sichern, daß die Zielstellungen in den Pflichtenheften zum Zeitpunkt der Marktwirksamkeit der Ergebnisse dem fortgeschrittenen internationalen Stand Rechnung tragen und beschleunigt Spitzenerzeugnisse entwickelt werden, die das technisch-ökonomische Niveau vergleichbarer Erzeugnisse auf dem Weltmarkt mitbestimmen,

— bei der Erarbeitung der Zielstellungen des Pflichtenheftes eng mit den künftigen Hauptanwendern, Zulieferern, dem Amt für industrielle Formgestaltung, dem Amt für Standardisierung, Meßwesen und Warenprüfung + soweit es sich um prüfpflichtige Erzeugnisse handelt —, anderen Kontrollorganen sowie den zuständigen Einrichtungen des Außenhandels bzw. Binnenhandels zusammenzuwirken.

(2) Die Generaldirektoren haben alle zuständigen Bereiche des Kombinats — insbesondere der Forschung und Entwicklung, des Absatzes, der Materialversorgung, der Ökonomie und der Produktion — sowie den staatlichen Leiter der TKO, den Leiter der Abteilung Preise und den Hauptbuchhalter in die Erarbeitung der Pflichtenhefte einzubeziehen.

(3) Mit der Erarbeitung und Bestätigung von Pflichtenheften für Erzeugnisse, Verfahren und Technologien sind zugleich Entscheidungen zur Schaffung der materiell-technischen Voraussetzungen einschließlich Investitionen vorzubereiten.

(4) Die Pflichten eines Generaldirektors gemäß dieser Verordnung sind durch die Leiter der staatlichen und wirtschaftsleitenden Organe sowie der Betriebe, denen wissenschaftliche und wissenschaftlich-technische Institute und ihnen gleichgestellte Einrichtungen direkt unterstehen, wahrzunehmen. Bei bezirksgeleiteten Kombinaten und Betrieben nehmen die Vorsitzenden der Wirtschaftsräte der Bezirke bzw. die Leiter der anderen zuständigen Fachorgane die Pflichten des Generaldirektors wahr. Im Verantwortungsbereich des Ministers für Hoch- und Fachschulwesen und des Präsidenten der Akademie der Wissenschaften der DDR legt der Minister bzw. der Präsident in Übereinstimmung mit dem Minister für Wissenschaft und Technik fest, wer die Pflichten des Generaldirektors wahrzunehmen hat.

§ 4 Inhalt des Pflichtenheftes

(1) Das Pflichtenheft muß gewährleisten, daß mit den Forschungs- und Entwicklungsergebnissen eine hohe Produktionswirksamkeit erreicht, der Produktionsverbrauch gesenkt und ein hoher Exportzuwachs gesichert wird sowie Importe entschieden reduziert werden. Es muß verbindliche Zielstellungen für die Produktivitätsentwicklung, für das Kosten- und Preisniveau sowie die qualitätsbestimmenden Kennziffern der Entwicklung enthalten.

(2) Dazu sind im Pflichtenheft

- die ökonomische Zielstellung mit den wichtigsten Kennziffern zur Leistungs- und Effektivitätsentwicklung (einschließlich Ziele zur Lizenzvergabe) unter Zugrundelegung von Zeitnormativen zur Sicherung kurzer Bearbeitungsfristen,
- die wissenschaftlich-technische Aufgabenstellung und das zu erreichende wissenschaftlich-technische Niveau für die Entwicklung des Erzeugnisses, des Verfahrens bzw. der Technologie,
- die Realisierungsbedingungen (Aufwand nach Arbeitsetappen und Fristen)

auszuweisen. Bei Verfahren und Technologien sind die ökonomischen Zielstellungen auf die Wirkungen bei der Produktion der entsprechenden Erzeugnisse zu beziehen.
(3) Die Ziel- und Aufgabenstellungen sind im Pflichtenheft durch Berechnungen und Einzelnachweise zu begründen. Dazu gehören insbesondere:

- Weltstandsvergleiche[2]), Trend-, Schutzrechts- und Marktanalysen, Schutzrechtskonzeption, Sicherung des Geheimnisschutzes,
- wissenschaftlich-technische Parameter (einschließlich Kennziffern zur Funktion, Zuverlässigkeit und Lebensdauer) sowie wichtige Prüfbedingungen,
- erfinderische, schutzrechtliche und formgestalterische Zielstellungen sowie Nachweise über die Nutzung der wissenschaftlich-technischen Information und über durchgeführte Patentrecherchen,
- Nachweise zur Einhaltung volkswirtschaftlicher Normative,
- der Hauptfristenplan, wobei in der Regel höchstens 2 Jahre von der Bestätigung des Pflichtenheftes bis zum Abschluß der Arbeiten zulässig sind,
- Berechnungen über das Verhältnis von Aufwand und volkswirtschaftlichem Ergebnis, zur Rückflußdauer, Produktionswirksamkeit, Exportwirksamkeit, Einsparung von Arbeitszeit, Material, Energie und Kosten

sowie weitere Angaben, die für die Entscheidungsfindung erforderlich sind.
(4) Um diese Aussagen in den Pflichtenheften überschaubar und bewertbar auszuweisen, ist ein Zusammengefaßter Nachweis der Zielstellungen des Pflichtenheftes — nachfolgend Pflichtenheftnachweis genannt — (Anlage zu dieser Verordnung)[3]) anzuwenden. Der Pflichtenheftnachweis ist Bestandteil des Pflichtenheftes.
(5) Für Aufgaben mit einer Bearbeitungsdauer bis zu 6 Monaten ist der zuständige Generaldirektor befugt zu entscheiden, daß der Pflichtenheftnachweis als Pflichtenheft gilt. Davon ausgenommen sind Aufgaben zur ökonomischen Sicherstellung der Landesverteidigung.

§ 5 Zustimmung zu den Zielstellungen des Pflichtenheftes

(1) Zur Erarbeitung und Festlegung der Zielstellungen in den Pflichtenheften haben die wichtigsten Anwender und Zulieferer sowie der Außenhandel und der Binnenhandel ihre volkswirtschaftlich begründeten Anforderungen zu stellen.

(2) Der Pflichtenheftnachweis ist den Kombinaten, Betrieben, Einrichtungen und staatlichen Organen, die in die Eröffnungsverteidigung einzubeziehen sind, sowie den Ministern gemäß § 8 bis spätestens 4 Wochen vor der Verteidigung des Pflichtenheftes zuzustellen. Auf Verlangen ist ihnen darüber hinaus das gesamte Pflichtenheft zu übergeben. Dem Amt für Standardisierung, Meßwesen und Warenprüfung ist — soweit es sich um prüfpflichtige Erzeugnisse handelt — in jedem Fall das gesamte Pflichtenheft zu übergeben.
(3) In der Eröffnungsverteidigung haben entsprechend der Spezifik der Aufgabe

— wichtige Hauptanwender,
— Hauptzulieferer bzw. -kooperationspartner,
— der zuständige Außenhandelsbetrieb,
— die zuständigen Einrichtungen des Binnenhandels entsprechend den Festlegungen des Ministeriums für Handel und Versorgung,
— das Amt für Standardisierung, Meßwesen und Warenprüfung (bei allen prüfpflichtigen Erzeugnissen) bzw. andere Kontrollorgane,
— das Ministerium für Materialwirtschaft, das Amt für Erfindungs- und Patentwesen und das Amt für industrielle Formgestaltung (sofern sie gemäß Abs. 6 an der Eröffnungsverteidigung teilnehmen),
— das Amt für Preise (bezüglich der Festlegung der Obergrenzen für Kosten und Preise)

ihre Zustimmung oder Ablehnung zu den im Pflichtenheftnachweis aufgenommenen Ziel- und Aufgabenstellungen zu erklären. Eine Ablehnung ist zu begründen.
(4) Wird die Erklärung gemäß Abs. 3 im Ausnahmefall nicht erteilt, ist sie innerhalb 2 Wochen nach der Eröffnungsverteidigung schriftlich zu erteilen. Auftretende Probleme sind durch die Partner eigenverantwortlich zu lösen. Bei Nichteinigung haben die Leiter der übergeordneten Organe, bei Kombinatsbetrieben die Generaldirektoren der Kombinate innerhalb 4 Wochen eine Entscheidung zu treffen. Bei prüfpflichtigen Erzeugnissen ist zur Entscheidung die Zustimmung des Präsidenten des Amtes für Standardisierung, Meßwesen und Warenprüfung einzuholen.
(5) Ist die Einbeziehung der Hauptanwender bzw. anderer volkswirtschaftlich wichtiger Anwender infolge der volkswirtschaftlichen Breite der Nutzung nicht oder nicht mit vertretbarem Aufwand möglich, kann an deren Stelle das Amt für Standardisierung, Meßwesen und Warenprüfung treten, sofern es sich um prüfpflichtige Erzeugnisse handelt.
(6) Der Minister für Materialwirtschaft, der Präsident des Amtes für Erfindungs- und Patentwesen und der Leiter des Amtes für industrielle Formgestaltung legen fest, bei welchen wissenschaftlich-technischen Aufgaben ihre Zustimmung zum Pflichtenheftnachweis erforderlich ist. Für Aufgaben des Staatsplanes Wissenschaft und Technik hat diese Festlegung in Abstimmung mit dem Minister für Wissenschaft und Technik zu erfolgen. Die Festlegungen sind jährlich zusammen mit der staatlichen Planauflage zu treffen.
(7) Für wissenschaftlich-technische Aufgaben zur ökonomischen Sicherstellung der Landesverteidigung ist der Besteller befugt festzulegen, wessen Zustimmung vor der Bestätigung des Pflichtenheftes einzuholen ist.

Bestätigung des Pflichtenheftes

§ 6

(1) Die Bestätigung des Pflichtenheftes hat im Ergebnis der Eröffnungsverteidigung zu erfolgen und ist durch den Generaldirektor auf dem Pflichtenheftnachweis vorzunehmen.
(2) Für wissenschaftlich-technische Aufgaben zur ökonomischen Sicherstellung der Landesverteidigung hat die Bestätigung außerdem durch den Besteller zu erfolgen.
(3) Für die Verteidigung und Bestätigung jedes Pflichtenheftes ist der Nachweis über die Nutzung der wissenschaftlich-technischen Information[4]) sowie über durchgeführte Patentrecherchen obligatorische Voraussetzung.

§ 7

(1) Werden wissenschaftlich-technische Aufgaben auf der Grundlage von Wirtschaftsverträgen durchgeführt, sind die ökonomischen und wissenschaftlich-technischen Ziel- und Aufgabenstellungen durch die Partner gemeinsam zu erarbeiten.
(2) Die Bestätigung des Pflichtenheftes hat durch Auftraggeber und Auftragnehmer zu erfolgen.

§ 8 Entscheidungen der Minister zur Verteidigung des Pflichtenheftes

(1) Zur Durchsetzung hoher aufgabenbezogener ökonomischer Vorgaben für Staatsplanaufgaben entscheidet der Minister für Wissenschaft und Technik, bei welchen Pflichtenheften auf der Grundlage des Pflichtenheftnachweises die volkswirtschaftliche Zielstellung wegen ihrer besonderen Tragweite für die Leistungsentwicklung unter Leitung eines seiner Stellvertreter bzw. eines Vizepräsidenten des Amtes für Standardisierung, Meßwesen und Warenprüfung zu verteidigen ist. Über diese Entscheidungen wird der zuständige Minister informiert.
(2) Darüber hinaus sind dem Minister für Wissenschaft und Technik über den zuständigen Minister die bestätigten Pflichtenhefte für alle übrigen Aufgaben des Staatsplanes Wissenschaft und Technik bis 4 Wochen nach Bestätigung vorzulegen. Der Minister für Wissenschaft und Technik kann verlangen, daß an der Erhöhung der ökonomischen Zielstellungen weiter zu arbeiten ist, wenn sie noch nicht den volkswirtschaftlichen Erfordernissen entsprechen.
(3) Bei anderen volkswirtschaftlich wichtigen Aufgaben können die Minister entscheiden, daß sie sich die Abnahme der Verteidigung der Zielstellungen des Pflichtenheftes vorbehalten. Die Bestimmungen der Absätze 1 und 2 werden hierdurch nicht berührt.

§ 9 Fortschreibung der Zielstellungen des Pflichtenheftes

(1) Die während der Durchführung der wissenschaftlich-technischen Arbeit aus der Entwicklung der volkswirtschaftlichen Erfordernisse und des internationalen Standes notwendig werdende Erhöhung der Zielstellungen des Pflichtenheftes ist durch den General-

direktor im Pflichtenheft fortzuschreiben und bei der Ausarbeitung der Jahrespläne zu berücksichtigen.

(2) Bei Veränderungen der Zielstellungen des Pflichtenheftes sind gemäß § 5 erteilte Zustimmungen erneut einzuholen. Zustimmungsberechtigte sowie die zuständigen Minister können selbst die Fortschreibung der Zielstellungen des Pflichtenheftes vom Generaldirektor verlangen.

(3) Veränderungen der inhaltlichen bzw. terminlichen Zielstellungen in Pflichtenheften für Staatsplanaufgaben können nur mit Zustimmung des Ministers für Wissenschaft und Technik erfolgen.

(4) Bei Veränderungen in Pflichtenheften für wissenschaftlich-technische Aufgaben zur ökonomischen Sicherstellung der Landesverteidigung ist vor der Entscheidung die Zustimmung des Bestellers einzuholen.

§ 10 Kontrolle, Abrechnung und Abschluß der Pflichtenhefte

(1) Der Erfüllungsnachweis für die Forschungs- und Entwicklungsleistung „Bestätigtes Pflichtenheft" ist dann erbracht, wenn alle erforderlichen Zustimmungen und Bestätigungen zum Pflichtenheftnachweis vorliegen.

(2) Das bestätigte Pflichtenheft ist Voraussetzung für die weitere Finanzierung der jeweiligen wissenschaftlich-technischen Aufgabe. Der Pflichtenheftnachweis kann dazu von der Bank angefordert werden.

(3) Zum Nachweis der Erfüllung der Festlegungen im Pflichtenheft sowie zur Bewertung der erreichten Ergebnisse ist der Forschungs- und Entwicklungsablauf entsprechend den Rechtsvorschriften[5]) kontrollfähig zu belegen.

(4) Mit der Unterzeichnung des Protokolls der Abschlußverteidigung ist das Pflichtenheft abgeschlossen.

§ 11 Geheimnisschutz

(1) Die Entscheidung über den Geheimnisschutz bei der Lösung der Forschungs- und Entwicklungsaufgaben ist — soweit entsprechend den Rechtsvorschriften nicht bereits zu einem früheren Zeitpunkt erfolgt — durch den zuständigen Leiter mit der Erarbeitung der Zielstellung, spätestens jedoch in Vorbereitung der Eröffnungsverteidigung zu treffen. Die personellen, organisatorischen und materiellen Maßnahmen für den durchgängigen Schutz wissenschaftlich-technischer Ergebnisse sind aufgabenbezogen zu planen und zu lösen. Im Zusammenhang mit der Verteidigung sind diese Maßnahmen mit den zuständigen Partnern zu beraten und festzulegen. Sie sind gemäß den Bestimmungen der Verordnung mit zu bestätigen, zu kontrollieren und abzurechnen.

(2) Die Anforderungen an die Sicherheit, insbesondere den Geheimnisschutz bei Forschungs- und Entwicklungsaufgaben für die ökonomische Sicherstellung der Landesverteidigung, sind durch den Besteller festzulegen.

Schlußbestimmungen

§ 12

Durchführungsbestimmungen zu dieser Verordnung erläßt der Minister für Wissenschaft und Technik.

§ 13

(1) Diese Verordnung tritt mit ihrer Veröffentlichung in Kraft.

(2) Gleichzeitig treten außer Kraft:

— Anordnung vom 27. April 1977 über das Rahmenpflichtenheft für die Entwicklung und Weiterentwicklung von Erzeugnissen, Verfahren und Technologien — Pflichtenheft-Ordnung — (GBl. I Nr. 14 S. 145),

— Anordnung Nr. 2 vom 18. Mai 1979 über das Rahmenpflichtenheft für die Entwicklung und Weiterentwicklung von Erzeugnissen, Verfahren und Technologien — Pflichtenheft-Ordnung — (GBl. I Nr. 15 S. 119).

---

[1]) Z. Z. gilt die Verordnung vom 15. Oktober 1981 über Lieferungen und Leistungen an die bewaffneten Organe — Lieferverordnung (LVO) — (GBl. I Nr. 31 S. 357).

[2]) Für die Erarbeitung der Weltstandsvergleiche gelten die „Grundsätze zur Bewertung und zum Vergleich der Gebrauchseigenschaften von Industrieerzeugnissen" — ASMW — VW 1393 — herausgegeben vom Amt für Standardisierung, Meßwesen und Warenprüfung.

[3]) Der Vordruck „Pflichtenheftnachweis" ist beim Vordruckverlag Spremberg unter der Bestell-Nr. PV 1420 zu beziehen.

[4]) Z. Z. gilt die Anordnung vom 20. Juni 1979 zur Bereitstellung von Informationen über wissenschaftlich-technische Ergebnisse (GBl. I Nr. 19 S. 164).

[5]) Z. Z. gelten

— Anordnung vom 23. Mai 1973 über die Durchführung von Verteidigungen wissenschaftlich-technischer Aufgaben und Ergebnisse (GBl. I Nr. 29 S. 289).

— Anordnung vom 28. Mai 1975 über die Nomenklatur der Arbeitsstufen und Leistungen von Aufgaben des Planes Wissenschaft und Technik (GBl. I Nr. 23 S. 426).

— Anordnung vom 20. Juni 1979 zur Bereitstellung von Informationen über wissenschaftlich-technische Ergebnisse (GBl. I Nr. 19 S. 164).

Anlage
zu vorstehender Verordnung

Ministerium:	**Geheimhaltungsgrad:**
	Datum:

Zusammengefaßter Nachweis der Zielstellungen des Pflichtenheftes

— Pflichtenheftnachweis —

— Erzeugnis/Verfahren/Technologie —

Bezeichnung der Aufgabe:

Kombinat/Betrieb/Einrichtung:

Verantwortlicher Themenleiter:

Das Pflichtenheft wurde am:

vor dem: **verteidigt.**

Bestätigung durch den Generaldirektor:

Zustimmung von:	**Kombinat/Betrieb/ Einrichtung:**	**Unterschrift:**	**Funktion:**
• **Hauptanwender:**			
• **Hauptkooperationspartner bzw. -zulieferer:**			
• **Amt für Standardisierung, Meßwesen und Warenprüfung:**			
• **Amt für Erfindungs- und Patentwesen:**			
• **Amt für industrielle Formgestaltung:**			
• **Außenhandel:**			
• **Binnenhandel:**			
• **Amt für Preise:**			

Seite 2

Ökonomische Zielstellung

Zu erreichendes Gütezeichen:	Termin:

Lfd. Nr.		Mengen-einheit	Einführungsjahr 19	1. Folgejahr	2. Folgejahr	3. Folgejahr
1.	vorgesehener jährlicher Produktionsumfang					
2.	Bedarf:					
3.	Export SW					
	NSW					

	Mengen-einheit	neues Erzeugnis (Verfahren)	internationaler Bestwert	abzulösendes Erzeugnis (Verfahren)
Materialeinsatz nach wichtigen Materialarten:				
Energieverbrauch (kJ, kWh)				
Arbeitszeitaufwand (h)				
Obergrenze für Selbstkosten (M)			———	
Obergrenze für Preis (IAP) (M)				
Ablösung von NSW-Importen (VM)			———	
Devisenrentabilität*) SW	———		———	
NSW	———		———	

*) Valutaerlös (VM bzw. VGW): Betriebspreis (M)
bzw. Valutaerlös (VM bzw. VGW): Gesamtselbstkosten (M)

Wissenschaftlich-technische Aufgabenstellung

Im Ergebnis der wissenschaftlich-technischen Arbeit zu erreichendes Gesamtziel:

Technische Hauptleistungsdaten:				
	Maß- bzw. Mengen-einheit	neues Erzeugnis (Verfahren)	internationaler Bestwert	abzulösendes Erzeugnis (Verfahren)
Spezifische Leistungsparameter:				
Masse/Leistungsverhältnis:				
Eingesetzte Mikroelektronik:				
Zuverlässigkeit, Lebensdauer:				

Weitere Zielstellungen:	
(z. B. • gestalterische Ziele • erfinderische Ziele • Lizenzvergabe/-nahme)	

Seite 4

Realisierungsbedingungen

— Aufwand und Fristen —

Gesamtaufwand an F/E-Mitteln (TM):	
darunter: bis Erprobung Funktionsmuster bzw. kleintechnischer Versuch (TM):	
Termin:	
bis Erprobung Fertigungsmuster bzw. großtechnischer Versuch (TM):	
Termin:	
bis Nullserie bzw. Probebetrieb (TM):	
Termin:	
für materiell-technische Absicherung (TM): (z. B. Musterbau, themengebundene Grundmittel, Versuchsanlagen)	

Anzahl der einzusetzenden HF-Kader (VbE):	

Aufwendungen an Investitionen für die Produktion (TM):	

Beginn und Abschluß der Forschung und Entwicklung: Termin der Produktionseinführung:	

Kommentar zur Pflichtenheft-Verordnung vom 17. Dezember 1981

Bei der Arbeit nach der Pflichtenheft-Verordnung auf dem Gebiet der Arzneimittel und diesen gleichgestellten Erzeugnissen sowie Gesundheitspflegemitteln ist die Vereinbarung vom 6. Juli 1981 zwischen ASMW, MLFN sowie MfGe über die Entwicklung und Sicherung der Qualität von Arzneimitteln und Gesundheitspflegemitteln zu beachten, nach der die Funktionen des ASMW durch das IFAR ausgeübt werden (abgedruckt unter C **06 04** 02; s. a. C **06 04** 03).

Nach § 2 ist das Pflichtenheft „ein wichtiges Führungsdokument des Generaldirektors des Kombinates" und „verbindliche Grundlage für die Finanzierung und Stimulierung der wissenschaftlich-technischen Arbeit und für die Leistungsbewertung der Forschungs- und Entwicklungskollektive".

Nach § 3 sind die Generaldirektoren u. a. verpflichtet, bei der Erarbeitung der Zielstellungen des Pflichtenheftes eng mit den Hauptanwendern, dem ASMW sowie den Einrichtungen des Handels zusammenzuwirken. In Abs. 4 ist festgelegt, wer die Pflichten des Generaldirektors wahrzunehmen hat, wenn die Arbeiten nicht im Verantwortungsbereich eines zentralgeleiteten Kombinates liegen.

In § 4 ist der Inhalt des Pflichtenheftes genau umrissen, wobei naturgemäß nicht auf Spezifika von Arzneimitteln, gleichgestellten Erzeugnissen und Gesundheitspflegemitteln eingegangen wird. Seitens des IFAR wird in Ausgestaltung der Festlegungen des § 4 insbesondere berücksichtigt:

- Stellung des Erzeugnisses im nationalen und internationalen Sortiment/Gebrauchswert
- Erarbeitung der pharmazeutischen, pharmakologischen und klinischen Gutachten entsprechend der 12. DB zum AMG in einer internationalen Erfordernissen entsprechenden Qualität
- Erarbeitung von Qualitätsnormen für alle Wirk- und Hilfsstoffe der Erzeugnisse entsprechend dem AMG — soweit noch nicht vorhanden — sowie einer Gütevorschrift für das Erzeugnis selbst
- Vorlage ausführlicher Untersuchungen zur Stabilität des Erzeugnisses
- Vorlage wissenschaftlicher Informationsmaterialien entsprechend den nationalen und internationalen Forderungen
- Gewährleistung von Produktionsbedingungen nach den GMP-Regeln der WHO (abgedruckt unter C **05 04** 01 Int.)
- Festlegung zweckentsprechender Einzel-, Sammel- und Transportverpackungen

Bei einer Reihe der aufgeführten Punkte stützt sich die Stellungnahme des IFAR auf vom MfGe bestätigte Empfehlungen des Zentralen Gutachterausschusses für den Arzneimittelverkehr.

Nach § 5 ist der Pflichtenheftnachweis einschließlich Pflichtenheft, soweit dies gefordert wird, 4 Wochen vor der Eröffnungsverteidigung den zu beteiligenden Einrichtungen zu übergeben. Das ASMW — hier IFAR — erhält in jedem Fall das gesamte Pflichtenheft.

An der Eröffnungsverteidigung nimmt das IFAR sowohl als Vertreter der Hauptanwender, gestützt auf die vom MfGe bestätigten Empfehlungen des ZGA, als auch in Wahrnehmung seiner ASMW-Funktionen teil und bezieht — gegebenenfalls schriftlich — Stellung zu dem Inhalt des Pflichtenheftes.

Nach § 8 kann der Minister für Wissenschaft und Technik für Staatsplanthemen besondere Festlegungen zur Verteidigung treffen, darüber hinaus sind ihm bis 4 Wochen nach Bestätigung die Pflichtenhefte der übrigen Staatsplanaufgaben vorzulegen, für die er Änderungen der ökonomischen Zielstellung verlangen kann. Nach § 9 sind bei Veränderungen der Zielstellungen von Pflichtenheften die Zustimmungen gem. § 5 erneut einzuholen.

Bei der Arbeit mit den Pflichtenheften ist auch die „Anordnung über die Rahmenrichtlinie für die Ermittlung, Planung, Kontrolle und Abrechnung der Effektivität der Maßnahmen des wissenschaftlich-technischen Fortschrittes“ vom 5. Februar 1982 (GBl. I Nr. 8 S. 165) zu beachten.

Dort heißt es, in Ziff. 3.4. „Die Ermittlung des Nutzens und des Aufwandes der Maßnahmen des wissenschaftlich-technischen Fortschrittes ist von dem für die jeweilige Maßnahme verantwortlichen Kombinat, Betrieb bzw. der Einrichtung mit der Ausarbeitung

a) des Pflichtenheftes...
b) der Aufgabenstellung zur Vorbereitung einer Investition und der Dokumentation zur Grundsatzentscheidung sowie des Maßnahmeplanes für Generalreparaturen
c) des Maßnahmeplanes für technische und organisatorische Maßnahmen

durchzuführen.

Die Entscheidung über die in den Buchstaben a bis c genannten Dokumente hat die Bestätigung der daraus resultierenden betrieblichen Effektivität einzuschließen.“

Die Rahmenrichtlinie zielt auf einen hohen Leistungs- und Effektivitätsanstieg in der Volkswirtschaft ab und legt ausgehend davon fest, daß für alle Aufgaben der Forschung und Entwicklung und andere Maßnahmen des wissenschaftlich-technischen Fortschrittes die resultierende Effektivität das entscheidende Kriterium darzustellen hat.

Effektivitätseinschätzungen müssen auch erfolgen bei Aufgaben der Grundlagen- und der angewandten Forschung sowie bei Lizenzvergabe und -nahme, der Standardisierung und der wissenschaftlich-technischen Information.

Sofern bei bestimmten Maßnahmen der Nutzen nicht quantifiziert werden kann, sind mindestens die spezifischen ökonomischen Auswirkungen sowie die Kostenentwicklung darzustellen.

Die Effektivität einer Maßnahme des wissenschaftlich-technischen Fortschrittes ist durch

die Gegenüberstellung des durch sie zu erzielenden Nutzens und dem zu ihrer Realisierung erforderlichen Aufwand zu ermitteln.
Die Maßnahmebezogene Ermittlung des Nutzens hat den ökonomischen Nutzen als Ausdruck des zu erreichenden Zuwachses an Leistungen und der Einsparung von Ressourcen gegenüber einem Basisniveau zu umfassen sowie den Nutzen in seiner Wirksamkeit auf die Verbesserung der materiellen Arbeits- und Lebensbedingungen der Werktätigen, den Abbau von Umweltbelastungen u. a.
Die Ermittlung des Aufwandes hat grundsätzlich für den einmaligen Aufwand für Wissenschaft und Technik und/oder Investitionen zu erfolgen.
Für den Vergleich der Gebrauchseigenschaften als Bestandteil der Nutzensermittlung ist die Vergleichbarkeit des Basiserzeugnisses mit dem neuen Erzeugnis, insbesondere für die leistungsbestimmenden Parameter, herzustellen. Der zur Vergleichbarmachung anzuwendende Index der Veränderung der Gebrauchseigenschaften ist gemäß der vom ASMW herausgegebenen Vorschrift Warenprüfung vom 28. September 1981 (ASMW-VW 1393) „Grundsätze zur Bewertung und zum Vergleich der Gebrauchseigenschaften von Industrieerzeugnissen" sowie den entsprechenden Standards zu ermitteln.
Die gemäß Ziff. 3.4. bestätigte volkswirtschaftliche Effektivität der Maßnahme des wissenschaftlich-technischen Fortschrittes ist zur Vorbereitung von Entscheidungen u. a. über die Preisbildung nach dem Preisleistungsverhältnis sowie der Erteilung von Gütezeichen als wesentliches Kriterium zugrunde zu legen.
Nach Ziff. 5.1.1. haben die Generaldirektoren der Kombinate auf der Grundlage der ihnen vorgegebenen Effektivitätskriterien als kombinatsspezifische Normative und Richtwerte Mindestanforderungen für die ökonomischen Ziele der Maßnahme des wissenschaftlich-technischen Fortschrittes festzulegen und der Bestätigung der ökonomischen Zielstellungen in den Pflichtenheften usw. zugrunde zu legen. Dabei ist von solchen Maßnahmen auszugehen wie

— Index der Veränderung der Gebrauchseigenschaften
— Verbesserung des Masse-Leistungs-Verhältnisses
— Senkung des Fertigungszeitaufwandes
— Bearbeitungs- bzw. Realisierungsfristen
— Senkung des spezifischen Material- und Energieverbrauchs
— Senkung des durchschnittlichen Kostensatzes bzw. der durchschnittlichen Grundmaterialkosten je 100,— M Warenproduktion des jeweiligen Betriebes.

Nach Ziff. 5.1.3. ist zur Ermittlung der Effektivität im Wertausdruck bei Erzeugnisentwicklungen von den in Vorbereitung des Pflichtenheftes vorzugebenden Obergrenzen für die Kosten und Preise, in Zwischenverteidigungen von den entsprechend den Rechtsvorschriften bestätigten Kosten- und Preisvorgaben, in der Abschlußverteidigung von dem in Vorbereitung der Überleitung in die Produktion erarbeiteten Industriepreisvorschlag auszugehen.
Nach Ziff. 5.1.5. gilt als Orientierung, daß die projektierten Parameter bei einzuführenden Ergebnissen der Forschung und Entwicklung und der inbetriebzunehmenden Investitionen spätestens im zweiten Folgejahr zu erreichen sind.

Nach 5.2.4. ist als wichtigstes Kriterium der betrieblichen Effektivität der Maßnahmen des wissenschaftlich-technischen Fortschrittes die Kennzifferrückflußdauer anzuwenden. Sie ist in der Regel als Quotient der maßnahmebezogenen Gewinnerhöhung zum dafür erforderlichen Aufwand zu ermitteln. Die maßnahmebezogene jährliche Gewinnerhöhung ist zu ermitteln aus

a) der Selbstkostensenkung durch Einsparung an Material, Energie, Arbeitszeit, Arbeitsplätzen und sonstigen Aufwendungen,
b) dem Produktionszuwachs, aus Zuschlägen für das Gütezeichen Q, gestalterische und andere Prädikate sowie der Anwendung der Nutzensteilung,
c) dem Exportzuwachs und der Verbesserung der Exportrentabilität.

Nach Ziff. 5.3.1. ist die Kontrolle der Effektivität während der Realisierung und Nutzung der Maßnahmen des wissenschaftlich-technischen Fortschrittes auf die Einhaltung und Überbietung der staatlichen Plankennziffern und der in den Pflichtenheften und Dokumentationen zur Grundsatzentscheidung enthaltenen ökonomischen Ziele zu richten.
Nach Ziff. 5.3.4. sind als wesentlicher Bestandteil der Dokumentation der Maßnahmen des wissenschaftlich-technischen Fortschrittes Effektivitätsnachweise, beginnend mit der Bestätigung der ökonomischen Zielstellung im Pflichtenheft, während der Vorbereitung und Durchführung der Investitionen sowie des Anlaufes der Produktion bis zum Jahr der vollen Erreichung des Nutzens der Maßnahme zu führen. Als Effektivitätsnachweise gelten für Forschungs- und Entwicklungsaufgaben der zusammengefaßte Nachweis der Zielstellungen des Pflichtenheftes.
Nach Ziff. 7.4. sind die in den Pflichtenheften und Dokumentationen zur Grundsatzentscheidung für Investitionen bestätigten vorläufigen Material- und Energieverbrauchsnormen sowie die in der Abschlußverteidigung der Forschungs- und Entwicklungsaufgaben nachgewiesenen Einsparungen an Arbeitszeit, Material und Energie in Wert und Naturalkennziffern sowie an sonstigen Kosten, der Ausarbeitung neuer Leistungskennziffern technisch begründeter Normen, Normative, Richtwerte und staatlichen Standards konsequent zugrunde zu legen. Ihre Bestätigung hat spätestens mit Wirksamwerden der Maßnahme zu erfolgen. Dazu ist der Normenänderungsdienst lückenlos und aktuell zu gestalten.
Bezüglich der qualitätspolitisch wesentlichen Festlegungen der Rahmenrichtlinie sei darauf hingewiesen, daß unter den Begriff der Selbstkostensenkung auch die Senkung der ANG-Kosten gesondert auszuweisen ist.
Auf weitere Einzelheiten der umfangreichen Anordnung kann an dieser Stelle nicht eingegangen werden.
Die Freigabe von Mitteln aus dem Fond Wissenschaft und Technik für die Erarbeitung des Pflichtenheftes sowie der weiteren Arbeiten auf der Grundlage des bestätigten Pflichtenheftes erfolgt gemäß Anordnung über die Bildung und Verwendung des Fonds Wissenschaft und Technik und den Einsatz von Staatshaushaltsmitteln zur Lösung wissenschaftlich-technischer Aufgaben in den produzierenden Bereichen der Volkswirtschaft — Finanzierungsanordnung Wissenschaft und Technik — vom 5. Februar 1982 (GBl. I Nr. 7 S. 150)

Pflichtenhefte sind auch nach der zweiten Verordnung über die Bewegung „Messe der Meister von morgen" vom 11. Februar 1982 (GBl. I Nr. 10 S. 189) § 3, Abs. 4 erforderlich, nach der in den Forschungs- und Entwicklungsbereichen von Betrieben und Einrichtungen die Bildung von Jugendforscherkollektiven in der Bewegung MMM zu fördern ist. Diesen Kollektiven sind Aufgaben zu übertragen, die zu einem hohen ökonomischen Nutzen von Wissenschaft und Technik beitragen und auf der Grundlage von Pflichtenheften planmäßig zu wichtigen Forschungsergebnissen führen. Diese Kollektive setzen sich vorwiegend aus jungen Wissenschaftlern und Ingenieuren zusammen, von denen die Mehrheit ihr Studium vor nicht länger als 5 Jahren abgeschlossen hat.
In Zusammenhang mit der Pflichtenheft-Verordnung ist auch der Beschluß des Ministerrates der DDR über die „Ordnung für die Arbeit mit Staatsaufträgen Wissenschaft und Technik" vom 18. Februar 1982 (GBl. I Nr. 9 S. 181) zu berücksichtigen.
Mit den Staatsaufträgen sind neue effektive Produktions- und Exportlinien hochveredelter Erzeugnisse sowie hocheffektive Technologien und Verfahren für die umfassende Rationalisierung mit volkswirtschaftlicher Breitenwirkung durch einheitlichen und koordinierten Einsatz der wissenschaftlich-technischen Kapazitäten vorzubereiten und in kürzester Frist mit hohem volkswirtschaftlichen Nutzen in die Volkswirtschaft einzuführen. Aufgaben und Maßnahmen zur Realisierung von Staatsaufträgen sind zentral zu planen und vorrangig einzuordnen.
Nach Ziff. 4 Buchstabe a der Anlage zum Beschluß sind „Die Zielstellungen der wissenschaftlich-technischen Aufgaben entsprechend den Erfordernissen der Leistungsentwicklung der Volkswirtschaft auf höchstes ökonomisches und wissenschaftlich-technisches Niveau, gemessen am fortgeschrittenen internationalen Stand zum Zeitpunkt der Produktionswirksamkeit, auszurichten und mit den materiellen und finanziellen Aufwendungen in den Pflichtenheften festzulegen. Veränderungen der inhaltlichen bzw. terminlichen Zielstellungen in den Pflichtenheften können nur mit Zustimmung des Ministers für Wissenschaft und Technik erfolgen".
Nach Ziff. 5 der Anlage zum Beschluß haben die Minister und Leiter anderer zentraler Organe vor allem zu sichern, daß „die in den Pflichtenheften festgelegten ökonomischen und wissenschaftlich-technischen Zielstellungen sowie die materiellen und finanziellen Aufwendungen eingehalten und keine negativen Abweichungen zugelassen werden".
Die Generaldirektoren der Kombinate und Leiter der wissenschaftlichen Einrichtungen sind u. a. dafür verantwortlich, daß „für alle in ihrem Verantwortungsbereich neu zu beginnenden Aufgaben zur Entwicklung von Erzeugnissen, Verfahren und Technologien Pflichtenhefte ausgearbeitet und bestätigt werden, deren Ziele in Niveau und Effektivität zum Zeitpunkt der Einführung der Ergebnisse die Erfüllung der volkswirtschaftlichen Zielstellung des Staatsauftrages garantieren" und „die in den Pflichtenheften festgelegten Zielstellungen und zulässigen Aufwendungen eingehalten werden und dies bei der Verteidigung der Abschlußergebnisse der Forschung und Entwicklung nachgewiesen wird". Bei der Ausarbeitung der Aufgabenstellung und der Grundsatzentscheidung für Investitionen müssen die neuesten Erkenntnisse von Forschung und Entwicklung genutzt werden und

die Übereinstimmung von Aufgabenstellung, Grundsatzentscheidung und Pflichtenheften gesichert sein.
Im Zusammenhang mit der Pflichtenheftverordnung ist schließlich auch die Anordnung Nr. 2 über die Ergänzung der Ordnung der Planung der Volkswirtschaft der DDR 1981—1985 vom 29. Januar 1982 (GBl. I Nr. 5 S. 109) in Betracht zu ziehen, die die Ausarbeitung und Einreichung der Planentwürfe Wissenschaft und Technik mit einem zeitlichen Vorlauf gegenüber den anderen Teilen des Jahresvolkswirtschaftsplanes und den Plänen der Kombinate regelt. Danach ist vor der Ausarbeitung der Aufgaben der Pläne Wissenschaft und Technik, beginnend für den Planentwurf 1984, eine Verteidigung ausgewählter Zielstellungen der wissenschaftlich-technischen Arbeit durch die Generaldirektoren der Kombinate vor dem zuständigen Minister bzw. Vorsitzenden des Rates des Bezirkes festgelegt.
Ab 1983 haben die Kombinate den Planentwurf Wissenschaft und Technik bis zum 28. Februar eines jeden Jahres an die zuständigen Ministerien usw. zu übergeben. Ab 1984 sind dabei auch zusätzliche Orientierungen zu berücksichtigen, die für 3 Jahre voraus durch die Staatliche Plankommission, des Ministeriums für Wissenschaft und Technik sowie die zuständigen Minister, Leiter der anderen zentralen Staatsorgane und Vorsitzenden der Räte der Bezirke zur weiteren Erhöhung der Wirksamkeit für Wissenschaft und Technik, insbesondere zur Einsparung von Arbeitszeit, Material und Energie, zur Erhöhung der Qualität sowie der Produktions- und Exportwirksamkeit herausgegeben werden.
Die Planentwürfe Wissenschaft und Technik der den Ministerien und anderen zentralen Staatsorganen direkt unterstellten Kombinate sind unter persönlicher Leitung der Minister bzw. Leiter der anderen zentralen Staatsorgane bis zum 31. März eines jeden Jahres zu beraten. Zur Vorbereitung auf die Beratungen der Planentwürfe ist durch das Ministerium für Wissenschaft und Technik und die Staatliche Plankommission ein gemeinsamer volkswirtschaftlicher Standpunkt auszuarbeiten. Ihm sind die volkswirtschaftlichen Leistungsanforderungen, die Ergebnisse der Analysen des wissenschaftlich-technischen Niveaus, die Forschungsergebnisse der Akademie der Wissenschaften der DDR und des Ministeriums für Hoch- und Fachschulwesen, die Arbeitsergebnisse der Gremien des Forschungsrates, die Niveauanalysen des Amtes für Standardisierung, Meßwesen und Warenprüfung sowie die Ergebnisse der Planabrechnung zugrunde zu legen.
An den zentralen Beratungen der Planentwürfe der Kombinate haben die bevollmächtigten Vertreter des Vorsitzenden der Staatlichen Plankommission, des Ministers für Wissenschaft und Technik, des Ministers der Finanzen und des Präsidenten des Amtes für Standardisierung, Meßwesen und Warenprüfung teilzunehmen.
Die Ministerien und anderen zentralen Staatsorgane haben die Planunterlagen zum Entwurf des Staatsplanes Wissenschaft und Technik ihres Verantwortungsbereiches zu erarbeiten und bis zum 10. April eines jeden Jahres an die Staatliche Plankommission, das Ministerium für Wissenschaft und Technik, des Ministeriums für Finanzen und das Amt für Standardisierung, Meßwesen und Warenprüfung zu übergeben.
Auf weitere Einzelheiten dieser Anordnung kann nicht eingegangen werden.

Hinweis zur Taxunterlage '79 der Arzneitaxe der DDR

vom 7. September 1981
(VuM MfGe Nr. 9 S. 116)

Mit der Taxunterlage '79 in der Fassung vom 1. 1. 1981 wird unter Abschnitt 2 — Richtlinien für die Abgabe zu Lasten der Sozialversicherungsträger — Textziffer 4.1. der Sprechstundenbedarf wie folgt definiert:

„Zum Sprechstundenbedarf gehören alle Arzneimittel und ihnen gleichgestellte Erzeugnisse, die während der Sprechstunde oder bei einem Hausbesuch am Patienten angewendet werden."

Damit sind im Gegensatz zur Taxunterlage '79 in der Fassung vom 1. 1. 1978 **alle** Arzneimittel zur Injektion, die im Rahmen der Sprechstunde oder des Hausbesuches angewendet werden, dem Sprechstundenbedarf zuzurechnen. Sie dürfen gemäß Textziffer 4.2. der Taxunterlage wie auch alle anderen Arzneimittel des Sprechstundenbedarfs von staatlichen Einrichtungen nicht auf Rezept verschrieben werden.

Anweisung über die Durchführung von Serum-Enzymbestimmungen zur Früherfassung der Virushepatitis

vom 3. Februar 1970
(VuM MfGe Nr. 5 S. 23)

Für die Meldung und einheitliche Dokumentation sowie für die Ermittlung und Absonderung von Personen mit erhöhten Serum-Enzymwerten in der Umgebung von Hepatitiskranken bzw. in einem epidemischen Hepatitisherd wird bis auf weiteres folgende Regelung getroffen:

1. Meldepflicht, Dokumentation und Ermittlung der inapparenten Verdachtsfälle

Personen in der Umgebung eines Hepatitiskranken bzw. in einem Hepatitisherd, bei denen erhöhte Serum-Enzymbefunde ermittelt werden, jedoch keinerlei klinische auf eine Hepatitis hinweisende Symptome festzustellen sind, gelten als abortive (inapparente) Verlaufsformen der Virushepatitis. Im Gegensatz zu den Hepatitiskranken mit mehr oder weniger ausgesprochen klinischen Symptomen, die von den Organen der Hygieneinspektion getrennt als ikterische bzw. anikterische Verlaufsformen in der Seuchenstatistik geführt werden, sind die aktiv ermittelten abortiven (inapparenten) Verlaufsformen in die Hepatitiserkrankungszahlen nicht aufzunehmen. Sie sind jedoch der Kreis-Hygieneinspektion zu melden und dort gesondert zu erfassen. Diese Meldung ist mit dem Wochenbericht dem zuständigen Hygiene-Institut des Bezirkes weiterzureichen. Eine eingehende Analyse der abortiven Verlaufsformen der Hepatitis ist unter Berücksichtigung ihres weiteren Verlaufs und der Serum-Enzymwerte im Jahresbericht des Hygiene-Institutes des Bezirkes mit entsprechenden Schlußfolgerungen zu bringen.

2. Beurteilung der ermittelten Enzymwerte

Als erhöht bzw. pathologisch sind nachstehende Enzymbefunde zu werten:

Laktatdehydrogenase (LDH)

ab 125 IE bei 25 °C, Kinder 150 IE

Aldolase (ALD)

ab 3,6 IE bei 37 °C

Serum-Glutaminoxalazetat-Transaminase (SGOT)

ab 20 IE Kinder 25 IE

Serum-Glutaminpyrovat-Transaminase (SGPT)
ab 20 IE Kinder 25 IE

Isocitratdehydrogenase (ICDH)
ab 4,5 IE

Leucinaminopeptidase (LAP)
ab 5 IE

Von diesen Enzymen sind die Aldolase und ICDH als ein Frühenzym (in einer frühen Erkrankungsphase auftretendes Enzym) und GPT wie auch GOT als ein Spätenzym zu beurteilen. Die LDH kann sowohl in der Frühphase als auch in der Spätphase der Erkrankung auftreten. Die gleichzeitige Bestimmung mehrerer Enzyme in einer Kombination von Früh- und Spätenzymen erhöht die Erfassungsbreite und diagnostische Aussagekraft der Befunde.
Hieraus ergeben sich gegebenenfalls auch Hinweise für epidemiologische Zusammenhänge.

3. Absonderungsmaßnahmen

3.1. Personen mit erhöhten (pathologischen) Serum-Enzymwerten sind als gesundheitlich Gefährdete anzusehen. Zur Verhütung von Komplikationen oder nicht erkannten Spätschäden ist die diagnostische Klärung dieser Befunde erforderlich. In der Regel ist dies ohne eine eingehendere klinische Untersuchung nicht möglich. Bei Kontakten zu Hepatitiskranken oder in örtlichen Hepatitisherdbildungen sind Personen mit erhöhten Serum-Enzymwerten verdächtig, durch das Hepatitisvirus infiziert zu sein. Sie gelten daher als potentielle Infektionsquellen dieser übertragbaren Krankheit.

3.2. Im Interesse der Prophylaxe sind bei Personen mit erhöhten Enzymwerten Absonderungsmaßnahmen durchzuführen.
Die Vorschrift nimmt Bezug auf die Untersuchungsmethode nach Wagenknecht und Anders, bei der stets der Nachweis von 2 Enzymen vorgenommen wird.

3.2.1. Ist nur 1 Enzymwert erhöht, wird, um Fehlerquellen auszuschließen, umgehend aus der gleichen Blut- bzw. Serumprobe eine Doppelbestimmung vorgenommen. Ergibt auch diese einen erhöhten Wert, hat bei Vorliegen klinischer Symptome die stationäre Einweisung in eine Infektionsstation zu erfolgen. Bei Fehlen klinischer Symptome ist die Serum-Enzymbestimmung auch bei Erhöhung nur eines Enzyms nach 48 Stunden zu wiederholen. Ist bei der Wiederholungsuntersuchung der Enzymwert gleich hoch bzw. angestiegen, ist der Patient zur fachärztlichen klinischen Untersuchung zu überweisen.

3.2.2. Wird der gemäß Ziff. 3.2.1. festgestellte erhöhte Serum-Enzymwert in der Klinik bzw. im Krankenhaus nicht bestätigt und liegen klinische Symptome nicht vor, ist der Patient nach Belehrung über sein Verhalten und über Desinfektionsmaßnahmen aus der fachärztlichen Behandlung zu entlassen. Er unterliegt keinen Absonderungsmaßnahmen hinsichtlich des Besuchs einer Kindereinrichtung, eines Schulkollektivs bzw. der Tätigkeit in diesen Einrichtungen oder im Lebensmittelverkehr.

3.2.3. Bei Bestätigung des erhöhten Serum-Enzymwertes gemäß Ziff. 3.2.1. ohne Vorliegen klinischer Symptome sind Beschäftigte in Lebensmittelbetrieben gemäß der Anlage zur Sechsten Durchführungsbestimmung vom 24. November 1969 zum Lebensmittelgesetz — Voraussetzungen für die im Lebensmittelverkehr beschäftigten Personen in hygienischer Hinsicht — (GBl. II S. 599) abzusondern. Dem Besuch bzw. der Tätigkeit in Kindereinrichtungen und Schulen kann bei ärztlicher Überwachung, laborchemischer und Enzymuntersuchung sowie Behandlung mit Gammaglobulin und Durchführung erforderlicher Desinfektionsmaßnahmen zugestimmt werden.

3.2.4. Bei Erhöhung von 2 und mehr Serum-Enzymen wird innerhalb von 48 Stunden mit einer erneuten Blutprobe eine Doppelbestimmung durchgeführt. Bleiben diese Werte erhöht, ist auch ohne Vorliegen klinischer Symptome eine stationäre Einweisung vorzunehmen. Mit Zustimmung der Kreis-Hygieneinspektion ist häusliche Isolierung möglich. In beiden Fällen ist eine weitere Überwachung des Verhaltens der Serum-Enzyme im Abstand von ca. 3 bis 7 Tagen erforderlich.

3.2.5. Werden die gemäß Ziff. 3.2.4. festgestellten erhöhten Serum-Enzymwerte in der Klinik bzw. im Krankenhaus nicht bestätigt und liegen klinische Symptome nicht vor, ist nach Ziff. 3.2.2. zu verfahren.

3.2.6. Bei Bestätigung von zwei erhöhten Serum-Enzymwerten ohne Vorliegen klinischer Symptome sind die betreffenden Personen als erkrankt anzusehen. Sie unterliegen einer fachärztlichen Behandlung und sind bis zum Ausschluß des Verdachtes der Infektiosität (gegebenenfalls Normalisierung der Serum-Enzymwerte) zu isolieren.

3.2.7. Bei Bestätigung von zwei erhöhten Serum-Enzymwerten und Vorliegen klinischer Symptome handelt es sich um eine anikterische Hepatitis. Hinsichtlich der Absonderungsmaßnahmen ist gemäß der Richtlinie vom 3. Februar 1970 zur Verhütung und Bekämpfung der Virushepatitis (Verf. u. Mitt. Nr. 5/1970 S. 24) zu verfahren.

3.3. Für die Organisierung der Blutentnahmen zwecks Serum-Enzymbestimmungen ist der Kreisarzt bzw. der von ihm beauftragte Kreis-Hygienearzt verantwortlich. In Kollektiven erfolgt die Blutentnahme in der Regel durch den Arzt, der die Einrichtung betreut; in der Wohngemeinschaft wird diese entsprechend den örtlichen Gegebenheiten gegebenenfalls im Rahmen der Bereichsarztversorgung geregelt.

Mitteilung über die Durchführung der Leistungsstatistik für klinische Laboratorien

vom 21. Mai 1981
(VuM MfGe Nr. 7 S. 91)

1. Erfassung

Zu der seit dem 1. 1. 1980 verbindlichen einheitlichen Leistungserfassung in den klinischen Laboratorien wird folgender Erfassungszeitraum festgelegt:

1. 10. des lfd. Jahres bis 30. 9. des Folgejahres

Grundlage der Erfassung ist eine vom Forschungsinstitut für Medizinische Diagnostik (FMD) Dresden im Auftrag des Ministeriums für Gesundheitswesen herausgegebene Dokumentation zur Laborstatistik (Projekt LABSTAT).
Die Erfassung liegt in den Einrichtungen in der Verantwortlichkeit des jeweiligen staatlichen Leiters. Dafür stehen folgende Vordrucke (Format A 4) zur Verfügung — die Liste A ist unter der Vordruck-Nr. 1211 beim Vordruckverlag Freiberg, Absatzaußenstelle Dresden, 8023 Dresden, Leipziger Straße 112, zu bestellen; die Listen C, B und F sowie die Karte D sind über die Fachberater für Laboratoriumsdiagnostik direkt vom Organisatorisch-Methodischen Bereich des Forschungsinstituts für Medizinische Diagnostik, 8080 Dresden, Karl-Marx-Straße 3, zu beziehen:

Liste A (Vordruck-Nr. 1211)

zur täglichen Erfassung von 6 Parametern für den Zeitraum eines Monats;
ihr Aufbau entspricht Liste C; die Abarbeitung ist manuell und mittels EDV möglich;
ihre Nutzung ist fakultativ.
Die tägliche Erfassung auf Liste A erleichtert erheblich die jährliche Erstellung von Liste C.

Liste C

zur jährlichen Erfassung von 46 Parametern;
durch Schaffung entsprechend freinutzbarer Felder sind auch zusätzliche individuelle Erfassungen möglich; die Verwendung der Liste ist obligatorisch.
Von Liste C gibt es noch zwei Varianten, in denen bereits die häufigsten Prüfmerkmale (Parameter) eingedruckt sind (vgl. dazu Kurzanleitung Statistik):

C/1 Urindiagnostik und Hämatologie
C/2 Klinische Chemie

Liste B

zur Stichprobenerfassung von prä- und postanalytischen Leistungen innerhalb zweier ausgewählter Wochen eines Jahres in Laboratorien verschiedener Betreuungsebenen; obligatorisch für die in Absprache mit dem Bezirksfachberater festgelegten Laboratorien.

Liste F

zur Stichprobenerfassung hinsichtlich der Ermittlung von Zeit- und Anfordererprofilen in Laboratorien verschiedener Betreuungsebenen;
fakultativ in Absprache mit dem Organisatorisch-Methodischen Bereich des FMD.

Karte D

zur Erfassung von Basisdaten;
ihre Nutzung ist obligatorisch.

2. Terminplan

Die Liste C ist von den Einrichtungen bis zum 15. 10. des lfd. Jahres an den Kreisfachberater und von diesem nach erfolgter Plausibilitätskontrolle bis zum 5. 11. an den Kreisarzt zu übergeben. Die Weitergabe an den Bezirksarzt erfolgt bis zum 10. 11., der die Listen zur sachlichen Prüfung bis 15. 11. dem Medizinisch-Statistischen Büro bzw. Büro für Sozialhygiene übergibt. Der Bezirksfachberater für Klinische Chemie und Laboratoriumsdiagnostik erhält die Unterlagen bis zum 30. 11. für eine weitere Plausibilitätskontrolle auf Bezirksebene und übergibt dann bis zum 15. 12. alle Listen C des Bezirkes dem FMD Dresden. Das FMD stellt den Bezirksfachberatern die bezirks-, kreis- und einrichtungsspezifischen Standard-Auswerteberichte bis spätestens zum 1. 4. des Folgejahres zur Verfügung.
Mit der Einführung der einheitlichen Leistungserfassung auf der Grundlage des Projektes LABSTAT entfallen alle bisherigen Leistungsberichterstattungen der klinischen Laboratorien.

Richtlinie zur Verhütung und Bekämpfung der Virushepatitis

vom 3. Februar 1970
(VuM MfGe Nr. 5 S. 24)

— Auszug —

Nach den Festlegungen der Expertenkommission der Weltgesundheitsorganisation (WHO) entspricht die Bezeichnung „Virushepatitis" dem Oberbegriff, der die im allgemeinen oral übertragene Hepatitis infectiosa und die parenteral übertragene Serumhepatitis umfaßt.

Hepatitis infectiosa

1. Krankheitsbild

Der Krankheitsbeginn ist uncharakteristisch, oft mit gastrointestinalen Leitsymptomen, wie Inappetenz, Übelkeit, Erbrechen und Druck im Oberbauch. Neben der entzündlichen Leberschwellung ist gelegentlich auch die Milz vergrößert.
Nicht selten beginnt die Krankheit mit Erscheinungen eines fieberhaften katarrhalischen Infekts oder mit rheumatischen Beschwerden. Das Fieber, das auch fehlen kann, ist im allgemeinen nicht hoch. Auftreten des Ikterus in der Regel erst etwa nach einer Woche. Daneben häufig anikterischer Verlauf, der leicht verkannt wird.
Sorgfältige klinische Untersuchungen, verbunden mit Serum-Enzymbestimmungen, haben ergeben, daß anikterische Verlaufsformen der Hepatitis infectiosa (Hep. i) häufiger sind als ikterische Formen. Abklingen der akuten Phase der Leberentzündung bei unkompliziertem Verlauf nach 3 bis 5 Wochen.
Rückbildung des pathologischen Leberbefundes erfolgt nur langsam. Längere Dispensairebetreuung der Erkrankten ist erforderlich, um Rezidive bzw. schleichenden Übergang in subchronische oder chronische Hepatitis (Gefahr der posthepatitischen Leberzirrhose) zu verhüten. Als schwerste, aber seltene Komplikation der Hep. i. gilt die akute Leberdystrophie mit meist letalem Ausgang im Coma hepaticum.

2. Anamnese

Nach ähnlich verlaufenden Krankheitserscheinungen in der Wohngemeinschaft bzw. in Kollektiven des Erkrankten forschen! Dabei sind die relativ lange Inkubationszeit, die Dauer der Infektiosität und anikterische Verlaufsformen mit zu berücksichtigen. Treten Erkrankungen örtlich gehäuft auf, so ist an eine Infektion durch kontaminierte Lebensmittel zu denken. Auch nach medizinischen Eingriffen während der möglichen Inkubationszeit ist zu fragen, um diese epidemiologisch auszuwerten (Ziffern 14ff. — Serumhepatitis).

3. Diagnose

Da z. Z. spezifische diagnostische Verfahren nicht bestehen, sind für die Diagnose die epidemiologischen Ermittlungen, die Anamnese, der klinische Befund und die Laborergebnisse, insbesondere Serum-Enzymbestimmungen, richtunggebend. Unter Umständen ist zur Klärung der Diagnose die Leberbiopsie erforderlich.

4. Epidemiologie

4.1. **Vorkommen:** Die Hep. i. ist über die ganze Welt verbreitet. Ihre Häufigkeit unterliegt saisonmäßigen Schwankungen, in unseren Breiten mit dem Gipfel im Spätherbst oder zu Beginn des Winters. Außerdem ist ein Anstieg der Erkrankungshäufigkeit in einen 4- bis 7jährigen Zyklus zu beobachten.
Von der Hep. i. werden überwiegend Kinder befallen. Das Maximum der Erkrankungshäufigkeit liegt bei den 4- bis 10jährigen.

4.2. **Erreger:** Die Hep. i. wird durch ein Virus bzw. durch Viren verursacht. Die Unterteilung dieses infektiösen Agens in ein Virus A als Erreger der Hep. i. und ein Virus B als Erreger der Serumhepatitis bedarf noch weiterer wissenschaftlicher Klärung.
Der Erreger ist widerstandsfähig gegen äußere Einflüsse. Erregerhaltiges Material bleibt nach Einwirkung von 56 °C während 30 Minuten und auch nach kurzzeitigem Erhitzen bis auf 100 °C noch infektiös.

4.3. **Übertragungsweg:** Der Erreger wird mit dem Stuhl, wahrscheinlich auch mit dem Urin, ausgeschieden. Die Übertragung erfolgt auf oralem Wege, entweder direkt durch Kontakt oder indirekt über kontaminierte Lebensmittel (insbesondere Trinkwasser) und Gegenstände. Der Erreger der Hep. i. kann auch auf parenteralem Wege übertragen werden.

4.4. **Inkubationszeit:** Die Inkubationszeit beträgt bei Hep. i. 15 bis 50 Tage. Die Überwachungsmaßnahmen für Kontaktpersonen haben sich daher auf einem Zeitraum von 50 Tagen nach Isolierung des Erkrankten und Durchführung der Schlußdesinfektion zu erstrecken.

4.5. **Dauer der Infektiosität:** Infektiosität des Stuhles wurde bereits 16 Tage vor Auftreten der Gelbsucht und noch 8 Tage danach festgestellt. Gelegentlich wurde Infektiosität über mehrere Monate beobachtet.
Virämie kann schon einige Tage vor Beginn der Gelbsucht auftreten. Sie hält im allgemeinen nicht länger als 2 bis 3 Wochen an.

5. **Sofortmaßnahmen**

Die Übertragungsgefahr ist bei Hepatitis am größten gegen Ende der Inkubationszeit und zu Beginn der Erkrankung. Deshalb sind schon bei Verdacht auf diese Krankheit folgende Maßnahmen einzuleiten:

5.1. alle am Krankenbett notwendigen Maßnahmen zur Verhütung einer Weiterverbreitung der Infektion, einschließlich der stationären Absonderung,

5.2. Belehrung des Patienten und der Wohngemeinschaft hinsichtlich der Möglichkeit der Weiterverbreitung der Krankheitserreger.

5.3. Befragen des Erkrankten und der Familienangehörigen zur Infektionsquellenermittlung (s. Ziffern 4.3. bis 4.5.),

5.4. Veranlassung der erforderlichen Absonderungsmaßnahmen für Kontaktpersonen,

5.5. Belehrung über Desinfektionsmaßnahmen, Bereitstellung von Desinfektionsmitteln (s. Ziff. 8).

6. **Meldepflicht**

Jede Erkrankung und jeder Sterbefall an Hepatitis ist unverzüglich, spätestens 24 Stunden nach erlangter Kenntnis, vom Meldepflichtigen der zuständigen Kreis-Hygieneinspektion zu melden. Nach örtlicher Einführung der Serum-Enzymbestimmungen zur Früherfassung der Virushepatitis kann Meldepflicht für Verdachtsfälle angeordnet werden.

7. **Krankenhauseinweisung**

An Hep. i. erkrankte Personen sind gem. § 2 der Ersten Durchführungsbestimmung vom 11. 1. 66 zum Gesetz zur Verhütung und Bekämpfung übertragbarer Krankheiten beim Menschen — Spezielle Schutzmaßnahmen (s. Ziff. 18.2.) — in ein geeignetes Krankenhaus einzuweisen.

...

8. **Desinfektion**

8.1. **Laufende Desinfektion**

In den ersten 3 Wochen nach Beginn der Erkrankung sind die Desinfektionsmaßnahmen besonders sorgfältig durchzuführen. Die laufende Desinfektion umfaßt die Desinfektion der Hände, der Bett- und Leibwäsche, der vom Kranken benutzten Gebrauchsgegenstände sowie von Stuhl und Urin.
Die Desinfektion soll auf Formalinbasis erfolgen. Taschen- und Handtücher, Bett- und Leibwäsche sind bei häuslicher Behandlung im Krankenzimmer in ein Gefäß mit 2%iger Formaldehydlösung für 12 Stunden einzulegen. Danach können die

desinfizierten Wäschestücke mit der sonstigen Wäsche des Haushalts gewaschen werden. Zur Stuhl- und Urindesinfektion ist 3%ige Formaldehydlösung im Verhältnis 1:2 für die Dauer von 6 Stunden zu verwenden. Bei stationären Patienten gelten außerdem die allgemeinen Vorschriften für Desinfektionsmaßnahmen auf einer Isolierstation.

8.2. Schlußdesinfektion

Die Schlußdesinfektion ist ebenfalls auf Formaldehydbasis durchzuführen.

9. Sterilisation

Die Sterilisation hat entsprechend den Festlegungen des *Deutschen. Arzneibuches 7. Ausgabe* (*DAB* 7)[1]) zu erfolgen.

10. Maßnahmen für Rekonvaleszenten

Nach klinischer Genesung von einer Erkrankung an Hep. i. ist die Aufnahme in eine Kindereinrichtung bzw. Schulbesuch sowie die Arbeitsaufnahme in einem in der Anlage zur Sechsten Durchführungsbestimmung zum Lebensmittelgesetz — Voraussetzungen für im Lebensmittelverkehr beschäftigten Personen in hygienischer Hinsicht — (Ziff. 18.3.) aufgeführten Betrieb frühestens 28 Tage nach Erkrankungsbeginn zulässig.
Die Dispensairebetreuung der Rekonvaleszenten erfolgt entsprechend den Therapieempfehlungen für Hepatitiskranke.

11. Absonderungsmaßnahmen und Gesundheitskontrolle für Kontaktpersonen

11.1. Absonderungsmaßnahmen sind anzuordnen für nachstehende Kontaktpersonen aus der Gemeinschaft des Erkrankten:

11.1.1. Kinder, die Kindereinrichtungen (Krippen, Kindergärten, Dauerheime und Kureinrichtungen) besuchen

11.1.2. Schüler der ersten 8 Schulklassen

11.1.3. Beschäftigte der Kindereinrichtungen gemäß Ziff. 11.1.1., auch wenn sie den Erkrankten nur pflegen

11.1.4. Beschäftigte in Lebensmittelbetrieben, soweit diese in der Anlage zur Sechsten Durchführungsbestimmung zum Lebensmittelgesetz (Ziffer 18.3.) aufgeführt sind, auch wenn sie den Erkrankten nur pflegen.

11.2. Die Absonderungszeit beträgt für Kinder (Ziff. 11.1.1.) im allgemeinen 28 Tage, für Kontaktpersonen (Ziff. 11.1.2. bis 11.1.4.) 21 Tage.

11.2.1. Bei Erkrankung eines Kindes oder Beschäftigten einer Kindereinrichtung an Hepatitis infectiosa ist über die letztere eine Sperre für Neu- und Wiederaufnahmen für 28 Tage, bei Durchführung von Serum-Enzymbestimmungen im Kollektiv und Herausnahme der Krankheitsverdächtigen für 21 Tage, gerechnet vom Zeitpunkt der Isolierung des Erkrankten und Durchführung der Schlußdesinfektion, zu verhängen. Bei Wiederaufnahme nach Fernbleiben von der Einrichtung infolge Krankheit ist über die Zulassung zum Kollektiv unter Berücksichtigung der vorangegangenen Infektionsmöglichkeit zu entscheiden.

11.2.2. Die Aufnahmesperre gem. 11.2.1. entfällt, wenn das aufzunehmende Kind Virushepatitis durchgemacht hat. Von der Aufnahmesperre kann auch abgesehen werden bei Kindern, die in den letzten drei Tagen vor der Aufnahme Human-Gammaglobulin in einer Dosierung von 0,02 ml pro Kilogramm Körpergewicht erhalten haben, wenn das Kollektiv ebenfalls prophylaktisch mit Gammoglobulin behandelt wurde und der schriftlich geäußerte Wunsch des Erziehungsberechtigten, der über die Infektionsmöglichkeit im Kollektiv vorher zu orientieren ist, vorliegt.

11.2.3. Bei Kindern (Ziff. 11.1.1.), in deren Wohngemeinschaft eine Hepatitis-infectiosa-Erkrankung aufgetreten ist, kann die Aufnahme vor Ablauf der 28- bzw. 21tägigen Absonderung und Durchführung der Schlußdesinfektion nur erfolgen, wenn das Kontaktkind sowie das Kollektiv in den letzten drei Tagen prophylaktisch Human-Gammaglobulin (0,02 ml/kg Körpergewicht) erhalten haben und die Durchführung der Serum-Enzymbestimmungen beim aufzunehmenden Kind gesichert ist. Gehört die Kontaktperson zum gleichen Kollektiv wie der Erkrankte, ist die Absonderung vom Kollektiv nicht erforderlich.

11.2.4. Bei Schülern (Ziff. 11.1.2.) ist sinngemäß nach Ziff. 11.2.3. zu verfahren. Eine Teilnahme dieser Schüler am polytechnischen Unterricht in Einrichtungen des Lebensmittelverkehrs ist jedoch für die Dauer von 21 Tagen nicht zuzulassen.

11.2.5. Für die unter Ziffer 11.1.3. und 11.1.4. aufgeführten Beschäftigten von Kindereinrichtungen und Lebensmittelbetrieben ist eine Gammaglobulinprophylaxe aus epidemiologischen Erwägungen immer in Verbindung mit Serum-Enzymbestimmungen durchzuführen. Für Beschäftigte in Lebensmittelbetrieben bewirkt die Gammaglobulinprophylaxe keine Aufhebung des Arbeitsverbotes in den in 11.1.4. aufgeführten Betrieben.

11.3. Im übrigen unterliegen sämtliche Kontaktpersonen einer Gesundheitskontrolle (Beobachtung) für die Dauer von 50 Tagen, gerechnet vom Tage der Isolierung des Erkrankten und Durchführung der Schlußdesinfektion.

11.4. Zur Verminderung der Kontaktmöglichkeiten unter den Schülern beim Auftreten einer Hepatitiserkrankung in einer Klasse hat sich in der Praxis bewährt, daß der Beginn des Schulunterrichts der betroffenen Klasse um etwa $^1/_4$ Stunde verschoben wird, wodurch sich die Klassenpausen und auch die Schulspeisung, die an einem gesonderten Tische einzunehmen ist, verschieben. Schülern der von Hep. i. betroffenen Klasse wird eine gesonderte Toilette zugewiesen. Desinfektionsmöglichkeiten sind für sämtliche Toiletten der Schule vorzusehen.

12. **Prophylaxe**

12.1. Bei der Verhütung der Hep. i. ist den allgemeinhygienischen Maßnahmen, wozu auch die hygienische Aufklärungsarbeit gehört, größte Beachtung zu schenken.

12.2. **Gammaglobulin** hat sich in seiner gezielten Anwendung in der Prophylaxe der klinischen Hepatitis bewährt. ... Die Gammaglobulin-Prophylaxe ist bei folgenden Personen oder Kollektiven, in deren Wohngemeinschaft (bzw. Kollektiv) eine Erkrankung an Hep. i. aufgetreten ist, durchzuführen:

12.2.1. In der **Wohngemeinschaft** des Erkrankten bei allen Personen, mindestens jedoch bei Kindern und Jugendlichen bis zum 18. Lebensjahr, Schwangeren und bei sonstiger besonderer Indikation (Rekonvaleszenten, sonstige gesundheitlich geschwächte Personen).

12.2.2. In **Kindereinrichtungen** bei der betroffenen Kindergruppe ...

12.2.3. In der **allgemeinbildenden polytechnischen Oberschule** bei der betroffenen Schulklasse.

12.2.4. **In Ferien- und Kinder-Kureinrichtungen** bei der gefährdeten Gruppe. ...

12.3. Unter Berücksichtigung breiter internationaler Erfahrungen beträgt die Dosierung von Gammaglobulin 0,02 ml kg Körpergewicht. Bei besonders gefährdeten Personen (Rekonvaleszenten oder sonstigen geschädigten Personen, Schwangeren, Tuberkulösen, Fehleinweisung auf Infektionsstation) empfiehlt es sich, die Dosierung zu erhöhen.

Das Gammaglobulin ist innerhalb von 7 Tagen nach erfolgter bzw. vermutlicher Infektion zu verabfolgen. Bei verspäteter Applikation ist die obengenannte Prophylaxe nicht mehr so erfolgreich, der Krankheitsverlauf ist aber im allgemeinen leichter.

12.4. Das prophylaktisch applizierte Gammaglobulin verhindert nicht die Infektion bzw. die Virusausscheidung. Die hygienischen Maßnahmen sind daher auch in einem mit Gammaglobulin behandelten Kollektiv sorgfältig durchzuführen.

13. **Serum-Enzymbestimmungen** (entsprechend örtlicher Regelung durch die Hygieneinspektion)

13.1. Kontaktpersonen, für die auf Grund gesetzlicher Regelung Absonderungsverpflichtungen bestehen, unterliegen während der Absonderungszeit einer ambulanten ärztlichen Untersuchung, wobei die Serum-Enzymwerte entsprechend der Anweisung über die Durchführung von Serum-Enzymbestimmungen zur Früherfassung der Virushepatitis (Ziff. 18.5.) mitzubestimmen sind. Die Serum-Enzymbestimmung ist zumindest kurz vor Ablauf der Absonderungszeit vorzunehmen und auszuwerten. Die Wiederzulassung der in der Anlage zur Sechsten Durchführungsbestimmung zum Lebensmittelgesetz (Ziff. 18.3.) aufgeführten Personen zur Arbeit hängt vom Ergebnis dieser Untersuchungen ab. Daher ist bei einer Erkrankung an Hep. i. in Kollektiven die Durchführung von Serum-Enzymbestimmungen als Voraussetzung für die Aufhebung der Aufnahmesperre anzustreben.

13.2. Um Infektionsketten zu unterbrechen und eine Gruppenerkrankung in einem Kollektiv wirkungsvoll zu verhindern oder zu beenden, wird empfohlen, eine Siebtestuntersuchung des Kollektivs durchzuführen und in Abständen von jeweils etwa 7 Tagen ein- oder zweimal zu wiederholen.

13.3. Bei Anzeichen einer sich anbahnenden Epidemie, wie auch bei ausgebrochenen Epidemien, ist ein Siebtest zur Bestimmung von Serum-Enzymwerten zur Früherfassung der Virushepatitis und Ermittlung anikterischer Verlaufsformen durchzuführen. Dieser hat zum Ziel, durch Früherfassung im anikterischen wie auch im präikterischen Stadium das Ausbreitungsgebiet der Epidemie zu ermitteln und durch Frühisolierung die Infektionsketten zu unterbrechen. Sofern örtlich ein Labor-Stützpunkt für die Durchführung der Teste nicht besteht, ist die Entscheidung der Staatlichen Hygieneinspektion einzuholen.

14. Die Serumhepatitis (SH) tritt als Folge parenteraler Inokulation von infektiösem Blut oder Blutbestandteilen auf. Sie wird daher auch als „Inokulationshepatitis“ bezeichnet.
Da die SH klinisch von der Hep. i. nicht abzugrenzen ist, sind bei der SH alle für die Hep. i. vorgeschriebenen Schutzmaßnahmen mit zu berücksichtigen.

15. **Inkubationszeit**

Die Inkubationszeit der SH wird im allgemeinen mit 60 bis 160 Tagen angegeben.

16. **Übertragungsweg und Gefährdung**

Die Übertragung der SH erfolgt nur auf parenteralem Wege. Besonders gefährdet, an SH zu erkranken, sind

16.1. Personen, denen Blut oder Blutderivate übertragen werden,

16.2. Personen, bei denen parenterale Manipulationen, wie Spritzen, Blutentnahmen, Impfung u. dgl. mit unsterilen Instrumenten vorgenommen wurden,

16.3. Personen, die beruflich mit Blut oder Blutbestandteilen Kontakt haben, wie Ärzte, Zahnärzte, Krankenschwestern, Laborpersonal, medizinisches Pflegepersonal u. a.

17. **Besondere prophylaktische Maßnahmen**

17.1. Zur Verhütung der SH durch Transfusionen von Blut und Blutderivaten sind folgende Personen vom Blutspenden auszuschließen:

17.1.1. Personen, die an Hep. i. erkrankt waren, für den Zeitraum von 5 Jahren,

17.1.2. Personen, bei denen Blutübertragungen bzw. Übertragung von Blutderivaten (Fibrinogen!) vorgenommen wurden, für die Dauer von 160 Tagen,

17.1.3. Kontaktpersonen zu Hepatitiskranken für die Dauer von 50 Tagen nach erfolgter Isolierung des Erkrankten und Durchführung der Schlußdesinfektion.

17.1.4. Die unter Ziffern 17.1.1. bis 17.1.3. aufgeführten Personen sind zum Blutspenden erst zuzulassen, wenn die Ergebnisse der Enzymbestimmungen dem nicht widersprechen.
Das gleiche gilt für alle Personen, bei denen Verdacht auf Virushepatitis besteht.

17.2. Zur Verhütung der Übertragung der SH durch unsachgemäß gesäubertes und sterilisiertes Instrumentarium sind alle Instrumente für Eingriffe, wie Spritzen, Kanülen, Impffedern bzw. Lanzetten usw. entsprechend dem *DAB 7*[1]) ordnungsgemäß zu sterilisieren:

- Dampfsterilisation 12 min bei 121° bis 124 °C, 6 min bei 134° bis 136 °C,
- Heißluftsterilisation 25 min bei 180° bis 200 °C unter Berücksichtigung der Ausgleichszeit und des 50%igen Sicherheitszuschlages gem. TGL 38—1060.
- Diese Werte werden auch erreicht z. B. bei einer Dampfsterilisation von 30 min bei 1 atü und von 10 min bei 2 atü und einer Heißluftsterilisation von 60 min bei 180° bis 200 °C.

Besondere Sorgfalt erfordert die Vornahme von Schutzimpfungen. Das Auskochen von Spritzen und Kanülen ist nicht als eine Sterilisationsmaßnahme anzusehen. Bei parenteraler Impfung ist jeder Impfling mit einer Einweg-Kanüle (Einmalgebrauchskanüle) und grundsätzlich auch mit einer heißluftsterilisierten Spritze oder einer Einweg-Spritze (Einmalgebrauchsspritze) aus Plaste zu impfen.

17.3. Zum persönlichen Schutz des ärztlichen und übrigen medizinischen Personals sind die einschlägigen Arbeitsschutzanordnungen sorgfältig zu beachten.
Beim Umgang mit Patientenblut, z. B. bei Blutentnahmen und anderen Manipulationen mit Blut oder Blutbestandteilen, sind zweckmäßigerweise Handschuhe zu tragen, weil Hautverletzungen — u. a. durch Maniküren — zur Eintrittspforte des Erregers werden können. Für alle Hepatitisabteilungen bzw. -stationen ist diese Maßnahme verbindlich festzulegen.

---

[1]) Jetzt: Arzneibuch der DDR.

Hinweis zur Anordnung über die Schutzimpfungen im Kindes- und Jugendalter vom 28. 7. 1980 (GBl. I Nr. 26 S. 258) — Perinatale Belastungen und Schutzimpfungen im Kindesalter —

vom 7. September 1981
(VuM MfGe Nr. 9 S. 115)

Perinatale Belastungen gehen mit einer über dem Durchschnitt liegenden potentiellen Gefahr späterer Entwicklungsbehinderungen und Impfkomplikationen einher.
Aus diesem Grunde regelt der § 9, Absätze 2 und 3 der Anordnung über die Schutzimpfungen im Kindes- und Jugendalter vom 28. 7. 1980 die Dauerbefreiung von der Pertussisschutzimpfung und der § 12, Absätze 1 und 3 die zeitweilige Zurückstellung von der Masernschutzimpfung bei Vorliegen perinataler Belastungen.
Bei der Wertung perinataler Belastungen ist grundsätzlich durch den das Neugeborene betreuenden Arzt unter zusammenfassender Bewertung aller vorliegenden Befunde abzuschätzen, ob im Einzelfall die Gefährdung durch die Schutzimpfung an sich oder durch die Unterlassung derselben im Vordergrund steht. Prinzipiell ist dabei davon auszugehen, daß ein möglichst großer Kreis von Säuglingen und Kleinkindern durch die Schutzimpfung vor der entsprechenden Krankheit bewahrt werden sollte.
Unter Beachtung dieser Gesichtspunkte und der Tatsache, daß prä- und intranatale Belastungen (Gestose, Blutungen in der Schwangerschaft, Infektionen, Diabetes mellitus, Mehrlingsschwangerschaft, Plazentadysfunktion, Mangelernährung, endokrine, immunologische sowie mütterliche Erkrankungen, Störungen der fetoplazentaren Einheit, operativer Entbindungsmodus) insbesondere dann Bedeutung für die kindliche Entwicklungsprognose bekommen, wenn sie sich

— in Symptomen der gestörten neonatalen Adaption
— in postnatal faßbaren klinischen Symptomen
— in blutgasanalytisch bzw. laborchemisch faßbaren pathologischen Befunden

äußern, sind folgende post natum nachweisbare Symptome Anhaltspunkte für die Dauerbefreiung bzw. zeitweilige Zurückstellung entsprechend § 9 und § 12 der Anordnung:

1. Hypoxie

— Intranatale Hypoxie mit erheblicher intra- bzw. postnataler Azidose
— manifeste respiratorische Insuffizienz (Indikation zu Atemhilfe/Beatmung)
— rezidivierende Apnoen (mit Cyanose und Bradykardie)
— cyanotische Cardiopathie
— anaemische Hypoxie (Hb unter 6,3 mmol/l) [100 g/l])
— akuter Herzstillstand

2. Praematurität

— Gestationsalter unter 30 vollendeten Wochen
— Geburtsgewicht unter 1500 g

3. Hypotrophie

— Geburtsgewicht unter der 5. Perzentile nach *Kyank* (unter der 10. Perzentile nach *Lubchenco*)

4. Hypoglykaemie

— Serumglukose mehrfach unter 1,66 mmol/l (30 mg%)

5. Ikterus

— Serumbilirubin oberhalb der Grenze zur Austauschtransfusion

6. Hypothermie

— Körpertemperatur wiederholt unter 35 °C.

Neugeborene, bei denen in zusammenfassender Wertung perinataler Belastungen die Gefährdung durch die Schutzimpfung im Vordergrund steht, sind entsprechend der Anordnung über die Schutzimpfungen im Kindes- und Jugendalter von der Masernschutzimpfung zeitweilig zurückzustellen bzw. von der Pertussisschutzimpfung dauernd zu befreien.
Ohne Angabe einer klinischen Diagnose ist in diesen Fällen im Impfausweis auf Seite 23 zu vermerken:

Nur DT-Schutzimpfung, Masernschutzimpfung nach dem vollendeten 14. Lebensmonat.

Neugeborene mit **manifesten** Erkrankungen im Sinne der Anordnung über die Schutzimpfungen im Kindes- und Jugendalter sind entsprechend den Rechtsvorschriften von der Impfung zu befreien bzw. zurückzustellen.

Hinweis auf Standards der Röntgendiagnostik

vom 21. Juli 1981
(VuM MfGe Nr. 9 S. 116)

Ab 1. 1. 1982 werden folgende Standards der Röntgendiagnostik verbindlich:

- TGL 37545 Röntgendiagnostik;
  Ausscheidungsurographie, Erwachsene
- TGL 37546 Röntgendiagnostik;
  Ausscheidungsurographie, Kinder
- TGL 37547 Röntgendiagnostik;
  Miktionszystourethrographie, Kinder
- TGL 37548 Röntgendiagnostik;
  Magen und Zwölffingerdarm, Erwachsene
- TGL 37549 Röntgendiagnostik;
  Speiseröhre, Magen und Dünndarm, Kinder
- TGL 37550 Röntgendiagnostik;
  Dickdarm, Erwachsene
- TGL 37551 Röntgendiagnostik;
  Dickdarm, Kinder
- TGL 37552 Röntgendiagnostik;
  Lympographie, Erwachsene
- TGL 37553 Röntgendiagnostik;
  Hauptuntersuchungsarten des Schädels
- TGL 37554 Röntgendiagnostik;
  Wirbelsäule und Becken, Erwachsene
- TGL 37555 Röntgendiagnostik;
  Orale und intravenöse Cholegraphie

Sie können von der

Zentralstelle für Standardisierung
Forschungsinstitut für Medizinische Diagnostik
8080 Dresden, Karl-Marx-Straße 3

bezogen werden.

Rahmenordnung für die Organisation und Leitung der energiewirtschaftlichen Arbeit im Gesundheits- und Sozialwesen

vom 1. Februar 1981
(VuM MfGe Nr. 2 S. 16)

Die Organisation und Leitung der energiewirtschaftlichen Arbeit im Gesundheits- und Sozialwesen ist auf der Grundlage der Verordnung über die Energiewirtschaft in der DDR — Energieverordnung — vom 30. Oktober 1980 (GBl. I S. 321) und ihrer Durchführungsbestimmungen, des Gesetzes über die örtlichen Volksvertretungen und ihre Organe in der DDR vom 12. Juli 1973 (GBl. I S. 313) sowie zentraler Beschlüsse so zu gestalten, daß sie einen wirksamen Beitrag zur Verwirklichung der staatlichen Energiepolitik leistet.
Die qualifizierte medizinische und soziale Betreuung der Bürger in den Einrichtungen des Gesundheits- und Sozialwesens ist bei rationellem Einsatz aller Energieträger zu gewährleisten. Die Organisation und Leitung der energiewirtschaftlichen Arbeit ist nach den Grundsätzen dieser Rahmenordnung zu gestalten.

1.

Verantwortung und Aufgaben der Abteilungen Gesundheits- und Sozialwesen der örtlichen Räte

(1) Die Leiter der Fachorgane Gesundheits- und Sozialwesen der örtlichen Räte gewährleisten die Durchsetzung der staatlichen Energiepolitik, insbesondere durch die planmäßige Entwicklung der energiewirtschaftlichen Arbeit, in ihrem Verantwortungsbereich.
(2) Durch die Fachorgane sind in Durchführung von Beschlüssen und weiteren Rechtsvorschriften, Festlegungen zentraler und örtlicher Organe sowie Weisungen des Ministers für Gesundheitswesen insbesondere folgende Aufgaben zu lösen:

— Umsetzung von Festlegungen der Energiekommission der örtlichen Räte, der Energielieferer sowie des Energetikers des übergeordneten Organs für die Vervollkommnung der energiewirtschaftlichen Arbeit;
— Vorgabe von energiewirtschaftlichen Aufgaben zur Aufnahme in die Pläne der Einrichtungen auf der Grundlage energiewirtschaftlicher Programme;
— Einflußnahme auf die rechtzeitige Einbeziehung energiewirtschaftlicher Fragen in die Aufgabenstellung für Investitions- und Rekonstruktionsvorhaben einschließlich der Energieträgereinwilligungsverfahren unter besonderer Berücksichtigung der Nutzung sekundärer Energieressourcen;

— Analyse des Standes und der Entwicklung der energiewirtschaftlichen Arbeit sowie des Energieverbrauches im Verantwortungsbereich;
— Informationen an die übergeordneten Fachorgane über die Ergebnisse der energiewirtschaftlichen Arbeit und des Energieverbrauches auf der Grundlage der Analysentätigkeit;
— Organisierung von Qualifizierungsmaßnahmen für Leiter, Energetiker, Energiebeauftragte und an Energieanlagen Tätige;
— Verallgemeinerung fortgeschrittener Erfahrungen der rationellen Energieanwendung;
— Einflußnahme auf die Einbeziehung energiewirtschaftlicher Aufgaben in die sozialistische Masseninitiative und auf die Auszeichnung energiewirtschaftlich vorbildlich arbeitende Einrichtungen;
— Einflußnahme auf die Gewährleistung der Winterbereitschaft in den Einrichtungen;
— Einflußnahme auf die Normen- und Kennziffernarbeit und die materielle Stimulierung der Einsparung von Energieträgern.

(3) Die Anleitung, Koordinierung und Kontrolle auf dem Gebiet der energiewirtschaftlichen Arbeit ist zu sichern, durch

— die Bezirksärzte gegenüber den Kreisärzten und den Leitern der bezirksgeleiteten Einrichtungen;
— die Kreisärzte gegenüber den Leitern der kreis-, stadt- und gemeindegeleiteten Einrichtungen;
— die Energetiker bzw. Energiebeauftragte der Fachorgane gegenüber den Energetikern bzw. Energiebeauftragten der Einrichtungen.

(4) Zur Unterstützung der Bezirksärzte bei der Wahrnehmung ihrer Pflichten und Aufgaben auf dem Gebiet der energiewirtschaftlichen Arbeit sind Energetiker[1]) bzw. Energiebeauftragte[2]) einzusetzen.
Zur Unterstützung der Kreisärzte sind Energiebeauftragte zu benennen.
Die Aufgaben der Energetiker bzw. Energiebeauftragten können in Abstimmung mit den zuständigen Leitern einer bezirks- bzw. kreisgeleiteten Einrichtung übertragen werden.

(5) Die Energetiker bzw. Energiebeauftragte der Bezirksärzte werden zusätzlich vom Hauptenergetiker des Ministeriums für Gesundheitswesen angeleitet. Sie geben zusätzliche Anleitung an die Energiebeauftragten der Kreisärzte.

(6) Zur Qualifizierung der energiewirtschaftlichen Arbeit insbesondere der rationellen Energieanwendung unter Berücksichtigung einer qualifizierten medizinischen und sozialen Betreuung der Bürger sind

— Energieaktivs aus Energetikern, Energiebeauftragten, leitenden Mitarbeitern und an Energieanlagen Tätigen zu bilden, deren Zusammensetzung und Arbeitspläne vom Leiter des Fachorgans zu bestätigen sind;
— regelmäßige Erfahrungsaustausche in den Bezirken und Kreisen durchzuführen.

(7) Mit den Energiekommissionen der örtlichen Räte und den Energielieferern ist eine enge Zusammenarbeit zu sichern.

(8) Die Verantwortlichkeit und Aufgaben auf dem Gebiet der energiewirtschaftlichen Arbeit sind in einer Ordnung festzulegen und in die Funktionspläne der beauftragten Mitarbeiter einzuordnen.

2. Verantwortung und Aufgaben in den Einrichtungen des Gesundheits- und Sozialwesens

(1) Die Leiter der Einrichtungen sichern die Durchsetzung der staatlichen Energiepolitik, insbesondere durch die planmäßige Gestaltung der energiewirtschaftlichen Arbeit auf der Grundlage von Beschlüssen und weiteren Rechtsvorschriften sowie Festlegungen zentraler und örtlicher Organe.

(2) In den Einrichtungen sind unter Berücksichtigung der spezifischen Aufgabenstellungen und betrieblichen Bedingungen bei der Gestaltung der Arbeitsprozesse bzw. -verfahren sowohl in der medizinischen und sozialen Betreuung als auch in den versorgungswirtschaftlichen und technischen Bereichen die Erkenntnisse der rationellen Energieanwendung umzusetzen, insbesondere bei

- der Erzeugung, Fortleitung und Anwendung von Wärmeenergie einschließlich der Substitution von Energieträgern,
- Arbeitsverfahren im versorgungswirtschaftlichen und technischen Bereich,
- der Innen- und Außenbeleuchtung,
- inner- und außerbetrieblichen Transportprozessen,
- diagnostischen und therapeutischen Maßnahmen.

(3) Dazu sind insbesondere folgende Aufgaben auf energiewirtschaftlichem Gebiet zu lösen:

- Erarbeitung energiewirtschaftlicher Programme zur Bestimmung von Schwerpunkten der betrieblichen energiewirtschaftlichen Arbeit für die Planungszeiträume;
- regelmäßige Analysen der betrieblichen Energiewirtschaft;
- Planung und Ausführung von Rationalisierungs- und Rekonstruktionsmaßnahmen entsprechend den Erkenntnissen des wissenschaftlich-technischen Fortschritts;
- Planung und Durchführung innerbetrieblicher Maßnahmen zur Gewährleistung des stabilen Betriebes der eigenen Umwandlungs-, Fortleitungs- und Anwendungsanlagen;
- Durchsetzung von Maßnahmen zur rationellen Energieanwendung und -umwandlung sowie Sparsamkeit beim Einsatz von Energieträgern wie

- Erarbeitung von Betriebs- und Prozeßanalysen,
- Einführung von energiewirtschaftlichen Normen und Kennziffern und planmäßige Arbeit mit ihnen,
- sparsame Fahrweise von Anlagen,
- effektive Gestaltung der Beleuchtung,
- Einhaltung vorgegebener Raumlufttemperaturen,
- Nutzung von Anfallenergie,
- Abbau von vermeidbaren Energieverlusten,
- Blindstrom-Kompensation,
- planmäßige Senkung der Leistungsinanspruchnahme bei Elektroenergie, Gas und Wärmeenergie in den Hauptbelastungszeiten der öffentlichen Versorgungsnetze,
- Einhaltung vorgegebener Leistungskennwerte beim Aufruf von Versorgungsstufen von Elektroenergie,
- ordnungsgemäße Bevorratung von festen Brennstoffen und Treibstoffen für stationäre Anlagen,
- Führung von Nachweisen über den mengenmäßigen Verbrauch aller Energieträger

— Sicherung des reibungslosen Übergangs zu einem Notregime bei besonderen Bedingungen;
— rechtzeitige Beantragung von Energieträgereinsatzentscheidungen bei anmeldepflichtigem Energiebedarf;
— Gewährleistung der notwendigen Zusammenarbeit mit den Energielieferern;
— Einbeziehung der Fragen der rationellen Energieanwendung und -umwandlung in die sozialistische Masseninitiative, insbesondere in die Aufgabenstellungen der Neuererbewegung, der Bewegung — MMM — und in die Wettbewerbsbeschlüsse, vorrangig bei Kollektiven mit Einfluß auf energieintensive Prozesse;
— Sicherung der Teilnahme von Leitern, Energiebeauftragten und an Energieanlagen Tätigen an Qualifizierungsmaßnahmen.

(4) Zur Unterstützung der Leiter der Einrichtungen bei der Erfüllung der energiewirtschaftlichen Aufgaben sind unter Berücksichtigung des Umfangs der Aufgaben Energetiker oder Energiebeauftragte einzusetzen.
Der Einsatz von Energetikern ist in der Regel auf Einrichtungen mit mehr als 1000 Beschäftigte zu beschränken und bedarf der Zustimmung des Leiters des übergeordneten Organs. Die Energetiker bzw. Energiebeauftragten sind dem Bereich Technik zuzuordnen.

(5) Zur Entwicklung der sozialistischen Gemeinschaftsarbeit sind in größeren Einrichtungen Energieaktivs zu bilden. In die Energieaktivs sind Energiebeauftragte, Neuerer und Werktätige, die an energieintensiven Anlagen tätig sind sowie medizinische Kader zu berufen. Die Arbeitspläne der Aktivs sind vom Leiter der Einrichtung zu bestätigen.

(6) Die Verantwortlichkeiten und Aufgaben auf energiewirtschaftlichem Gebiet sind in einer betrieblichen Ordnung festzulegen und in die Funktionspläne der beauftragten Mitarbeiter einzuordnen.

(7) Die Maßnahmen zur materiell-technischen Sicherstellung und Entwicklung der betrieblichen Energiewirtschaft sind in den Plan der Einrichtung aufzunehmen.

(8) Im Betriebskollektivvertrag sind die Verpflichtungen des Leiters der Einrichtung und der Betriebsgewerkschaftsleitung zur rationellen Energieanwendung zu vereinbaren.

(9) Die Maßnahmen und Aufgaben auf energiewirtschaftlichem Gebiet sind mit anderen betrieblichen Ordnungen wie z. B. Arbeitsordnung, Katastrophenordnung, Plan der Winterbereitschaft u. a. zu koordinieren.

Diese Rahmenordnung wird mit ihrer Veröffentlichung verbindlich.

---

[1]) Energetiker sind hauptberuflich tätig und müssen über die für die Leitungsebene und Aufgabencharakteristik erforderlichen theoretischen und praktischen Kenntnisse verfügen.

[2]) Energiebeauftragte sind anteilig mit der Aufgabe eines Energetikers betraute Mitarbeiter.

Ergänzungssachregister 10. Lieferung

www.ingramcontent.com/pod-product-compliance
Lightning Source LLC
LaVergne TN
LVHW080755300926
849162LV00008BA/1814